Das große
HAUSBUCH
für die ganze
FAMILIE

Gerhard Merz

Das große HAUSBUCH für die ganze FAMILIE

- Tradition und Brauchtum
- Namenstage und christliche Feste
- Mondregeln und Bauernweisheiten
- Tipps für die Gesundheit

INHALT

Durch das Jahr, durch das Leben 8

JANUAR 12

Der Januar im Überblick 14
Festtage und Brauchtum im Januar 16
Der Garten im Januar 18
Tipps für Gesundheit, Schönheit und Wohlbefinden 20
Das Menü des Monats 30
Der Winter ist ein rauer Mann … 34

FEBRUAR 38

Der Februar im Überblick 40
Festtage und Brauchtum im Februar 42
Der Garten im Februar 44
Naturrezepte aus Großmutters Geheimschatulle 46
Das Menü des Monats 54
Wenn der Schnee ins Fenster fällt … 58

MÄRZ 62

Der März im Überblick 64
Festtage und Brauchtum im März 66
Der Garten im März 68
Heilkräuter und Heilpflanzen für Ihre Gesundheit 70
Das Menü des Monats 80
Nun will der Lenz uns grüßen … 84

APRIL 88

Der April im Überblick 90
Festtage und Brauchtum im April 92
Der Garten im April 94
Heilkräuter und Heilpflanzen für Ihre Gesundheit 96
Das Menü des Monats 104
Frühling lässt sein blaues Band … 108

MAI 112

Der Mai im Überblick 114
Festtage und Brauchtum im Mai 116
Der Garten im Mai 118
Heilkräuter und Heilpflanzen für Ihre Gesundheit 120
Das Menü des Monats 130
Im wunderschönen Monat Mai … 134

JUNI 138

Der Juni im Überblick 140
Festtage und Brauchtum im Juni 142
Der Garten im Juni 144
Wacholder – der Machandelstrauch 146
Mit Äpfeln gesund, schlank und immer satt 152
Auf die »Würze« im Badewasser kommt es an 154
Das Menü des Monats 156
Ein Blatt aus sommerlichen Tagen … 160

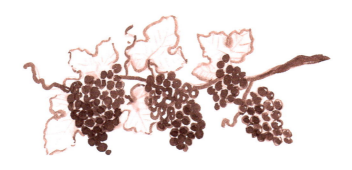

JULI *164*

Der Juli im Überblick *166*
Festtage und Brauchtum im Juli *168*
Der Garten im Juli *170*
Ein gesunder Schlaf ist ein gesundes Leben *172*
Das Menü des Monats *182*
Dämmernd liegt der Sommerabend überm Feld … *186*

AUGUST *190*

Der August im Überblick *192*
Festtage und Brauchtum im August *194*
Der Garten im August *196*
Gartenwissen aus alten Zeiten *198*
Aus Opas Trickkiste *201*
Das Menü des Monats *208*
Ich sah des Sommers letzte Rose steh'n … *212*

SEPTEMBER *216*

Der September im Überblick *218*
Festtage und Brauchtum im September *220*
Der Garten im September *222*
Die Heilkraft der Bäume (1) *224*
Das Menü des Monats *232*
Im Nebel ruhet noch die Welt … *236*

OKTOBER 240

Der Oktober im Überblick 242
Festtage und Brauchtum im Oktober 244
Der Garten im Oktober 246
Die Heilkraft der Bäume (2) 248
Das Menü des Monats 258
Das ist ein Herbsttag, wie ich keinen sah … 262

NOVEMBER 266

Der November im Überblick 268
Festtage und Brauchtum im November 270
Der Garten im November 272
Die Heilkraft der Bäume (3) 274
Das Menü des Monats 282
Wenn die weißen Nebel fallen … 286

DEZEMBER 290

Der Dezember im Überblick 292
Festtage und Brauchtum im Dezember 294
Der Garten im Dezember 296
Alte und neue Bräuche rund um den Jahreswechsel 298
Das Menü des Monats 308
Ihr Kinderlein kommet … 312

Mondkalender 2000–2002 316
Über dieses Buch 319
Stichwortverzeichnis 320

Durch das Jahr, durch das Leben

An der Schwelle eines neuen Jahres wird einem klar, wie schnell das alte vergangen ist, wie viele Stunden verweht, wie viele Tage zerronnen, wie viele Chancen ungenutzt blieben. Dann nimmt man sich wieder vor, es dieses Mal besser zu machen, die Zeit zu nutzen, das Leben voll auszukosten.

Es liegt an jedem Einzelnen, wie er seine Zeit mit Bewusstheit wahrnimmt und seine Ziele und Träume verwirklicht.

Was dieses Buch Ihnen geben will

Damit Ihnen dies besser gelingt, damit aus Ihren guten Vorsätzen gelebte Wirklichkeit werden kann, haben wir die Texte und Bilder dieses Buches für Sie zusammengestellt. Es führt Sie und Ihre Familie durch den Jahreslauf, lässt Sie die Natur im Wandel der Jahreszeiten erleben und gibt Ihnen viele praktische Tipps für Garten, Balkon und Feld.

Feste – ob religiösen oder weltlichen Ursprungs – markieren Höhepunkte im Reigen des Jahres. Es gibt davon viel mehr, als man im Allgemeinen annimmt. Viele Möglichkeiten also, dem Alltag eine besondere Note zu geben und interessanten historischen Bräuchen zu begegnen, die sich bis heute lebendig erhalten haben.

Es ist immer wieder lohnend, sich mit den Ursprüngen und den zu Grunde liegenden Ideen dieser Feste vertraut zu machen – manches lässt uns vielleicht etwas nachdenklicher werden, veranlasst uns, einmal innezuhalten in dieser lauten, hektischen Welt und uns auf das zu besinnen, was wirklich zählt: Gemeinsamkeit, Liebe, das Glück mit anderen Menschen zusammen und für sie da zu sein.

Aus Großmutters Schatzkästlein

Viele Traditionen haben aber auch durchaus praktische Bedeutung; sie können uns helfen, mit einfachen, natürlichen Mitteln gesund zu bleiben oder zu werden, zeigen uns, wie man ohne den übertriebenen Einsatz von Chemie und Technik reichen Erntesegen von Feld und Garten einbringen kann, verblüffen uns wegen der Einfachheit vieler Tipps und Kniffe im Haushalt, die zu ganz erstaunlichen Ergebnissen führen. Sie werden sehen: Es macht Spaß und bringt Nutzen, den einen oder anderen Tipp aus Großmutters Erfahrungsschatz einmal auszuprobieren.

Nahrung für Körper und Geist

Erlesenes bieten wir Ihnen in doppelter Hinsicht. Zum einen in jedem Monat einen auserlesenen Menüvorschlag mit ausführlichen Rezepten und Serviervorschlägen. Dabei haben wir darauf geachtet, dass stets auch die frischen und preiswerten Produkte der Saison als Zutaten eine Hauptrolle spielen.

Zum anderen finden Sie ein buntes Füllhorn von Gedichten und kleinen Geschichten rund um den Jahreslauf. Es sind sehr bekannte Autoren aus Vergangenheit und Gegenwart, die da ihre Gedanken und Gefühle über das Auf und Ab des Lebens im Rhythmus des Jahres aufgeschrieben haben.

Lassen Sie sich davon berühren und vor allem inspirieren, die Zeit, die Ihnen geschenkt ist, noch intensiver zu erleben und als kostbar zu genießen.

Und das ist auch der Sinn dieses Buches: Es kann nicht verhindern dass die Zeit vergeht, es kann aber dazu beitragen, dass wir möglichst viel davon ganz bewusst erleben – mit allen Sinnen und voller Freude auf morgen.

> Den Erfahrungsschatz unserer Vorfahren zu bewahren und zu nutzen bedeutet, die einfachen Dinge in ihrem wahren Wert zu erkennen.

Durch das Jahr, durch das Leben

Die beweglichen Festtage im Jahreskreis

Für die meisten beweglichen Feste des Kirchenjahres ist der jeweilige Ostertermin ausschlaggebend. Von daher lassen sich alle anderen Termine wie folgt berechnen.

Aschermittwoch: Immer der Mittwoch vor dem sechsten Sonntag vor Ostern.
Ostersonntag: Immer der Sonntag nach dem ersten Vollmond nach Frühlingsanfang (21.3.).
Christi Himmelfahrt: 40 Tage nach Ostern, immer an einem Donnerstag.
Pfingstsonntag: 50 Tage nach Ostern.
Dreifaltigkeitsfest: Erster Sonntag nach Pfingsten.
Fronleichnam: Zweiter Donnerstag nach Pfingsten.
Erntedankfest: Am ersten Sonntag im Oktober.
1. Advent: Der vierte Sonntag vor dem 25. Dezember.
Weihnachten: 25. Dezember.

So finden Sie die Termine für die beweglichen Feste des Jahres.

Die beweglichen Feste von 2000 bis 2005

	2000	2001	2002	2003	2004	2005
Aschermittwoch	08.03.	28.02.	13.02.	05.03.	25.02.	09.02.
Ostern	23.04.	15.04.	31.03.	20.04.	11.04.	27.03.
Himmelfahrt	01.06.	24.05.	09.05.	29.05.	20.05.	05.05.
Pfingsten	11.06.	03.06.	19.05.	08.06.	30.05.	15.05.
Fronleichnam	22.06.	14.06.	30.05.	19.06.	10.06.	26.05.
Erntedankfest	01.10.	30.09.	06.10.	05.10.	03.10.	20.10.
Buß- und Bettag	22.11.	21.11.	20.11.	19.11.	17.11.	16.11.
Totensonntag	26.11.	25.11.	24.11.	23.11.	21.11.	20.11.
1. Advent	03.12.	02.12.	01.12.	30.11.	28.11.	27.11.

Die Heiligen und Namenspatrone

Überall auf der Welt ist man davon überzeugt, dass ein Name etwas über Eigenschaften und Wesen seines Trägers aussagt. An einen Namen sind Erinnerungen geknüpft, andere wecken Hoffnungen und Erwartungen. Wenn ein Kind zur Welt kommt, wählen die Eltern einen Namen aus, manchmal auch mehrere. In früheren Zeiten orientierte man sich am kirchlichen Kalender und wählte für den Namen des Kindes einen Heiligen, dessen Tag dem Geburtstag des Kindes nahelag. In manchen Regionen Süddeutschlands und Österreichs hat der Namenstag eine tiefere Bedeutung als der Geburtstag.

Den Namenstag feiern

Der Begriff »Namenstag« wird nicht selten falsch verstanden. Der Namenstag ist nicht der Tauftag, der Tag der Namensgebung, sondern der Tag des Heiligen, auf dessen Namen man getauft ist. Im Mittelalter wurden die Kinder noch gern unmittelbar am Tag ihrer Geburt getauft, somit konnten also Tauf- und Namenstag zusammenfallen.

In unseren immerwährenden Kalenderseiten für jeden Monat des Jahres finden Sie eine Auswahl bedeutender Heiliger und Namenspatrone, die für den jeweiligen Tag von besonderer Bedeutung sind. Zu einigen davon gibt es im Textteil weiterführende Informationen über ihren Lebensweg.

Übrigens wurde im alten Griechenland der Geburtstag nicht alljährlich, sondern in jedem Monat gefeiert, sooft das Tagesdatum eben wiederkehrte. Das wäre auch heutzutage, vor allem für die Kinder überall, ein ganz besonderes Vergnügen.

Der Name ist ein wesentlicher Bestandteil der Persönlichkeit seines Trägers, denn wer keinen Namen hat, existiert nicht (Prediger 6,10).

Januar

Je frostiger der Jänner – desto freudiger das ganze Jahr.

Erst relativ spät, im Jahr 1691, wurde der **Neujahrstag** wieder auf den 1. Januar gelegt. Früher wurde der Jahresbeginn am 6. Januar, dem Dreikönigstag, gefeiert. »Wie Neujahr, so das ganze Jahr!« hieß es allerorten. Viele alte Bräuche und Überlieferungen lassen heute noch einiges von der Angst der Menschen erkennen, die an der Schwelle eines neuen Jahres standen und in eine ungewisse Zukunft blickten.

Am **Dreikönigstag** (6. Januar) gedenkt man der drei Weisen aus dem Morgenland. Ihnen war geweissagt worden, dass, wenn einst ein wunderbarer Stern am Himmel auftauchen würde, der

König aller Könige geboren sei. Die Heiligen Drei Könige sind Patrone der Pilger, Reisenden, Kürschner und Spielkartenhersteller. Noch heute folgen viele Menschen dem schönen Brauch und schreiben mit Kreide über die Türen in Haus und Stall die Anfangsbuchstaben der Heiligen Drei Könige: Kaspar, Melchior und Balthasar und die Jahreszahl dazu.

Im Januar dickes Eis – im Mai ein üppig Reis.

St. Antonius (17. Januar), der »Herr der Wüste«, führte als Einsiedler ein entsagungsvolles Leben. Antonius der Große ist Patron der Weber, der Metzger, Zuckerbäcker und Totengräber sowie der Bürsten- und Korbmacher.

Vinzenz macht das Wetter

Der 20. Januar ist der Tag von **Fabian und Sebastian**. Fabian, der im Jahr 236 Papst wurde, starb 250 als Märtyrer durch das Schwert. Er ist Schutzpatron der Töpfer und Zinngießer. Sebastian war Offizier der Garde des römischen Kaisers Diokletian und wurde wegen seines Glaubens getötet. Er ist Patron der Sterbenden, der Schützengilden, Kriegsinvaliden, Büchsenmacher, Steinmetze, Eisenhändler, Gärtner, Gerber und Leichenträger. Am 22. Januar bitten die Winzer den heiligen **Vinzenz** um gutes Wetter für ihren Wein. Vinzenz ist Patron der Winzer, Weinhändler, Essigmacher, Dachdecker, Ziegelbrenner, Schülerinnen, Seeleute, Holzfäller, der Kaffeehäuser, des Federviehs. Wer etwas verloren hat und es nicht mehr findet, sollte den heiligen Vinzenz bitten, ihm zu helfen.

28. Januar: **Thomas von Aquin**, einer der größten Kirchenwissenschaftler und Schüler des Albertus Magnus, ist Patron der katholischen Wissenschaften, der katholischen Hochschulen, der Buchhändler und der Bleistifthersteller.

Der JANUAR im Überblick

	Feste	Namenstage
1	Neujahr	Maria, Wilhelm
2		Basilius, Gregor, Dietmar, Markarius
3		Genovefa, Odilo, Irmina
4		Angela, Roger
5		Emilie, Gerlach
6	Hl. Drei Könige	Caspar, Melchior, Balthasar
7		Raimund, Reinold, Sigrid, Valentin
8		Erhard, Gudula, Severin
9		Alice, Eberhard, Julian
10		Gregor, Paulus v. Theben, Wilhelm
11		Hyginius, Paulin, Werner
12		Benedikt, Ernst, Tatiana, Reinhold
13		Gottfried, Hilarius, Jutta
14		Engelmar, Felix, Reiner
15		Maurus, Romedius
16		Marzellus, Theobald, Tillo

Werden die Tage länger, so wird die Kälte strenger.

Der JANUAR im Überblick

	Feste	Namenstage
17		Antonius, Beatrix, Julian, Rosalina
18		Faustina, Margareta, Odilo
19		Agritius, Heinrich, Marius, Sara
20		Fabian, Hadwig, Sebastian
21		Agnes, Meinrad, Patroklus
22		Anastasius, Dietlinde, Vinzenz
23		Hartmut, Heinrich, Ildefons
24		Eberhard, Franz, Vera, Xenia
25	Pauli Bekehr	Dwyn, Wolfram
26		Albert, Paula, Timotheus
27		Angela, Gerhard, Julian, Theoderich
28		Jakob, Karl, Manfred, Thomas, Tyrus
29		Aquilin, Valerius
30		Diethild, Martina, Serena
31		Emma, Johannes, Marzella

Januar warm,
dass Gott erbarm.

Januar

Festtage und Brauchtum im Januar

Der 1. Januar wurde erst 1691 per Erlass des Papstes Innozenz XII. zum ersten Tag des neuen Jahres für die Christen bestimmt, davor markierten zunächst der 6. Januar, später der 25. Dezember den Beginn des bürgerlichen Jahres. Schon seit der Römerzeit jedoch wurde der 1. Januar mit Gesängen und ausgelassenem Treiben gefeiert. In manchen Gegenden wird noch der Brauch des Neujahrsansingens gepflegt, bei dem die Wünsche, Bitten und Vorsätze für das neu begonnene Jahr in Verse gefasst werden.

Die mancherorts noch verbreiteten »zweigesichtigen« Gebildbrote, die zu Neujahr gebacken werden, symbolisieren Rückschau aufs alte und Ausblick ins neue Jahr. Zu Beginn des Jahres soll das vergangene Jahr noch einmal resümiert und Fehler erkannt werden, um im neuen Besseres leisten zu können.

Fehlen im Januar Schnee und Frost, gibt der März sehr wenig Trost.

Die Sternsinger

Beim Epiphaniefest am 6. Januar wird in erster Linie die Verehrung der drei Weisen Kaspar, Melchior und Balthasar für das Jesuskind gefeiert, die mit Gold, Weihrauch und Myrrhe wertvolle Geschenkgaben an die Krippe in den Stall zu Betlehem brachten.

Am meisten verbreitet ist der Brauch des Sternsingens. Dabei ziehen heute als Kaspar, Melchior und Balthasar verkleidete Kinder von Haus zu Haus und hinterlassen an Türstöcken die Kreidezeichen C M B und die Jahreszahl, was einerseits die Abkürzungen der Namen bedeutet, gleichzeitig aber »Christus mansionem benedictat«, also »Christus segne dieses Haus« heißt.

Vom ungläubigen Thomas

Wallfahrten zum Sebastianstag
Nach dem Märtyrer Sebastian, der während der Zeit der Christenverfolgung wegen seines Glaubens starb, ist der 20. Januar benannt. Geboren in Frankreich, stellte er sich in den Dienst des Kaisers von Rom, wo er bald Befehlshaber der Prätorianer-Leibwache wurde. Da er seinem christlichen Glauben nicht abschwören wollte, musste er sterben, und bereits im Jahr 367 ließ Papst Damasus I. im zu Ehren eine Basilika errichten. Noch heute finden in vielen Orten Süddeutschlands am 20. Januar Sebastianimärkte statt, die an die Wallfahrten früherer Jahrhunderte zur St.-Sebastian-Kirche nach Ebersberg erinnern, wo seit 931 eine Reliquie des Heiligen aufbewahrt wird.

Stehen im Januar Nebel gar, wird das Frühjahr nass, wenn sie aber steigen, wird sich ein schönes Frühjahr zeigen.

Thomas, der nachdenkliche Gelehrte
Nachdem der Grafensohn neun Jahre Benediktinermönch war, entschloss sich Thomas von Aquin 1244, dem ersten Bettelorden, den Dominikanern, beizutreten, um sich fernab von Repräsentation und Umtriebigkeit ausschließlich durch intensives Studium dem Glauben widmen zu können.

Er war der Inbegriff eines nachdenklichen, schweigsamen Menschen, sodass er schon bald von Mitstudenten der Dominikanerhochschule in Köln den Beinamen »der stumme Ochse« erhielt. Sein Lehrer Albertus Magnus jedoch erkannte bald die Intelligenz und Scharfsichtigkeit seines besten Schülers. 1256 wurde Thomas von Aquin Universitätsprofessor, und er ging mit einer für diese Zeit ungewöhnlichen Rationalität an die Probleme des Glaubens und der Welt heran. Er verfasste richtungsweisende theologische Schriften und wurde, nachdem er 1274 gestorben war, 1323 heilig gesprochen.

Morgenrot am Neujahrstag Unwetter bringt und große Plag. (1.1.)

Januar

Der Garten im Januar

Im Garten herrscht Winterruhe. Aber auch im winterlichen Garten ist jetzt einiges zu tun.

Gemüsegarten

Bei starkem Schneefall immergrüne Gehölze durch Abklopfen vom Schneedruck befreien. Wasserleitungen müssen entleert sein, in Wasserbassins sollte kein Wasser stehenbleiben.

> Wenn an Neujahr die Sonne lacht, gibt's viel Fisch in Fluss und Bach. (1.1.)

Obstgarten

Kronen der älteren Bäume auslichten, bei Frostwetter alte und zu dicht stehende Bäume ausroden. Edelreiser zum Umpfropfen schneiden. Faule Früchte entfernen.

Blumengarten und Balkon

Winterdecke der Rosen, Stauden und frostempfindliche Gehölze kontrollieren. Blumenkäsen trocknen und außen mit Ölfarbe sowie innen mit heißem Leinöl streichen. Auch Holzspaliere können so behandelt werden.

Was noch zu tun ist

- Komposthaufen umsetzen
- Futterhäuschen der Vögel kontrollieren
- Keller lüften
- Gartengeräte in Ordnung bringen
- Liste des benötigten Saatgutes aufstellen

Regeln für das Einschlagen und Verarbeiten von Holz

Im Winter, wenn der Saftfluss in den Bäumen zur Ruhe kommt, ist die beste Zeit für das Einschlagen von Holz. Damit der natürliche Rohstoff von guter Qualität und langer Haltbarkeit ist, gibt es eine Reihe von Regeln, die seit Jahrhunderten überliefert sind und auch heute noch angewendet werden.

Neujahr hell und klar, bringt ein gutes Jahr. (1.1.)

Holz, das weder fault noch wurmig wird

So schlägt man Holz, das weder faul noch wurmig werden soll, zwischen dem 31. Januar und dem 2. Februar ein. Wer festes Holz benötigt, das z. B. für Werkzeuge geeignet ist, sollte es im Dezember oder Januar kurz nach Neumond einschlagen. Sehr hart und widerstandsfähig ist das Material auch, wenn die Bäume am 7., 25. und 31. Januar gefällt werden.

Unbrennbares Holz

Man sagt, dass Holz praktisch unbrennbar ist, wenn es im März nach Sonnenuntergang eingeschlagen wird. Ähnlich schwer entflammbar soll Holz sein, das am Tag vor dem Dezemberneumond oder zwei Tage vor dem Märzneumond geschlagen wurde.

Gutes Brennholz wird am besten im Oktober eingeschlagen, wenn sich der zunehmende Mond im ersten Viertel befindet. Günstig sind auch die Tage nach der Wintersonnenwende am 22. Dezember – allerdings nur, wenn der Mond abnehmend ist. Noch ein Tipp: Wer selbst Möbel bauen will, braucht unbedingt gut abgelagertes Holz, das nicht reißt. Der beste Zeitpunkt für den Einschlag solchen Holzes ist am 24. Juni zwischen 11 und 12 Uhr. Probieren Sie es einmal aus!

Wie das Wetter an Makari ist, so du es im September wiedersiehst. (2.1.)

Tipps für Gesundheit, Schönheit und Wohlbefinden

Hier geht es um altbewährte Hausmittel, die auch im kritischen Licht moderner Heilkunst ihren Wert behalten haben. Viele der Rezepte lassen sich mit einfachen Mitteln leicht und kostengünstig zubereiten.

Honig für Körper und Seele

Sankt Makarius das Wetter prophezeit für die ganze Erntezeit. (2.1.)

Schon unsere Vorfahren wussten, dass Honig einer der goldenen Schätze der Natur ist, eine Quelle gesundheitsfördernder und verjüngernder Wirkstoffe. Was unsere Vorfahren aus uralter Erfahrung wussten, hat die moderne Wissenschaft in jedem Punkt bestätigt: Honig besitzt alles, was Heilmittel anzubieten vermögen – und zwar alles in konzentrierter Form: nämlich Trauben- und Fruchtzucker, der besonders leicht vom Körper aufgenommen und verwertet werden kann, wertvolle Vitamine, Enzyme und Ameisensäure, Duft- und Schleimstoffe. Darüber hinaus enthält das natürliche Universalheilmittel auch noch eine Art Antibiotikum, ein natürliches Abwehrmittel gegen Krankheitserreger. Honig stärkt Herz und Nerven, erfrischt die Drüsen, entlastet Leber und Nieren, verbessert die Verdauung, belebt und reinigt die Haut.

Bevor wir hier einige Anwendungen empfehlen noch ein wichtiger Tipp: Wenn Sie Honig kaufen, achten Sie darauf, dass Sie nur solchen von einwandfreier Qualität bekommen, denn nur der echte, reine Bienenhonig besitzt die vorgenannten heilenden und kräftigenden Wirkungen.

Achten Sie auch darauf, dass der Honig nicht erwärmt, sondern kalt geschleudert wurde, wenn Sie ihn kaufen. Honig, der erhitzt wurde, enthält kaum mehr Heil- und Pflegestoffe. Die verschiedenen Honigsorten unterscheiden sich nicht nur im Geschmack, sondern auch in ihren Bestandteilen. So enthalten die einzelnen Honigsorten folgende Wirkstoffe:
* Akazienhonig enthält reichlich Kalzium.
* Fichtenhonig enthält unter anderem Phosphor und Mangan.
* Gelee-Royale-Honig enthält die Vitamine B1, B2, B6 sowie Fermente, Enzyme, Hormone.
* Heidehonig ist ein guter Kaliumspender.

Hier einige besonders wirksame Honig-Rezepte für Gesundheit und Schönheit:

> Wenn bis Dreikönigstag kein Winter ist, kommt keiner mehr nach dieser Frist. (6.1.)

Honig als Stärkungsmittel für Herz und Kreislauf

Immer wenn Sie während des Tages ein »Tief« erleben und nicht die Möglichkeit haben, kurz zu entspannen, wenn Sie völlig abgeschlafft sind und sich nicht richtig konzentrieren können: Nehmen Sie einen Teelöffel Honig. Und Sie sind bald darauf wieder obenauf.

Denn Honig ist das schonendste und hilfreichste Herzstärkungsmittel überhaupt.

Honig ist auch ein vorzügliches Schlafmittel: Eine Tasse Milch wird leicht angewärmt und ein kräftiger Teelöffel Honig hineingegeben. Trinken Sie die Honigmilch eine halbe Stunde vor dem Zubettgehen. Danach schläft man köstlich!

Januar

Heilkräftiger Honiglikör

Einen heilkräftigen, gesunden und schmackhaften Honiglikör kann man sich leicht selbst zubereiten. Auf einen Liter feinsten Weingeist gibt man je 20 Gramm folgender Kräuter: Wermut, weiße Schafgarbe, Zitronenmelisse, Kamille, Poleiminze oder Pfefferminzkraut. Nun kann man den Geschmack – je nach Jahreszeit – verbessern durch das Zugeben von grünen Walnüssen, Orangenschalen, Heidelbeeren und dergleichen.

Die Kräuter lässt man einige Zeit an der Sonne ziehen. Dann löst man ein halbes Kilo Blütenhonig in einem Liter lauwarmem Wasser auf und gibt die Honiglösung in den Kräuterweingeist. Nun wird die Flasche gut durchgeschüttelt und drei bis fünf Tage stehen gelassen, damit sich die feinen Bestandteile setzen, durch ein Tuch gefiltert und in andere Flaschen abgefüllt.

Von diesem »Göttertrank« sollte man am Morgen nach dem Aufstehen auf nüchternen Magen ein kleines Glas trinken.

Honig heilt Wunden schneller

Naturreiner Bienenhonig ist ein hervorragendes Mittel für die schnelle Heilung von Wunden. Angewandt wird das sanfte Heilmittel, wenn nach einer Verletzung Wundinfektionen drohen. Man gibt den Honig auf die Innenseite des Verbandes, mit dem die entzündete Wunde bedeckt wird. Die im Honig enthaltenen Enzyme unterdrücken das Wachstum von Bakterien und sorgen dafür, dass sich schnell neues Hautgewebe bildet.

Wunden, die mit Honig behandelt werden, sind weitgehend vor Infektionen geschützt und heilen deshalb sehr viel schneller. Besonders empfehlenswert ist die Honig-Methode bei Schürfwunden, wie Kinder sie recht häufig an Knien haben.

Sankt Erhard mit der Hack steckt die Feiertag (Weihnachten) in den Sack. (8.1.)

Sankt Julian bricht das Eis, bricht er's nicht, umarmt er es. (9.1.)

Honigmaske gegen unreine Haut

Unreine Haut hat ihre Ursache fast immer in zu fetter Haut. Diese wirklich einfache Maske heilt und reinigt zugleich. Man braucht dazu ein Eiweiß und einen Esslöffel Honig. Die Zutaten werden geschlagen, bis sie schaumig sind. Dann wird die Mischung auf Gesicht und Hals aufgetragen. Der Schaum muss so lange einwirken, bis er eingetrocknet ist. Anschließend wird die Maske mit lauwarmem Wasser abgewaschen.

Honig gegen müde Haut

Diese Honigmaske ist besonders hilfreich, wenn man nach einem harten Arbeitstag noch ausgehen will oder muss: Folgende Zutaten werden zu einem geschmeidigen Brei verrührt: ein Eigelb, ein Teelöffel Honig, ein Esslöffel frischer Quark, ein Teelöffel Weizenkeimmehl und ein Teelöffel süße Sahne. Der Brei wird auf Gesicht und Hals aufgetragen und muss 15 bis 20 Minuten lang einwirken. Er wird dann mit lauwarmem Wasser wieder abgewaschen. Die Haut wird dadurch deutlich besser durchblutet und wirkt sofort viel frischer und elastischer.

Honig-Badezusatz

Die Haut wird wunderbar zart und rein, wenn Honig ins Badewasser gegeben wird: Ein Viertelliter Milch wird erwärmt, darin eine Tasse Honig aufgelöst und dann ins Badewasser gegeben. Die Honigmilch eignet sich auch zur Pflege der Gesichtshaut: Einfach ins Gesicht tupfen, etwa zwei Minuten einwirken lassen, dann wieder abwaschen.

Am 10. Jänner Sonnenschein, bringt viel Korn und Wein. (10.1.)

Januar

Entschlackungstage nach üppigen Feiertagen

Für viele Menschen sind Festtage – Weihnachten, Ostern, Hochzeit, Jubiläen etc. – nicht nur eine Zeit der Erholung und der Entspannung, sondern auch die des üppigen Schlemmens und ausgiebigster Tafelfreuden. Dabei wird des Guten leider oft zu viel getan: Es wird zu übermäßig, zu fett und zu belastend gegessen und manchmal richtige Völlerei betrieben. Das kann im extremen Falle zu Übergewicht, Bluthochdruck und Stoffwechselkrankheiten führen. Weiterer Raubbau an der Gesundheit wird an diesen Tagen gerade auch durch übermäßigen Alkohol- und Nikotingenuss, mangelnden Schlaf und zu wenig Bewegung getrieben.

Es entspricht der alten deutschen Tradition, zu den Festtagen immer etwas nicht ganz Alltägliches aufzutischen. Das kann Gans sein, Truthahn, Hirsch, Reh, Lamm, Hase, Karpfen oder Strauß. Und für die Zeiten zwischen den Mahlzeiten stehen im übergroßen Maße noch Gebäck, Süßigkeiten, Wein, Liköre und Schnäpse zur Verfügung. Dadurch entsteht ein psychologischer Zugzwang, denn wenn man weiß, dass erlesene Speisen in größeren Mengen vorhanden sind, isst man – oft ganz unbewusst – mehr als üblich. Deshalb empfiehlt es sich, nach einem oder mehreren

Ein heller Paulustag zeigt an ein gutes Jahr. (10.1.)

Sankt Weselius hell und klar, für den Wein ein gutes Jahr. (11.1.)

Tagen der Schlemmerei einen Entschlackungstag einzulegen. Damit wird nicht nur das Kalorienkonto entlastet, sondern auch etwas für die Gesundheit getan: Man nimmt Vitamine zu sich, speichert sie und entlastet gleichzeitig die Verdauung.

Wie sieht so ein Entschlackungstag aus?

* Wenig mageres Fleisch, Geflügel und Fisch, aber viel Gemüse.
* Vollkornbrot und -brötchen sowie Knäckebrot anstelle von Weißbrot, Brötchen und Weihnachtsgebäck.
* Geizen Sie generell mit Fett. Und bestreichen Sie Ihr Brot nur ganz dünn mit Butter oder Margarine, noch besser mit halbfettem Brotaufstrich (hat um 40 Prozent weniger Fett).
* Garen Sie große Braten und ganzes Geflügel im Tontopf ohne Fettzugabe.
* Nehmen Sie für Soßen und Suppen nur wenig Sahne, besser ist Jogurt.
* Gemüse in wenig Brühe ohne Fett dünsten.
* Viel Hülsenfrüchte und Getreide essen.
* Wenig Alkohol und zuckerhaltige Getränke trinken. Trinken Sie nach den Mahlzeiten Gemüse- oder Frischpflanzensäfte. Sie sind im Handel (Drogerien, Reformhaus) in ausgezeichneter Qualität erhältlich.

Mit Verstand essen

Gewöhnen Sie sich an, vor den Hauptmahlzeiten ein Glas Mineralwasser oder eine Tasse Brühe zu trinken oder einen Salat zu essen. Das füllt den Magen und verhindert dadurch, dass Sie zu schnell und zu viel essen.

Spielt die Mücke um Habakuk, der Bauer nach dem Futter guck. (15.1.)

Wenn Antoni die Luft ist klar, so gibt es ein trockenes Jahr. (17.1.)

Januar

Essen Sie langsam und mit Genuss. Sie merken dann rechtzeitig, wenn Sie satt sind und hören dann zu essen auf. Und vertreiben Sie Langeweile auf keinen Fall mit Essen. Gehen Sie dafür lieber eine Stunde spazieren.

Natürliche Helfer zum Entschlacken

Sollten Sie dennoch an einem üppigen Mahl nicht vorbeikommen, dann trinken Sie Rote-Bete-Saft. Der Wirkstoff Betain ist leberschützend und mindert die Fettleber. Außerdem bekämpft er unliebsame Darmbakterien.

Die im Rettichsaft enthaltenen Wirkstoffe Raphanol und Glucoraphanin entstauen Leber und Galle und wirken anregend auf die Verdauung im oberen Darmtrakt.

Bärlauchsaft senkt durch das Allicin das Cholesterin und die Blutfette. Die Substanz erweitert aktiv verengte Blutgefäße, reguliert den Darm und entgiftet vorzüglich.

Blähungen werden meist durch hastiges Essen oder Trinken sowie Bewegungsmangel hervorgerufen. Hier hilft es, wenn man nach den Mahlzeiten Kümmel oder Koriander kaut bzw. Bohnenkraut-, Fenchel- oder Wermuttee trinkt.

Gegen Durchfall hilft, mehrmals täglich je einen Esslöffel getrocknete Heidelbeeren gut durchzukauen, ungezuckerte geriebene Äpfel mit Banane oder Knoblauchsaft mit Milch. Desgleichen Eichenrinde-, Brombeer- oder Frauenmanteltee.

Nach der Hauptmahlzeit, am besten nachmittags, hilft ein kleines Schläfchen bei der Verdauung. Ein Spaziergang sollte allerdings unbedingt mit eingeplant werden. Viel Bewegung in frischer Luft ist ein ausgezeichnetes Mittel, um den müden Kreislauf wieder anzuregen.

Wenn's an Petri Stuhlfeier ist kalt, die Kälte noch 40 Tage halt'. (18.1.)

Sturm und Frost an Fabian ist den Saaten wohlgetan. (20.1.)

Stärkung für Herz und Kreislauf 27

Unterstützung für das Herz

Radfahren stärkt das Herz und hält jung, sagen die Sportmediziner. Es ist ein wunderbares Herztraining und es beeinflusst den Kreislauf günstig. Allerdings sollte man nicht nur gelegentlich einmal kurz um die nächste Ecke radeln, sondern täglich gut eine halbe Stunde lang strampeln. Die Vorteile dieses Sports: Das Körpergewicht liegt nicht voll auf den Beingelenken, die Blutfette werden aufgebraucht, die Muskeln verkümmern nicht. Wenn es geht, sollte man die Innenstadt meiden, um den Verkehrsabgasen aus dem Weg zu gehen.

Dem Infarkt vorbeugen

Der Mensch könnte sich ohne weiteres ausschließlich von Fleisch und Fisch ernähren. Doch wer die Kartoffeln und das Gemüse zur Seite schiebt und nur das Steak verzehrt, der kann sich regelrecht einen Herzinfarkt herbeiessen. Mit dem Fleisch bekommt der Körper große Mengen an Vitamin D geliefert. Gehen wir nun zusätzlich noch an die Sonne, die mit Ihren Einstrahlungen unter der Haut das Vitamin D bildet, dann ist rasch ein Überangebot an diesem Vitamin vorhanden – vor allem in den Sommermonaten. Damit ist aus diesem so segensreichen Vitamin eine gefährliche Substanz geworden, die der Organismus nicht einfach verkraften kann. Der Kalziumstoffwechsel im Körper ist gestört. Und dadurch kommt es zu Ablagerungen in den Blutgefäßen, die ja nicht nur aus Fetten, sondern zum großen Teil aus Kalk bestehen. Zu viel Vitamin D

> Ist es an Pauli Bekehr auch nur so lange klar, als ein Reiter braucht, um sein Ross zu satteln, gibt's ein gutes Jahr. (25.1.)

Januar

macht außerdem stark nervös, sorgt für Verstopfungen und andere Verdauungsstörungen.

Wichtig ist, dass wir mit zunehmender Sonnenstrahlung im Frühjahr unseren Speiseplan umstellen müssen. Also weniger Fleisch essen, statt dessen viel frisches Gemüse, Salate, Obst. Umgekehrt müssen vor allem Kinder und ältere Menschen, die nicht so viel an die frische Luft kommen, an grauen Wintertagen etwas mehr Fleisch bekommen, damit der Vitamin-D-Bedarf gedeckt werden kann und die Knochen stabil bleiben.

Timotheus bricht's Eis – hat er keins, macht er eins. (26.1.)

Stärkung für das schwache Herz

Die folgenden Rezepte empfehlen sich bei einer vorübergehenden Herzschwäche. Gehen Sie aber unbedingt zum Arzt, wenn Sie Herzbeschwerden verspüren.

Herztrunk mit Eiern

Zehn frische Hühnereier aufschlagen und mit Schale in eine Schüssel geben, darauf 10 bis 15 Zitronen zerdrücken. Das Ganze 24 Stunden stehen lassen, dann die Eierschalen durch ein Sieb abgießen und die Eier mit dem Zitronensaft und einem halben Esslöffel Zucker verrühren. Täglich ein Likörgläschen davon trinken.

Armbäder gegen Herzbeschwerden

Das Eis zerdrückt Sankt Julian, wo nicht, da drückt er's fester an. (27.1.)

Ein ebenso einfaches wie billiges Naturheilmittel ist das Armbad. Damit kann, gerade in der heißen, schwülen Jahreszeit, der gefürchtete Herzkrampf, der »Angina-Pectoris-Anfall« verhütet sowie Kreislauf und Herz entlastet werden.

Heilende Bäder

Ansteigendes Armbad

Sie nehmen eine kleine Plastikwanne, die ungefähr 30 Zentimeter hoch ist. Stellen Sie das Gefäß am besten auf einen Tisch, damit Sie sich bei dem Bad nicht zu sehr bücken müssen. Tauchen Sie die Arme bis etwa zur Mitte der Oberarme in das Wasser, das etwa 35 Grad warm sein sollte. Jetzt lassen Sie langsam heißes Wasser zufließen, bis eine Temperatur von 40 Grad erreicht ist. Die Badedauer beträgt 15 bis 20 Minuten. Sie werden merken, wie sich bald darauf Ihr Wohlbefinden erheblich verbessert.

Bringt Martina Sonnenschein, hofft man auf viel Korn und Wein. (30.1.)

Kaltes Armbad

Falls Sie unter Herzklopfen leiden, oder wenn Ihr Puls unregelmäßig schlägt, wenn Sie reizbar und nervös sind, dann versuchen Sie es doch einmal mit dem kalten Armbad. Auch wenn Sie morgens nicht aus dem Bett kommen oder nicht richtig wach werden und Sie sich zerschlagen und müde fühlen: Stecken Sie die Arme bis zu den Ellenbogen in kaltes Wasser, so wie es aus der Wasserleitung kommt.

Selbst hartnäckige Kopfschmerzen nimmt ein solches Bad oft im Nu weg. In den meisten Fällen genügt ein Bad von einer halben Minute Dauer. Machen Sie nach dem Bad einige leichte gymnastische Übungen mit den Armen, damit das Blut rascher zurückkehrt und sich die Arme wieder erwärmen. Machen Sie das hier beschriebene kalte Armbad zu einem regelmäßigen Bestandteil Ihrer Morgentoilette. Für den Kreislauf gibt es kein besseres Mittel.

Das Menü des Monats

Leicht und vitaminreich ist das Menü des Monats Januar. Nach einer Zwiebelsuppe gibts gesunde Rohkost, gefolgt von knusprigem Geflügel und einer fruchtig-süßen Nachspeise.

Zwiebelsuppe

Für 4 Portionen

SUPPE

400 g rote Zwiebeln
2 EL Olivenöl
1 EL Mehl
¼ l trockener Weißwein
½ l Fleisch- oder Gemüsebrühe
Salz
Pfeffer
4 Scheiben Vollkorntoast
1 Knoblauchzehe
80 g Gruyère oder Raclettekäse

1 Die Zwiebeln schälen und in feine Scheiben schneiden. Das Öl in einem großen Topf erhitzen und die Zwiebeln darin bei schwacher Hitze glasig dünsten.

2 Das Mehl darüber streuen und kurz anschwitzen lassen. Mit dem Wein und der Fleisch- oder Gemüsebrühe ablöschen. Die Suppe mit Salz und Pfeffer würzen und etwa 20 Minuten kochen lassen, bis die Zwiebeln weich sind.

3 Inzwischen den Backofen auf 225 °C vorheizen. Die Toastscheiben vierteln. Die Knoblauchzehe schälen und halbieren. Vier ofenfeste Suppentassen damit ausstreichen.

4 Die Suppe in die Suppentassen füllen. Die Toastbrote darauf verteilen und mit dem Käse bestreuen. Die Suppe im heißen Ofen etwa 8 Minuten überbacken.

Rettich-Rohkost mit Apfel

Für 4 Portionen

1 Den Rettich schälen. Den Apfel schälen und vierteln, das Kerngehäuse entfernen. Apfel und Rettich auf der Rohkostreibe grob raspeln und mischen.

2 Für das Dressing Salz, Zucker und Essig mit Sahne und Sonnenblumenöl verquirlen. Mit Zitronensaft abschmecken. Das Dressing über die Rettich- und Apfelraspel gießen und alles gut vermischen.

3 Die Mandelstifte in einer Pfanne ohne Fett hellgelb rösten und über den Salat streuen.

4 Den Schnittlauch waschen und trockenschütteln. Ihn anschließend in feine Röllchen schneiden und damit den angemachten Salat bestreuen.

Tipp Der Rettich verliert an Schärfe, wenn Sie ihn nach dem Raspeln mit Salz bestreuen und kurze Zeit ziehen lassen. Dann den Saft ausdrücken und den Rettich wie im Rezept beschrieben weiterverwenden.

SALAT

1 weißer Rettich (etwa 400 g)
1 säuerlicher Apfel (z. B. Granny Smith, Boskop)
Salz
Zucker
2 EL Reisessig
2 EL Sahne
1 EL Sonnenblumenöl
Zitronensaft
1 EL Mandelstifte
1 Bund Schnittlauch

Pikante Hähnchenkeulen

Für 4 Portionen

HAUPT-GERICHT

4 Hähnchen-keulen
1 unbehandelte Zitrone
2 Knoblauch-zehen
2 cm frische Ingwerknolle
1 TL Dijon-Senf
1 TL Sojasauce
½ TL getrock-neter Thymian
2 EL Olivenöl
Einige Tropfen Tabascosauce

1 Die Hähnchenkeulen kalt abspülen und trockentupfen. Die Zitrone heiß waschen und abtrocknen, die Schale fein abreiben. Die Zitrone halbieren und eine Hälfte auspressen. Knoblauch und Ingwer schälen und beides durch die Knoblauchpresse drücken.

2 Zitronenschale und -saft mit Ingwer, Knoblauch, Senf, Sojasauce, Thymian und Öl gründlich verrühren und mit Tabasco würzen.

3 Die Hähnchenkeulen mit der Marinade bestreichen und zugedeckt etwa 1 Stunde kalt stellen.

4 Den Backofen auf 225 °C vorheizen oder einen Elektrogrill auf mittlere Stufe stellen. Die Hähnchenkeulen im Backofen oder unter dem Grill etwa 20 Minuten garen, bis sie schön gebräunt sind, dabei einmal wenden.

Tipp Auf die folgende Art und Weise erkennen Sie, ob die Hähnchen gar sind: Mit einer Gabel an der dicksten Stelle einstechen. Tritt daraufhin klarer Fleischsaft aus, dann sind die Keulen gar.

Köstliches im Januar 33

Orangen-Jogurt-Mousse

Für 4 Portionen

DESSERT
5 Blatt weiße Gelatine
3 unbehandelte Orangen
200 g Sahne
300 g Jogurt
5 EL Cointreau
4 EL Honig
1 EL gehackte Pistazien

1 Die Gelatine in kaltem Wasser einweichen. 1 Orange unter fließendem heißem Wasser gründlich abwaschen, dann trocken reiben. Die Schale mit einem Zestenreißer abhobeln. 2 Orangen halbieren und den Saft auspressen.

2 Die Sahne steif schlagen. Den Jogurt mit Orangensaft und -schale, 4 Esslöffeln Cointreau und Honig verrühren. Die Sahne unterheben.

3 Die Gelatine tropfnass in einen kleinen Topf geben und bei schwacher Hitze unter Rühren langsam auflösen. Dann etwas abkühlen lassen und unter die Orangencreme rühren. Die Orangencreme abgedeckt im Kühlschrank in 4 bis 5 Stunden fest werden lassen.

4 Die restliche Orange schälen, dabei auch die weiße Innenhaut entfernen. Die Filets mit einem scharfen Messer aus den Häuten schneiden, anschließend mit dem restlichen Orangenlikör marinieren.

5 Von der Creme Nocken abstechen und auf Desserttellern anrichten. Mit den Orangenfilets und den gehackten Pistazien garnieren.

Der Winter ist ein rauer Mann …

Mit knackiger Kälte beginnt ein neues Jahr. Schnee bedeckt das weite Land, und die Natur liegt noch gefesselt unter der Macht des Winters.

Zum neuen Jahr

Wie heimlicher Weise
Ein Engelein leise
Mit rosigen Füßen
Die Erde betritt,
So nahte der Morgen.
Jauchzt ihm, ihr Frommen,
Ein heilig Willkommen,
Ein heilig Willkommen!
Herz, jauchze du mit!

In ihm sei's begonnen,
Der Monde und Sonnen
An blauen Gezelten
Des Himmels bewegt.
Du, Vater, du rate!
Lenke du und wende!
Herr, dir in die Hände
Sei Anfang und Ende,
Sei alles gelegt!
Eduard Mörike

Im Winter zu singen

Die Jäger spannen die Tellereisen,
Die Füchse entwischen.
Der Südost nietet die letzte Spalte
Über Aalen und Fischen.

Aus Lappland flogen die roten Drosseln,
Ihre Stimme fällt weich wie Schnee.
Kein Messer schneidet den Schlaf der Erde,
Auch der Maulwurf tut ihr nicht weh.

In weiser Ohnmacht werden die Larven
Für andere Zeit bewahrt.
Den trächtigen Schafen wächst das Euter,
Den Ziegenböcken der Bart.
Wilhelm Lehmann

Ein blanker Tag

Die Bäche sind weiß, und das Holz ist weiß, weiß ist das Feld, und weiß ist das Dorf, und alle Büsche und Bäume im Felde sind weiß. Gestern nachmittag hat der Schneesturm gearbeitet, hatte die alte, vertraute, mit Fährten und Spuren benarbte Schneedecke frisch überstrichen, eine fußhohe glatte Schneeschicht darüber gedeckt, eine Hauptneue geschaffen, dass mir das Herz im Leibe lacht. Ein blanker Tag, wie ich ihn mag, ein Tag mit einem Charakterkopf, ein Tag, der mir die krause Stirn hell macht und lachend den zusammengekniffenen Mund, hell die Augen und übermütig die Seele, ein Tag, an dem alles gelingt, was man anpackt.

Ich stehe an der Dössel auf der Deele und sehe über den Hof in die Heide. Alles sieht so lustig aus heute. Jedes Ding auf dem Hofe hat ein weißes Mützchen auf, piel steigt der weiße Rauch in die hellblaue Luft, und alles glitzert und glimmert in der Sonne. Ich habe es mir leicht gemacht. Die Hosen stecken in den dicken Schnuckenhaarstrümpfen, die Weste bleibt zu Hause, die wollene Ärmeljacke genügt, die Joppe steckt hinter dem Rucksack, nun noch die Schneereifen an, und dann will ich dich suchen, gelbkehliger Schleicher im Seidenrock.

Kiek, Lieschen, morr'n! Komm mal her, Mäken, und spring mal über den Drillingslauf. Was ist das! Du sagst, du willst nicht! Na warte, Deern! Wi'st'e nu' oder wist'e nich? Teufel, ich wer' dir Appell beibringen! Na siehste, warum nicht gleich?

Und nun will ich erst das Dorf umschlagen und abspüren. Immer die Zäune entlang geht es, hinter den Gärten her. Kreuz und quer laufen Hasenspuren, ganz dicht am Dorfe ist der Fuchs entlanggeschnürt. Aber kein Marder spürt sich. Die hat der Schnee faul gemacht; sie warten erst Tauwetter ab.

Hinter der Mühle das Holz, das lockt mich am meisten. Die Bachufer reizen den Marder immer, einen Frosch, den der Bach mit fortriss, einen Vogel, der in den Dornbüschen sein Schlafplätzchen hat, den Igel, der im Falllaub den Winter verschläft, Mäuse, die sich Schlehen und Buch suchen, findet er da.

Die schmale Wasserrinne ist fast verschwunden. Das verschneite Risch begräbt sie und der Schneebehang der Dornbüsche. Warnend stiebt der Markwart ab, lärmend fliegt ein Flug Schacker dem Holze zu, die dort Schnecken suchten. Schwarz funkeln im Schnee die Schlehen, feuerrot leuchten die Hage-

Hermann Löns: Ein blanker Tag

butten, dunkler die Mehlfässchen, und der Waldrebe Seidenbüsche schimmern grau aus dem Schnee. Ein scharfer Schrei kommt vom Felde her. Ein blitzendes, funkelndes, schimmerndes Ding kommt über den Schnee und bleibt an der dicken blauroten Brommelbeerranke hängen, die in schönen Bogen das Bächlein überbrückt. Der Eisvogel ist es. Wie ein Edelstein, in allen Farben leuchtend, sieht er aus, der kleine, ernste Fischer. Regungslos starrt er in das glucksende, kluckernde, klingende Wasser, lange, lange. Dann blitzt das Gefieder wieder auf, ein scharfer Schrei, und schimmernd und leuchtend streicht er nach dem Unterlauf des Baches.

Ein lustiger Laut, ein vergnügter, klingt dicht bei mir. Auf dem silberwolligen Kopf der mannshohen schlanken Distel sitzt der Distelfink, der Stieglitz, lustig seinen Namen rufend, das Köpfchen kokett drehend, und sich eitel hin und her wendend, dass der helle Schnabel blitzt, dass das Goldrot dahinter leuchtet, dass die gelben Flügelbinden nur so strahlen. Stieglitt, Stieglitt, bin ich nicht hübsch!, so dreht und wendet er sich hin und her.

Den Bach entlang steige ich bergan in den Wald, die Augen im Schnee. Rehfährten, die Spuren von Has und Fuchs, Mausespuren überall. Und auch hier, an der Quelle, zwischen den weißbemützten, moospolstrigen Steinen und den vergilbten Farnen, nichts. Ärgerlich könnte ich sein, aber der Tag ist so blank und der Himmel so blau und die Sonne so hell, und alles blitzt und glitzt und schimmert im Walde. Und es ist so ruhig dabei und so feierlich, als wäre jeder Tag so blank und das Leben immer festlich und friedlich und als gäbe es niemals Hunger und Sorge und Not und Tod und Mord.

Aus: Hermann Löns: Mein grünes Buch

FEBRUAR

Der Februar, (von »februatio« = Reinigung) auch »Schmelzmond« oder »Taumond«, »Weibermonat«, »Holzmonat« oder »Redmonat«, »Narrenmond«, der zweite Monat des Jahres, war im altrömischen Kalender der letzte Monat im Jahr. Deshalb wurde er auch als Schaltmonat eingesetzt. Der kürzeste Monat hat 28 Tage, in Schaltjahren 29 Tage.

Mit dem **Lichtmesstag** (2. Februar) begann das eigentliche Jahr des Bauern. Zinsen wurden entrichtet, Dienstboten entlassen, Kerzen und Wachs zum Weihen in die Kirche gebracht.

Der 3. Februar ist der Ehrentag von **St. Blasius**, der der Legen-

> Spielen die Mücken im Februar, frieren Schaf' und Bien' das ganze Jahr.

de nach einem Jungen das Leben rettete. Er ist Patron der Ärzte, Musikanten, Bauarbeiter, Hutmacher, Weber und Halsleidenden. In der Kirche wird an diesem Tag der »Blasiussegen« erteilt.
Die heilige **Dorothea** (6. Februar) ist Patronin der Gärtner, Blumenhändler, der Bräute und der Neuvermählten und der Bierbrauer. Ihren Beistand kann man erflehen in Todesnöten, bei Geburtswehen, bei Armut und falschen Anschuldigungen.
Wer hat noch nicht an schrecklichen Zahnschmerzen gelitten? Die heilige **Apollonia** (9. Februar), der bei der Folter die Zähne ausgebrochen wurden, hilft, wenn die Schmerzen gar zu fürchterlich werden. Sie ist auch die Patronin der Zahnärzte.
St. Valentin (14. Februar) war im Mittelalter der Tag für Festmähler, Feiern und geselliges Beisammensein. An diesem Tag beginnt die eigentliche Faschingszeit. Der heilige Valentin ist Patron der Jugend, der Reisenden und der Imker.

Die Fastenzeit beginnt

Petri Stuhlfeier, am 22. Februar, die Besteigung des Bischofsstuhles von Antiochien durch den Apostel Petrus, ist der alte bäuerliche Frühlingsbeginn.
Der 24. Februar ist der Namenstag des **Apostel Matthias**, der durch das Los nach dem Verrat des Judas ausgewählten 13. Apostels. Matthias ist Schutzpatron der Bauhandwerker, Zimmerleute, Schreiner, Schmiede, Metzger.
Die **Fastnacht** war einst ein Vorfrühlings- und Fruchtbarkeitsfest, an dem die Mächte der Dunkelheit bekämpft wurden, um die Mächte des Lichts zu stärken. Die eigentliche »Fastnacht«, die Nacht vor Aschermittwoch, ist der eigentliche Beginn der großen 40tägigen Fastenzeit, die am Karsamstag wieder endet.

> Februar kalt – das gefallt.

> Im Februar müssen die Stürme fackeln, dass dem Ochsen die Hörner wackeln.

Der FEBRUAR im Überblick

	Feste	Namenstage
1		Brigitte, Severus, Sigisbert, Winand
2	Mariä Lichtmess	Adalbert, Alfred, Burkhard, Gosbert
3		Ansgar, Blasius, Margareta, Werburga
4		Gilbert, Hrabanus, Veronika
5		Albuin, Adelheid, Agatha, Ida, Ingenuin
6		Dorothea, Hildegund, Reinhild
7		Ava, Nivard, Richard
8		Elfriede, Gutmann, Hieronymus
9		Alto, Apollonia, Lambert, Rainald
10		Bruno, Scholastika, Wilhelm, Zenon
11	Mariä Erscheinung	Anselm, Saturnin
12		Antonius, Benedikt, Gregor, Reginald
13		Adolf, Gisela, Katharina, Irmhild
14	Valentinstag	Kyrill und Method, Valentin
15		Georgia, Siegfried
16		Juliana, Onesimus, Simon

Wenn im Februar die Lerchen singen, wird's uns Frost und Kälte bringen.

Der FEBRUAR im Überblick

	Feste	Namenstage	
17		Benignus, Finan, Mangold	
18		Bernadette, Konstanze, Simon	
19		Hedwig, Irmgard, Konrad, Leontius	Ist Fastnacht gutes Wetter, so geraten die Erbsen wohl.
20		Amata, Apollonia, Falko, Korona,	
21		Eleonora, Gunthild, Leodegar, Petrus	
22		Isabella, Margareta, Papias	
23		Rafaela, Romana, Walburga	
24		Ethelbert, Ida, Matthias, Sergius	
25		Adeltraud, Caesarius, Walburga	
26		Alexander, Dionysius, Mechthild	
27		Bettina, Gabriele, Leander, Markward	Ende Februar sind die Lerchen wieder da.
28		Roman, Silvana, Theodulf	
29		Antonia, August, Oswald	

Festtage und Brauchtum im Februar

Ob Fasching, Fastnacht oder Karneval – immer handelt es sich um die festliche Zeit, die am 11.11. um 11 Uhr 11 beginnt und mit dem Aschermittwoch – meist im Februar – endet. Das närrische Treiben ist dann vorbei – die Fastenzeit beginnt, die an Ostern zu Ende geht.

Geweihte Kerzen für jedes Haus

Am 2. Februar findet zu Lichtmess schon seit dem 5. Jahrhundert eine Lichterprozession statt, und nur an diesem Tag werden noch heute die Kerzen für die Kirche und zu Hause geweiht. Sie symbolisieren eine Abwehr von Krankheit, Hungersnöten und Übeln und stehen als christliches Symbol der Erleuchtung und des Glaubens. Die großen Lichterprozessionen, die früher durch Dörfer und Städte führten, beschränken sich inzwischen auf die Kirchen.

Ist's an Lichtmess kalt, kommt der Frühling bald. (2.2.)

Der Blasiussegen schützt vor Halsweh

Blasius, ein beliebter und vielseitiger armenischer Arzt und Bischof aus dem 3. Jahrhundert, steht Pate für den Segen, der am 3. Februar erteilt wird. Zu zwei gekreuzten brennenden Kerzen wird eine Segensformel gesprochen, die vor Halsleiden, aber auch vor allen anderen Leiden schützen soll. Hintergrund ist die Legende, dass St. Blasius, nachdem er während der Christenverfolgung gefangen genommen wurde, im Kerker einem mitgefangenen Knaben eine Gräte aus dem Hals entfernte und ihn so vor dem Erstickungstod rettete.

Unsere liebe Frau in Lourdes

Der Marienverehrung ist der 11. Februar gewidmet. In der Grotte von Massabielle bei Lourdes soll die Gottesmutter vom 11. Februar bis 16. Juli 1858 der Bernadette Soubirous insgesamt 18 Mal erschienen sein. 1908 wurde dieser Tag in den Festkalender der katholischen Kirche aufgenommen. Noch heute pilgern jährlich Zehntausende nach Lourdes, um ihre Verehrung für die Heilige Maria auszusprechen und um ihren Segen zu bitten.

Sankt Blasius stößt dem Winter die Hörner ab. (3.2.)

Ein Tag für die Verliebten

Valentin, Bischof von Terni, starb als Märtyrer im Jahr 268. Im Mittelalter wurde dieser Tag mit Feiern und Festmählern begangen. Weil er außerdem der Schutzheilige der Liebespaare und Brautleute ist, die an diesem Tag Geschenke austauschen, hat sich heutzutage eingebürgert, dass der Verehrer seiner Geliebten, aber auch der Ehemann seiner Gemahlin einen Valentinsstrauß überreicht. Er gesteht ihr so mit und durch Blumen seine Liebe.

Ein Stuhl bleibt frei

Am 22. Januar wird gefeiert, dass der Apostel Petrus den bischöflichen Lehrstuhl von Antiochien bestieg. Zugleich wird an diesem Tag seines Todes gedacht, denn ursprünglich wurde im antiken Totengedächtnis für Verstorbene immer ein Stuhl freigehalten.

Der Garten im Februar

Wer jetzt schon zu früh sät, den bestraft der Frost, der immer noch nicht weichen will. Die gleiche Gefahr droht der Herbstaussaat, wenn sich der Februar von seiner milden Seite zeigt. Hier helfen Abdeckplanen, die man bei einem Wetterumschwung auf die aufkeimenden Saaten gibt.

Sankt Agatha, die Gottesbraut, macht, dass Schnee und Eis gern taut. (5.2.)

Gemüsegarten
Zeitige Kohlarten sowie Tomaten, Sellerie, Porree, Salat, Radieschen, Kohl ins Mistbeet säen. Neue Mistbeete anlegen.

Obstgarten
Obstbäume pflanzen (je nach Wetterlage). Nach einer alten Bauernregel muss der Wein bis Lichtmess (2. Februar) geschnitten sein, sonst weint (blutet) er. Größere Wunden, die an Stein- und Kernobst durch das Schneiden entstehen, verstreicht man mit Baumwachs oder Holzteer, damit die Wundränder gut überwallen.

Blumengarten und Balkon
Ist der Winter schneelos und kalt, so müssen Stauden und zweijährige Pflanzen (Goldlack, Stiefmütterchen, Vergissmeinnicht, Silenen) bedeckt werden. Bei ganz besonders guter Witterung können ältere Stauden geteilt und umgepflanzt werden. Sommerblumen in Töpfen oder Schalen in einem warmen Raum oder Mistbeet aufstellen. Blumenkästen leicht düngen.

Was noch zu tun ist
* Rasenmäher, Werkzeuge und Geräte überprüfen
* Welkes Laub zusammenlesen
* Obstlagerräume lüften, Faules und schlechtes Obst entfernen

Gärtnern mit dem Mond (1)

Der Mond, nach der Sonne der zweithellste Himmelskörper am irdischen Firmament, umkreist die Erde mit einer Umlaufzeit von etwa 28 Tagen. Dass wir den Mond einmal als kreisrunde helle Scheibe und dann wieder als schmale Mondsichel am Himmel sehen, hängt von der wechselnden Stellung der Erde zur Sonne ab – wir sprechen von den verschiedenen Mondphasen. Bei seiner Wanderung um die Erde durchschreitet der Mond nacheinander alle zwölf Zeichen des Tierkreises, der unsere Erde umspannt. In jedem von ihnen hält er sich während eines Umlaufes für zwei bis drei Tage auf, bevor er ins nächste hinübergeht.

Jedes Tierkreiszeichen verleiht ihm eine andere Qualität, die mehr oder weniger stark – je nach der Phase, in der sich der Mond beim Durchgang gerade befindet – ausgeprägt ist und im Einfluss des Mondes auf die Natur zur Wirkung kommt.

Wenn die der Erde zugewandte Seite des Mondes fast völlig verdunkelt ist, sprechen wir vom **Neumond**. Der Erdbegleiter steht dann für zwei bis drei Tage ziemlich genau zwischen Erde und Sonne. Bei Neumond wirken kräftige Impulse auf Mensch und Natur. Die Erde beginnt einzuatmen, die Säfte regen sich. Wer jetzt kranke Bäume oder Pflanzen zurückschneidet, kann erleben, wie sie sich zusehends erholen und regenerieren.

Sankt Dorothee bringt recht oft noch Schnee. (6.2.)

Februar

Naturrezepte aus Grossmutters Geheimschatulle

Diese Sammlung von alten Rezepten ist eine kleine Kostbarkeit, die wir für Sie aus längst vergessenen Quellen zusammengestellt haben – für Ihre Gesundheit und zu Ihrem Vergnügen.

Kraft und Vitalität in allen Lebenslagen

Wer die nun langsam aufkommende Frühjahrsmüdigkeit wirksam bekämpfen will, ist mit den nun folgenden Gesundheitstipps immer gut beraten.

Ist es an Apollonia feucht, der Winter erst sehr spät entweicht. (9.2.)

Das Geheimrezept Kaiser Karls des Großen

Kaiser Karl der Große aktivierte damit sein Gehirn: Frische Schwarzwurzeln machen geistig und körperlich topfit – zudem schmecken sie köstlich. Es besteht keine Gefahr der Überdosierung!

Die rote Wunderrübe

Lassen Sie sich von der fettabbauenden, vitalisierenden Wirkung der roten Rübe überraschen. Sie wirkt in jeder Form: als Saft, Gemüse oder als Salat. Wichtig ist nur, dass die Wunderrübe ungekocht verzehrt wird.

Eiszapfen um Fasenacht, dem Flachs lange Zöpfe macht.

Cayenne gibt Pfeffer

Rühren Sie in einen Liter ungesüßten Traubensaft ein Viertel Teelöffel Cayennepulver – kühl trinken. Sie spüren die erstaunliche Wirkung augenblicklich.

Knoblauch für die Vitalität

Schon Zaubermittel bei den Griechen und Römern, noch früher war er den Ägyptern und Babyloniern unentbehrlich – der Knoblauch. Täglich eine frische Zehe davon essen wirkt wahre Wunder. Danach eine Kaffeebohne oder etwas Petersilie kauen hilft, den Geruch zu unterdrücken.

Länger leben mit Molke

Nobelpreisträger Ilja Metschnikow bewies an sich selbst: Kefir, Molke und Jogurt naturbelassen verlängern das Leben. Genießen Sie die Milchprodukte mit Nüssen oder Bienenhonig.

Jünger aussehen mit Hirse

Bereiten Sie sich Hirse zu – regelmäßig und in vielen Variationen: Als Brei, gedünstet, oder als Flocken fürs Müsli. Es bewirkt jugendliches Aussehen und hält Depressionen fern.

Kraft für die Liebe

Mit Bananen und Ananas in jeder Form kommen Sie in Topform. Ein Glas Ananassaft, zwei Gläser Apfelsaft, eine pürierte Banane, ein halbes Likörglas Pfefferminzlikör sowie etwas Zitronensaft gut mischen und mit einem Strohhalm genüsslich schlürfen. Dieser Cocktail bringt Sie rasch auf Vordermann.

Auf Sankt Eulalia Sonnenschein bringt viel Obst und guten Wein. (12.2.)

Wenn die Leber streikt

Morgens und abends je eine Tasse Tee schluckweise trinken. Tee aus: Bibernellewurzeln, Salbei, Tausendgüldenkraut, Löwenzahn, Brennnesseln, Wermut, Katzenschwanz (doppelte Menge).

> An Sankt Valentein friert's Rad mitsamt der Mühle ein. (14.2.)

Geschwollene Leber?

Hier helfen vier kleine Tassen eines Teeabsuds aus Hirtentäschel, schluckweise über den ganzen Tag verteilt getrunken.

Vermeiden Sie bei Leberstörungen Kaffee und Sprudelgetränke, kalorienreiche Mahlzeiten, gebratenes Fett, Saucen, Frittiertes, Hülsenfrüchte, Süßigkeiten.

Schlemmen Sie stattdessen mit grünem Gemüse, Kompott, gekochtem Gemüse, Gemüsesuppen, Artischocken, Karotten, Löwenzahn, Tomaten, Kresse, Oliven, Knoblauch, Orangen, Mandarinen, Pampelmusen, Trauben, Äpfeln, wenig magerem Fleisch und viel fettarmem Fisch.

Extra-Tipp: Trinken Sie morgens auf nüchternen Magen einen Teelöffel reines Olivenöl, geben Sie etwas Zitronensaft hinzu und essen Sie schnell ein Stück gezuckerte Zitrone hinterher – das mildert den intensiven Geschmack des Olivenöls. Das Olivenöl stimuliert eine »faule« Galle und die überbelastete Leber.

Koriander hilft der Manneskraft

Der Samen des Korianders hilft gegen Impotenz und bei Regelstörungen: Zwei, drei Koriandersamen zu Pulver zerstoßen, in ein Glas Weißwein geben und dann schluckweise trinken.

Die Kartoffel für den Magen

Wenn es darum geht, Magenbeschwerden oder böse Magengeschwüre zu heilen, gibt es nichts Besseres als den Saft der rohen Kartoffel. Wer unter zu viel Magensäure leidet, der sollte es einmal mit diesem ebenso einfachen wie billigen Mittel versuchen.

Bei Magenübersäuerung greift die Säure die Magenschleimhäute an – versucht sie zu »verdauen«. Das führt zu Magenschleimhautentzündungen, Magengeschwüren, Völlegefühl, Schmerzen. Vor allem sehr nervöse Menschen kennen das, wenn der gehetzte, hektische Organismus ständig Magensäure ausschüttet. Hier wirkt der Saft der gepressten rohen Kartoffeln lindernd, heilend, entsäuernd. Trinken Sie ihn eine halbe Stunde vor den Mahlzeiten – und zwar jeweils eine halbe Tasse voll.
Wer einen besonders empfindlichen Magen hat, kann den Kartoffelsaft mit Kamillentee verdünnen und erreicht dann dieselbe Wirkung. Wichtig ist hier auch nur wieder, dass die Kur sieben bis acht Wochen lang durchgehalten wird.
Den Kartoffelsaft muss man übrigens nicht selbst pressen. Man kann ihn fertig in Apotheken und Reformhäusern kaufen.
Die Kartoffel enthält fast so viel Vitamin C wie eine Zitrone! Daneben ist sie aber auch reich an anderen Vitaminen und Wirkstoffen. In ihren Genuss kommt man allerdings nur dann, wenn die Kartoffeln nicht »totgekocht« werden. Deshalb ist natürlich der rohe Saft der Knollen ganz besonders wertvoll.

Zwiebelsaft gegen Insektenstiche

Gegen die schmerzhaften Stiche von Bienen, Wespen und anderen Insekten ist Zwiebelsaft ein einfaches aber sehr wirksames Mittel. Eine Zwiebel wird mit dem Messer zerschnitten und die Stichstelle, nachdem der Stachel herausgezogen worden ist, mit der Schnittfläche eingerieben. Der Schmerz verschwindet sofort, und es entsteht keine Geschwulst. Befindet sich die Einstichstelle allerdings im Mund oder Rachen, sollte unbedingt sofort ein Arzt aufgesucht werden.

Friert's um Simeon ganz plötzlich, bleibt der Frost nicht lang gesetzlich. (18.2.)

Ist's bis Sankt Peter kalt, hat der Winter arg Gewalt. (22.2.)

Februar

Großmutters Mittel gegen Sonnenbrand
Man reibt vorsichtig die verbrannten Stellen mit einem guten Olivenöl ein. Danach kühle Umschläge mit nassen Tüchern. Dazu am besten abgekochtes Wasser mit einer Prise Salz benutzen. Statt der nassen Tücher kann man auch Quark auflegen. Keine essigsaure Tonerde!

Kopfschuppen beseitigen
Gegen Kopfschuppen hilft das tägliche Einreiben der Kopfhaut mit Franzbranntwein oder Rosmarinspiritus.

Gute-Laune-Tee
Trinken Sie täglich mehrere Tassen Johanniskrauttee in kleinen Schlucken. Sie spüren bald seine angstauflösende, aufhellende Wirkung.

Anti-Angst-Kur
Trinken Sie morgens auf nüchternen Magen zehn Tage lang etwas Salzwasser und anschließend ein Glas frisches klares Wasser. Abends kalte Waschungen und Fußbäder. Als Tee tagsüber zwei Tassen Blutreinigungstee (z. B. Birkenblätter, Löwenzahn, Huflattich, Frauenmantel, Schafgarbe) und abends eine Schale Baldriantee.

Anti-Stress-Trank
Diesen Anti-Stress-Trank stellt Dr. Galina Anufriewa für den russischen Präsidenten Boris Jelzin zusammen. Wer diesen Tee trinkt, fühlt sich frischer und vitaler. Mit Sicherheit wirken die Kräuter ganz besonders gegen übergroßen Stress im Alltag. Der

---

Tritt Matthias stürmisch ein, wird bis Ostern Winter sein. (24.2.)

Nach Sankt Mattheis geht kein Fuchs mehr übers Eis. (24.2.)

Heiltee wirkt anregend, reguliert Herz und Blutgefäße, entschlackt Magen und Darm. Die Zutaten für den Krafttrunk erhält man in jeder Apotheke:
- 5 g Kamille
- Je 3 g Heckenrose, Herzgespann und Schachtelhalm
- Je 2 g Weißdorn, Brennnessel, Spitzwegerich und Johanniskraut
- Je 1 g Kalmus und Ringelblume sowie 0,5 g Faulbaumrinde

Zwei Esslöffel der Kräutermischung mit einem halben Liter kochendem Wasser aufgießen, über Nacht ziehen lassen und dann 15 Minuten vor den Hauptmahlzeiten jeweils eine Tasse trinken – jeden Monat eine Woche lang. So überwinden Sie den Alltagsstress viel besser.

Sellerie – die tolle Knolle
Essen Sie Sellerie in jeder Form, roh, gekocht, auch den knackigen Staudensellerie oder den Saft davon. Den können Sie mit etwas Tomatensaft und viel gehackter Kresse verfeinern. Es stört Sie doch wohl nicht, dass dieser Zaubercocktail auch noch Ihre ganze Liebe weckt, oder?

Sankt Mattheis wirft 'nen heißen Stein ins Eis. (24.2.)

Der Wundermost
Setzen Sie in zwei Liter Apfelmost eine Handvoll Schellkraut bei Zimmertemperatur acht Tage lang an, und trinken Sie davon täglich morgens, mittags, und abends je einen halben Liter. Zwischendurch trinken Sie einen warmen Teeaufguss – aber nur eine Tasse täglich.

Februar

Frühlingstee
Birken- und Erdbeerblätter sowie Brennnesseln als Mischung ergeben einen geschmackvollen Aufguss zur Blutreinigung. Trinken Sie davon zwei bis drei Tassen pro Tag.

Matthias hab ich lieb, gibt dem Baum den Trieb. (24.2.)

Urgroßvaters Frühjahrskur
Trinken Sie drei Wochen hindurch täglich morgens nüchtern folgende Teemischung: Huflattich, Löwenzahn, Frauenmantel und Schafgarbe. Das macht Sie ganz besonders fit!

Noch ein ganz besonderes Rezept
Wenn ich als Kind mit meinem Onkel eine Wanderung machte, dann freute er sich jedesmal, wenn wir auf einen Ameisenhügel stießen. Er ging – zu meinem großen Entsetzen – hin, legte seinen Arm darauf und wartete, bis Hunderte von Ameisen drüber krabbelten. Dann hielt er mir den Arm unter die Nase. Er roch ganz stark nach dem Gift, das die Tiere ausgespritzt hatten. »Das heilt mein Rheuma«, sagte er dann. Solche Rosskuren sind heute nicht mehr nötig, denn Ameisensäure oder auch »Spiritus formicarum« kann man in der Apotheke oder Drogerie kaufen. Reibt man die schmerzenden Stellen mit dieser klaren Flüssigkeit, gemischt mit verdünntem Alkohol ein, dann stellt sich tatsächlich oft rasch eine deutliche Verbesserung ein.

Ist's an Matthias kalt, hat der Winter noch lang' Gewalt. (24.2.)

Allheilmittel Buttermilch
»Milch aus dem Kübel, heilt jedes Übel«, heißt das alte Sprichwort. Gemeint ist die Buttermilch. Sie enthält wertvolle Vitamine, Mineralien sowie Substanzen, die anregend auf den Zellstoffwechsel wirken.

Alexander und Leander riechen Märzluft miteinander. (26./27.2.)

Machen Sie also, beispielsweise bei Hautleiden, schlechter Verdauung oder Übergewicht, eine Fastenkur mit Buttermilch. Legen Sie dreimal wöchentlich einen Buttermilchtag ein. Nehmen Sie an diesen Tagen nichts zu sich als etwa eineinhalb Liter Buttermilch. Wenn Sie diese Kur drei Wochen durchgehalten haben, können Sie die Buttermilchtage auf einmal wöchentlich beschränken.

Probieren Sie das einmal. Und Sie werden feststellen, dass Sie schon nach wenigen Tagen eine ganz neue Haut bekommen, die rein, seidig und weich ist.

Auch von Verstopfung und dergleichen werden Sie nichts mehr spüren. »Der Teufel sitzt im Darm«, sagten unsere Großeltern. Und sie meinten damit, dass viele Krankheiten ihren Ausgangspunkt in einem schlecht funktionierenden, überlasteten oder gar schon ermüdeten Darm haben.

Sankt Roman hell und klar, bedeutet ein fruchtbar Jahr. (28.2.)

Entspannung durch Melisse

Die Melisse wirkt entspannend und krampfauflösend auf die Blutgefäße. Drei Teelöffel Melissenblätter mit einer Tasse kochendem Wasser übergießen, dann zehn Minuten ziehen lassen. Ebenso wirksam ist der Melissengeist. Ein Teelöffel Melissengeist wird mit zwei Teilen Wasser verdünnt und täglich mehrmals löffelweise eingenommen.

Wegdorn wirkt abführend

Die schwarzen, glänzenden, runden, erbsengroßen Beeren des Wegdorns, als Tee gekocht, wirken stark abführend auf den Darmkanal und lösen das Wasser.

Das Menü des Monats

Kräftig-deftig ist das Februar-Menü. Nach einer Kartoffelsuppe gibts fruchtige Rohkost und dann einen pikanten Schweinebraten. Ein Bananenkuchen bildet den köstlichen Abschluss.

Sellerie-Kartoffel-Suppe mit Speck

Für 4 Portionen

SUPPE

400 g Knollensellerie
500 g mehlig kochende Kartoffeln
2 Schalotten
2 Scheiben Frühstücksspeck (Bacon)
1 EL Butter
Salz
Pfeffer
Muskatnuss
½ l Gemüse- oder Fleischbrühe
½ Bund Petersilie
150 g Crème fraîche
2 TL Zitronensaft

1 Den Sellerie, die Kartoffeln und die Schalotten schälen und in Würfel schneiden. Die Schalotten fein hacken. Den Speck in sehr kleine Würfel schneiden. Die Butter in einem Topf zerlassen und die Zwiebel darin glasig braten.

2 Die Kartoffeln mit dem Sellerie dazugeben und kurz mitbraten. Mit Salz, Pfeffer und Muskat kräftig würzen. Die Gemüsebrühe angießen. Die Suppe aufkochen und etwa 20 Minuten köcheln lassen, bis das Gemüse weich ist.

3 In einer Pfanne den Speck ohne Fett knusprig rösten, dann beiseite stellen. Die Petersilie waschen, trockenschütteln und die Blättchen fein hacken.

4 Die Suppe fein pürieren. Die Crème fraîche und die Petersilie unterrühren und die Suppe noch etwa 5 Minuten bei schwacher Hitze kochen lassen. Die Suppe mit Zitronensaft abschmecken und in Suppenteller schöpfen. Mit den Speckwürfelchen bestreuen.

Rotkohlsalat mit Orangen

Für 4 Portionen

1 Den Rotkohl waschen, vierteln und die äußeren Blätter sowie den Strunk entfernen. Die Rotkohlviertel quer in feine Streifen schneiden. Den Ingwer schälen und durch die Knoblauchpresse drücken. Mit dem Rotkohl in einer Schüssel mischen, mit Salz und Pfeffer würzen. Den Salat mit den Händen kräftig durchkneten.

2 Die Orangen heiß abwaschen und trockenreiben. Von 1 Orange die Schale fein abreiben oder mit einem Zestenreißer abhobeln. 2 Orangen halbieren und den Saft auspressen.

3 Orangensaft mit Himbeeressig und Sonnenblumenöl verrühren und über den Rotkohlsalat gießen. Den Salat zugedeckt mindestens 30 Minuten ziehen lassen.

4 Die übrige Orange schälen, dabei auch die weiße Innenhaut entfernen. Die Filets mit einem scharfen Messer aus den Häuten lösen und beiseite stellen. Den Saft auffangen und zu dem ausgepressten Orangensaft geben.

5 Die Walnüsse in einer Pfanne ohne Fett rösten. Den Salat auf Tellern anrichten, mit den Orangenfilets und den Walnüssen garnieren.

SALAT

½ Rotkohl (ca. 350 g)
1 cm frische Ingwerwurzel
Salz
Pfeffer
3 unbehandelte Orangen
2 TL Himbeeressig
2 EL Sonnenblumenöl
2 EL gehackte Walnüsse

Schweinebraten mit Ananas

Für 6 Portionen

HAUPT-GERICHT

1 kg Schweinehals
Salz
Pfeffer
1 EL Dijon-Senf
1 EL Tomatenmark
1 TL Paprikapulver
1 Prise Cayennepfeffer
1 EL Honig
1 Knoblauchzehe
1cm frische Ingwerwurzel
2 Schalotten
3 EL Butterschmalz
¼ l Fleischfond (aus dem Glas)
1 Ananas
⅛ l trockener Weißwein
2 cl weißer Madeira

1 Das Fleisch abwaschen und trockenreiben. Salz, Pfeffer, Senf, Tomatenmark, Paprikapulver, Cayennepfeffer und Honig verrühren.

2 Knoblauch und Ingwer schälen und dazupressen. Das Fleisch mit dieser Paste bestreichen und zugedeckt etwa eine Stunde im Kühlschrank marinieren.

3 Die Schalotten schälen und fein hacken. Den Backofen auf 180° C vorheizen. Das Butterschmalz in einem Bräter auf dem Herd erhitzen, das Fleisch darin von allen Seiten kräftig anbraten. Die Hitze reduzieren, die Schalotten dazugeben und glasig braten. Den Fleischfond angießen. Den Braten im Backofen etwa 30 Minuten braten, dabei immer wieder wenden.

4 Die Ananas schälen und vierteln. Den harten Strunk entfernen. Das Fruchtfleisch in Stücke schneiden. Die Ananas und den Weißwein nach 30 Minuten zum Fleisch geben und alles weitere 30 Minuten offen garen.

5 Das Fleisch herausnehmen und zugedeckt zehn Minuten ruhen lassen. Die Sauce in einen Topf geben und auf dem Herd warm halten.

6 Den Braten in Scheiben schneiden und auf einer Platte anrichten. Mit der Ananassauce begießen.

Bananenkuchen

Für eine Form von 28 cm Durchmesser

1 Mehl, Mandeln, Salz und Zucker mischen. Mit Butterflöckchen und Eigelb zu einem glatten Teig verkneten, eventuell esslöffelweise kaltes Wasser dazugeben. Der Teig sollte geschmeidig sein. In Folie wickeln und 30 Minuten kalt stellen.

2 Den Backofen auf 180 °C vorheizen. Die Datteln häuten und in feine Streifen schneiden. Die Bananen schälen und längs und quer halbieren. Mit dem Zitronensaft beträufeln. Zucker und Butter in die Form geben und im Backofen hellgelb karamelisieren lassen. Die Pinienkerne unterrühren.

3 Die Bananenstücke in die Form schichten. Die Dattelstreifen dazwischen streuen. Mit dem Cointreau beträufeln. Den Teig dünn ausrollen. Über die Bananen legen und den Rand seitlich in die Form stopfen. Die Temperatur auf 220 °C erhöhen. Die Tarte im Backofen etwa 20 Minuten backen.

4 Den Kuchen herausnehmen und auf einem Kuchengitter 10 Minuten abkühlen lassen. Den Rand vorsichtig lösen. Die Tarte auf eine Platte stürzen. Den Puderzucker mit dem Zimt vermischen und den Kuchen damit bestäuben. Warm servieren. Dazu passt mit Orangenlikör gewürzte Schlagsahne oder Vanilleeis.

DESSERT

Für den Teig
200 g Mehl
50 g gemahlene Mandeln
1 Prise Salz
1 EL Zucker
130 g kalte Butter
1 Eigelb
Etwas Wasser

Für den Belag
10 frische Datteln
10 reife, feste Bananen
2 EL Zitronensaft
100 g Zucker
50 g Butter
2 EL Pinienkerne
2 EL Cointreau

Zum Bestreuen
1 EL Puderzucker
1 TL Zimt

Wenn der Schnee ins Fenster fällt ...

Auch wenn der eisige Winter das Land noch fest im Griff hat, kann man den Frühling schon ahnen. Irgendetwas ist in der Luft, eine Hoffnung von Wärme und Licht.

Die Wochentage

Die Wochentage wollten sich auch einmal frei machen, zusammenkommen und ein Fest feiern. Jeder Tag war übrigens so in Anspruch genommen, dass er das Jahr hindurch nicht über freie Zeit verfügte; sie mussten einen eigenen ganzen Tag haben, und den hatten sie denn auch jedes vierte Jahr: den Schalttag, der im Februar eingeschoben wurde, um Ordnung in die Zeitrechnung zu bringen.

Am Schalttag wollten sie also zum Fest zusammenkommen, und da der Februar der Fastnachtmonat ist, wollten sie kostümiert nach eines jeden Empfindung und Bestimmung erscheinen, gut essen, gut trinken, Reden halten und einander Angenehmes und Unangenehmes sagen in ungenierter Kameradschaft. Die Helden des Altertums warfen einander bei den Mahlzeiten die abgenagten Knochen an den Kopf; die Wochentage dagegen wollten einander mit Getratsch von Kalauern und üblen Witzen überhäufen, wie sie ihnen als unschuldige Fastnachtscherze einfallen konnten.

Dann war es Schalttag, und nun kamen sie zusammen.

Sonntag, der Vorsitzende der Wochentage, trat auf in schwarzem Seidenmantel – fromme Menschen würden glauben, er sei pfarr-

herrlich gekleidet, um zur Kirche zu gehen; Weltkinder sahen, dass er im Domino war, um zum Vergnügen zu gehen, und dass die flammende Nelke, die er im Knopfloch trug, die kleine, rote Laterne des Theaters war, die sagte: »Alles ist ausverkauft, seht nun zu, dass ihr euch amüsiert!«
Montag, ein junger Mann, verwandt mit dem Sonntag und dem Vergnügen besonders ergeben, folgte nach.
»Ich muss ausgehen, um Offenbachs Musik zu hören; die steigt mir nicht zu Kopf und geht mir nicht zu Herzen, sondern die kitzelt mich in den Beinmuskeln. Ich muss tanzen, muss eine Zecherei haben, ein blaues Auge bekommen, um darauf zu schlafen und dann am nächsten Tag die Arbeit anzupacken. Ich bin der Neumond der Woche!«
Dienstag, das ist Tyrs Tag, der Tag der Kraft.
»Ja, das bin ich!«, sagte Dienstag. »Ich packe die Arbeit an, spanne Merkurs Flügel an die Stiefel des Kaufmanns, schaue nach in den Fabriken, ob die Räder geschmiert sind und sich drehen, sorge dafür, dass der Schneider auf dem Tisch sitzt und der Pflasterer auf den Pflastersteinen; jeder tue seine Pflicht! Ich behalte das Ganze im Auge, deshalb erscheine ich in Polizeiuniform und nenne mich ›Politirsdag‹*. Das ist ein schlechter Kalauer, so versucht Ihr anderen einen zu machen, der besser ist!«
»Dann komme ich!«, sagte Mittwoch. »Ich stehe mitten in der Woche. Ich stehe als Geselle im Laden, als Blume mitten zwischen den anderen hochgeehrten Wochentagen! Marschieren wir alle auf, dann habe ich drei Tage vorne, drei Tage hinten, das ist wie eine Ehrenwache. Ich muss glauben, dass ich der ansehnlichste Tag der Woche bin!«

* Auf Dänisch heißt Polizei »Politi« und Dienstag »Tirsdag«.

Donnerstag erschien gekleidet als Kupferschmied mit Hammer und Kupferkessel, das waren seine Adelsattribute.

»Ich bin von der höchsten Geburt«, sagte er, »heidnisch, göttlich! In den Ländern des Nordens bin ich nach Thor benannt und in den Ländern des Südens nach Jupiter, die beide verstanden zu donnern und zu blitzen; das ist in der Familie geblieben!«

Und dann schlug er auf den Kupferkessel und bewies seine hohe Geburt.

Freitag war als junges Mädchen kostümiert und nannte sich Freia, zur Abwechslung auch Venus; das kam auf den Sprachgebrauch in den Ländern an, wo sie auftrat. Sie sei übrigens von stillem, sanftem Charakter, sagte sie, aber heute flott und frei; es war ja Schalttag, und der gibt Freiheit für die Frau, da darf sie nach altem Brauch selbst freien und braucht sich nicht freien zu lassen.

Samstag trat auf als alte Haushälterin mit Besen und Reinigungsattributen. Ihr Leibgericht war Biersuppe, doch verlangte sie nicht, dass sie bei dieser festlichen Gelegenheit für sie alle auf den Tisch gesetzt werde, sondern nur, dass sie sie bekommen dürfe, und sie bekam sie.

Und dann ließen die Wochentage sich nieder.

Hier sind sie abgebildet alle sieben, brauchbar für lebende Bilder in Familienkreisen; da können sie so lustig gegeben werden, wie man es vermag. Wir geben sie hier nur als einen Scherz im Februar, dem einzigen Monat, der einen Tag als Zugabe erhält!

Hans Christian Andersen

Ein Winterabend

Wenn der Schnee ans Fenster fällt,
Lang die Abendglocke läutet,
Vielen ist der Tisch bereitet
Und das Haus ist wohlbestellt.

Mancher auf der Wanderschaft
Kommt ans Tor auf dunklen Pfaden.
Golden blüht der Baum der Gnaden
Aus der Erde kühlem Saft.

Wanderer tritt still herein;
Schmerz versteinerte die Schwelle.
Da erglänzt in reiner Helle
Auf dem Tische Brot und Wein.
Georg Trakl

Stille Winterstraße

Es heben sich vernebelt braun
Die Berge aus dem klaren Weiß,
Und aus dem Weiß ragt braun ein Zaun,
Steht eine Stange wie ein Steiss.
Ein Rabe fliegt, so schwarz und scharf,
Wie ihn kein Maler malen darf,
Wenn er's nicht etwa kann.
Ich stapse einsam durch den Schnee.
Vielleicht steht links im Busch ein Reh
Und denkt: Dort geht ein Mann.
Joachim Ringelnatz

MÄRZ

Der »Lenzmond« oder »Frühlingsmond«, wenn die Sonne in das Zeichen Widder tritt (20.3.), ist der Monat, in dem der Frühling beginnt. Nach alten Aufzeichnungen folgen auf 100 raue Märzmonate 65 milde und 35 raue Aprilmonate.

Die heilige **Kunigunde** (3. März) musste in einer Feuerprobe über einer glühenden Pflugschar die Reinheit ihres Herzens beweisen. Sie ist Patronin der schwangeren Frauen und der Kinder. Der 10. März ist der Tag der **Vierzig Ritter**, die um ihres Glaubens willen hingerichtet wurden. Wie das Wetter an diesem Tage ist, so bleibt es vierzig Tage lang.

Der März soll kommen wie ein Wolf, aber gehen wie ein Lamm.

Im Lenzmond

St. Gertrud (17. März), die Tochter Pippin d. Ä., gründete einst das Kloster Nivelles, als dessen Oberin sie starb. Gertrud ist Schutzpatronin des Frühlingsgeschehens, ist Seelenführerin der Toten, Patronin der Spinnerinnen, der Reisenden sowie des Gedeihens der Garten- und Feldfrüchte.

Der heilige **Joseph**, der Nährvater von Jesus Christus, wird am 19. März gefeiert. St. Joseph ist Landespatron von Kärnten, Steiermark und Tirol, außerdem Schutzpatron der Zimmerleute, der Tischler, Wagner, Schirmherr von Liebes- und Eheleuten und Helfer bei Wohnungsnöten.

> Lässt der März sich trocken an, bringt er Brot für jedermann.

Frühling lässt sein blaues Band ...

Am 21. März – Frühlingsanfang – wird auch des heiligen **Benedikt** gedacht, des Gründers des Benediktinerordens und Schutzpatrons der Schulkinder.

An **Mariä Verkündigung** (25. März) erschien der Erzengel Gabriel als Bote bei der Jungfrau Maria, um ihr die frohe Botschaft zu verkünden, dass sie den Sohn Gottes zur Welt bringen werde.

Die Schutzheilige des 24. März ist **Katharina von Schweden**. Als Äbtissin des Klosters in Vadstena sorgte sie aufopferungsvoll für die Mitschwestern des Birgittinnenordens.

Am 29. März gedenken wir des Heiligen **Berthold**. Der Kreuzfahrer war der Gründer und Schutzpatron der großen und bedeutenden Ordensgemeinschaft der Karmeliter.

Der Monat März schließt mit der Erinnerung an den heiligen **Goswin**, der 1098 den Orden der Zisterzienser gründete. Er gilt als der Schutzpatron all derer, die auf der Suche nach einer richtigen Orientierung im Berufsleben sind.

> Märzenschnee und Jungfernpracht dauern oft kaum über Nacht.

Der MÄRZ im Überblick

	Feste	Namenstage
1		Albin, David, Roger, Suitbert, Venerius
2		Agnes, Grima, Joavan
3		Columba, Islav, Kunigunde, Tobias
4		Kunibert, Oswin, Placida, Rupert
5		Kieran, Lucius, Olivia, Thietmar
6		Fridolin, Nicolette, Quiriacus
7		Felizitas, Kunissa, Perpetua, Volker
8		Gerhard, Johannes, Julianus
9		Barbara, Bruno, Franziska, Gregor
10		Emil, Gustav, Simplicius, Silvia
11		Christoph, Gorgonius, Rosina
12		Beatrix, Engelhard, Fina, Gregor
13		Arigius, Gerald, Judith, Leander
14		Alfred, Eginhard, Leobin, Mathilde
15		Diedo, Klemens, Louise, Lucretia
16		Heribert, Hilarius, Julian

Regnet's stark zu Sankt Albinus, macht's den Bauern viel Verdruss. (1.3.)

Der MÄRZ im Überblick

	Feste	Namenstage
17		Gertrud, Patrick, Withburga
18		Cyrill, Eduard, Felix
19		Alkmund, Gero, Josef, Isnard, Sybille
20		Claudia, Herbert, Irmgard, Martin
21	Frühlingsanfang	Benedetta, Christian, Serapion
22		Lea, Lukardis, Relindis
23		Merbod, Otto, Rebecca, Toribio
24		Aldemar, Katharina, Macartan
25	Mariä Verkündigung	Humbert, Jutta, Luzia, Prokop, Walter
26		Kastulus, Larissa, Ludger
27		Ernst, Frowin, Haimo, Rupert, Vedulf
28		Gundelindis, Guntram, Ingbert, Priskus
29		Berthold, Helmut, Ludolf
30		Amadeus, Diemut, Patto, Roswitha
31		Benjamin, Cornelia, Guido

Wenn im März viel Nebel fallen, im Sommer viel Gewitter schallen.

Siehst du im März gelbe Blumen im Freien, magst du getrost deinen Samen streuen.

März

Festtage und Brauchtum im März

Nun ist es bald so weit. Die ersten Krokusse stecken ihre bunten Köpfchen vorsichtig aus der winterschweren Erde. In der Luft liegt ein seltsames Ahnen – der Frühling lässt die Natur erwachen und schenkt uns Menschen neue Hoffnung.

Fastnacht/Karneval

Ursprünglich war die Fastnacht ein Vorfrühlingsfest, bei dem durch Lärmen und Maskenumzüge mit dem Winter die Mächte des Dunklen vertrieben und der Frühling mit Licht und neuem Leben herbeigerufen wurde. Heute wird mit den Umzügen am Karnevalssonntag, Rosenmontag und Faschingsdienstag der Höhepunkt der »närrischen Zeit« mit viel Ausgelassenheit gefeiert, bevor am Aschermittwoch mit der Fastenzeit die vorösterliche Phase der Ernsthaftigkeit und Besinnung beginnt. Wider den Ernst und die Mühen des Alltags gibt die »fünfte Jahreszeit« Gelegenheit zum Feiern und Ausgelassensein. Mit der Maskerade entfliehen die Menschen ihren Verpflichtungen und dem Trott und geben sich im Schutz der Verkleidung dem Vergnügen hin.

Die Bezeichnung »Karneval« kommt wohl von »carne vale« (Fleisch, lebe wohl!) oder »carnem levare« (das Fleisch weglegen) und verweist auf die nachfolgende Fastenzeit.

Vor allem im südlichen Teil Deutschlands wird der Fasching in Dörfern und Städten mit historischen Maskenumzügen gefeiert, wobei die Figuren einerseits die verschiedenen Mächte symbolisieren, andererseits im Schutz der Maske eine Ausgelassen-

Kunigunt macht warm von unt. (3.3.)

Den Frühling feiern

heit, Fröhlichkeit und Direktheit gelebt wird, wie sie sonst im ganzen Jahr nicht zum Vorschein kommt. Am Aschermittwoch hat alle Ausgelassenheit ein Ende, und das Auftragen eines Aschekreuzes auf die Stirn zeigt den Beginn der Buß- und Fastenzeit, die bis Ostern dauert, und erinnert an den Sündenfall und die Vertreibung aus dem Paradies. Die Asche wird aus den Palmwedeln des vorangegangenen Jahres gewonnen.

Funkenfeuer

Zum Frühlingsbeginn (Tagundnachtgleiche) werden in vielen Gemeinden in der Nacht vom 20. auf den 21. März als weithin sichtbare Zeichen des Winterendes riesige Feuer, so genannte Funken, entzündet. Schon Tage vorher wird Holz gesammelt und auf einen großen Stapel geworfen, der mit einer »Winterhexe« aus Stroh gekrönt wird. Die Funkenstapel gilt es Tag und Nacht gut zu bewachen, denn es ist ein beliebter Scherz, den Funken des Nachbarorts vorzeitig anzuzünden oder dessen Holz für das eigene Feuer zu holen.
Besonders weit sichtbar sind die Funkenfeuer in den Bergen, wo bei klarem Wetter die Lichter über viele Kilometer wie eine Feuerkette am Himmel stehen.

An Sankt Cyprian zieht man oft noch Handschuh an. (8.3.)

Mariä Verkündigung

Am 25. März wird die Verkündigung des Herrn gefeiert. An diesem Tag eröffnete der Erzengel Gabriel der Jungfrau Maria, dass sie den Sohn Gottes zur Welt bringen werde. Der Tag gilt als das Fest der Empfängnis Jesu.

Der Garten im März

Jetzt beginnt die Arbeit im Freiland. Bereits Mitte des Monats können die ersten Aussaaten vorgenommen werden.

Gemüsegarten

Friert's am Vierzigrittertag, so kommen noch vierzig Fröste nach. (9.3.)

Spargel anhäufeln, ab Mitte des Monats mit der Freilandaussaat von Radieschen, Karotten, Kopfsalat, Zwiebeln, Spinat, Küchenkräutern, Schwarzwurzeln, Petersilie, Puffbohnen und Erbsen beginnen.

Obstgarten

Bäume ausputzen, Wasser- und Wurzelschösslinge entfernen. Erdbeerbeete säubern und durchhacken. Beerenspaliere nachsehen und Ranken fächerartig ausgebreitet aufbinden.

Blumengarten und Balkon

Rosen aufdecken und zurückschneiden, Ziersträucher und Zierbäumchen pflanzen. Lupine, Wicken, Mohn, Reseda und Mohn ins Freiland aussäen. Balkonkästen aus dem Keller holen und mit Komposterde füllen.

Was noch zu tun ist

* Bei frostfreier Witterung Bäume, Stauden und Sträucher pflanzen.
* Gehölzflächen umgraben und abharken. Rasen aufkratzen zum Durchlüften.
* Kompost ausbringen und unterharken.
* Spaliere reinigen und streichen.

Gärtnern mit dem Mond (2)

Ist nach Neumond die erste schmale, nach links geöffnete Mondsichel zu erkennen, beginnt die Phase des zunehmenden Mondes.

Zunehmender Mond

In dieser Phase steht alles im Zeichen der Aufnahme, des Einatmens, des Wachsens. Positive Einflüsse überwiegen, die Energien werden aufgenommen und gespeichert.

In der Natur dominiert das oberirdische Wachstum, die Säfte steigen nach oben. Jetzt ist die günstigste Zeit für die Aussaat und das Pflanzen von allem, was nach oben wächst und Früchte trägt, also für Blattgemüse, Obst und Blumen. In der Zeit des zunehmenden Mondes gesäter Rasen wächst besonders schnell und kräftig; nach dem Mähen wächst er schnell nach.

Der Vollmond

Wenn der Mond die Hälfte seines Erdumlaufes zurückgelegt hat, steht er der Sonne direkt gegenüber, in Opposition zu ihr. Seine sichtbare Oberfläche ist voll beleuchtet, er steht für ein bis zwei Tage als kreisrunde, leuchtende Scheibe am nächtlichen Himmel.

In der Natur bewirken die kräftigen Impulse während des Vollmondes eine ganz besondere Stimmung. Einerseits erreicht die Erde jetzt den Höhepunkt ihrer Aufnahmefähigkeit, weshalb der Zeitpunkt für eine optimale Pflanzenernährung durch Düngung bei Vollmond geradezu ideal ist. Andererseits kann es geschehen, dass Gehölze absterben, wenn auch nur wenige Zweige abgebrochen oder weggeschnitten werden.

Bringt Rosamunde Sturm und Wind, so ist Sybilla (29.4.) uns lind. (11.3.)

Heilkräuter und Heilpflanzen für Ihre Gesundheit

Heilkräuter- und Pflanzen sind so unendlich wertvoll für die Gesunderhaltung des menschlichen Organismus, zur Heilung und Behebung von Krankheiten und Beschwerden. Vielfach ist die ganze Pflanze nützlich: Früchte, Blüten, Samen, Triebe. Die richtigen Heilkräuter, zur richtigen Zeit und richtig angewandt, können die Gesundheit eines kranken Menschen wieder herstellen, verbrauchte Energien wieder erneuern, Schmerzen lindern oder beheben, ein neues Lebensgefühl vermitteln.

Das kleine Kräuter-ABC

Auf den folgenden Seiten stellen wir in alphabetischer Reihenfolge Heilpflanzen vor, die schon seit Jahrhunderten zur Vorbeugung und als therapeutische Mittel eingesetzt werden. Fast alle sind in Apotheken oder Drogerien erhältlich.

Alant

»Tränen der Helena« nannten die alten Griechen die großen gelben Alantblüten. »Großer Heinrich« sagten unsere Vorfahren zu der robusten Heilpflanze, oder auch: Altwurz, Damwurz, Edelwurz, Helenenkraut, Odinskopf, Schlangenwurz. Die Pflanze ist besonders wirksam bei Lungenleiden, Atembeschwerden, Asthma und Diabetes.

Alant ist eine Wurzel, die man im Frühjahr oder im Herbst ausgräbt. Sie wird sorgsam abgebürstet und gewaschen, schließlich

Am Gregorstag schwimmt das Eis auf dem Wasser. (12.3.)

in kleine Scheiben geschnitten und im Schatten getrocknet. Mit dem Trocknen beginnt sie wie ein Veilchen zu duften.

Anwendung Eine Handvoll dieser Wurzelscheibchen gibt man in einen Liter leichten, trockenen Weißweins. Die Flasche stellt man eine Woche lang im Garten oder auf dem Balkon in die Sonne. Danach gießt man den Wein vorsichtig ab und trinkt vor jeder Mahlzeit ein kleines Likörgläschen voll. Das regt übrigens auch den Appetit an. Getrocknete Alantwurzeln erhält man in der Apotheke oder im Reformhaus.

Der wärmebedürftige Alant lässt sich auch im heimischen Garten anbauen und gedeiht an windgeschützten, sonnigen Plätzen besonders kraftvoll.

Friert's am Tag vor Sankt Gertrud, der Winter noch zwei Wochen nicht ruht. (16.3.)

Arnika

Arnika (auch Bluttrieb, Engeltrank, Fallkraut, Kraftwurz, Marienkraut, Ochsenblume, Wolferlei, Wundkraut) ist eine ungewöhnlich stark wirkende Heilpflanze. Ihre Wirkstoffe bringen den ganzen Organismus in Schwung – deshalb muss Arnika mit einer gewissen Vorsicht angewendet werden.

Anwendung Aus den Blüten oder aus den Wurzeln kann man einen Tee zubereiten, der die Schweiß- und Harnabsonderung fördert, den Kreislauf beschleunigt und die Atmung anregt. Wer Belebung nötig hat und nicht gerade krank ist, sollte sich diesen Tee merken und ihn – wenn auch nicht regelmäßig – doch von Zeit zu Zeit trinken.

Sankt Gertrud die Erde öffnen tut. (17.3.)

Arnika-Tinktur, die früher in keinem Haushalt fehlen durfte, kann man selbst ganz einfach herstellen. Man nimmt dazu eine üppige Handvoll Arnikablüten (aus der Apotheke oder man sammelt sie in der Zeit von Anfang Juni bis August) und gibt

diese in ein gut verschließbares Einmachglas. Darüber schüttet man einen halben Liter Branntwein. Das Glas wird fest verschlossen und etwa eine Woche lang an die Sonne gestellt (bei trübem Wetter etwas länger). Danach gießt man den Inhalt durch ein Leinentuch und gibt ihn in eine dunkle Flasche.
Anwendung Bei Verletzungen sehr sparsam auf die Haut reiben! Bei häufiger Anwendung sollte die Tinktur mit Wasser verdünnt werden. 10 bis 15 Tropfen der Tinktur in einer Tasse Wasser sind ein bewährtes Grippemittel. Der Trank fördert auch die Durchblutung der Herzkranzgefäße.

Augentrost
Die kleine, unscheinbare Pflanze heißt Augentrost (auch Augendank, Augenmild, Hirnkraut, Lichtkraut, Milchdieb, Weißes Ruhrkraut, Weihbrunnkessel, Wiesenröserl) – und sie trägt diesen Namen zu Recht. Augentrost enthält ätherische Öle, Gerbsäure und harzartige Wirkstoffe. Als besonders wirksam hat sich Augentrost bei der verbreiteten Bindehautentzündung erwiesen, beim Tränen der Augen und bei Lichtempfindlichkeit. Auch Lidrandentzündungen können mit Augentrost immer wieder günstig beeinflusst werden.
Anwendung Ein Aufguss wird mit einem Esslöffel des Tees auf einen Viertelliter Wasser zubereitet. Damit badet man die Augen dreimal am Tag. Der Tee wird ungesüßt getrunken aber auch als Augenbad oder als Umschlag verwendet. Behutsame Augenkompressen mit einem durchtränkten Leinenläppchen, das man

---

Sonniger Gertrudentag Freud dem Bauern bringen mag. (17. 3.)

Wenn's einmal um Josephi ist, so endet der Winter gewiss. (19.3.)

auf das Auge drückt, verstärken die heilende Wirkung. Auch wer unter verklebten, verquollenen Augen leidet, sollte es einmal mit Augentrostbädern versuchen.

> Willst Du Gerste, Zwiebeln, Erbsen dick, so sä' sie an Sankt Benedikt. (21.3.)

Baldrian

Augenwurz, Bullerian, Hexenkraut, Katzenwurz, Marienwurzel, Mondwurz, Walderian wurde das Heilkraut mit den kleinen rosaroten Blüten von unseren Vorfahren auch genannt. Ein deutlicher Hinweis darauf, dass Baldrian nicht nur das eigentliche Mittel gegen Nervosität war. Es wurde auch gegen viele Störungen angewendet, die letztlich durch nervliche Überreizungen oder Erschöpfungen verursacht werden, wie etwa Sehstörungen oder Verdauungsbeschwerden. Baldrian galt stets als die Arznei schlechthin, um innere Verkrampfungen zu lösen, die Körperfunktionen aufeinander abzustimmen, damit sie optimale Leistungen bringen können. Baldrian ist nach wie vor das bekömmlichste Schlaf- und Beruhigungsmittel, die Medizin gegen nervliche Erschöpfung und gegen Migräne.

Anwendung In früheren Zeiten verwendete man hauptsächlich das Pulver der Baldrianwurzel: Getrocknete Wurzeln werden zu einem feinen Pulver zerstoßen oder zerrieben und in einer Dose oder in einem dunklen Glas aufbewahrt. Davon nimmt man an jedem zweiten Tag morgens ein Viertel Teelöffel voll. Und zwar am besten pur, so wie es ist, ohne das Pulver zu überbrühen oder in Wasser anzurühren. Man trinkt lediglich einen Schluck Wasser nach.

Wer es mag, kann das Pulver auch in einem Schluck Wein verrühren, um diesen – ebenfalls an jedem zweiten Morgen – zu trinken. – Dieser Schluck Baldrianwein ist ein wunderbares

Schlafgetränk, das im Bedarfsfall zusätzlich getrunken werden darf. Zu hohe Dosen über lange Zeit sollten aber nicht eingenommen werden.

Basilikum

Basilikum – im Volksmund auch Königsbalsam, Josefskräutlein, Krampfkräutel oder Suppenbasil geheißen, ist ein wunderbares Mittel gegen Blähungen, Blasen- und Nierenleiden, Magenkrämpfe und Gallenbeschwerden.

Anwendung Man nimmt einen Esslöffel Samenkörner und übergießt sie mit abgekochtem, kaltem Wasser (etwa zwei Tassen). Der Aufguss wird – mehrmals täglich kalt getrunken. Er hilft besonders vorzüglich auch bei Fieber.

Brennnessel

Dieses universelle Haeilkraut sollte in keinem Haushalt fehlen. Brennnesseltee unterstützt den Stoffwechsel, fördert die Bildung roter Blutkörperchen, reinigt Magen und Darm und regt die Tätigkeit von Leber und Nieren an. Weiter hilft die »wundersame« Pflanze bei Gicht, rheumatischen Beschwerden und Wasseransammlungen im Körper. Sie wirkt harntreibend und ausschwemmend.

Die Brennnesselblätter enthalten eine hormonähnliche Substanz, die Magen, Darm und Bauchspeicheldrüse zu verstärkter Tätigkeit anregt und so Magen- und Darmträgheit bekämpft. In den Wurzeln der Brennnessel sind Wirkstoffe enthalten, die Haarausfall und Schuppenbildung bekämpfen.

Wie das Wetter zu Frühlingsanfang, ist es den ganzen Sommer lang. (21.3.)

Anwendungen Zubereitet und verwendet werden können Blätter und Wurzeln. Die Brennnesselblätter können ausgepresst und mit etwas Wasser verdünnt werden. Ein kleines Glas vor jeder Mahlzeit davon getrunken, hilft auch schwere Speisen leichter zu verdauen.

Brennnesseln lassen sich wie Spinat oder Gemüse zubereiten. – Suppen und Eintöpfe schmecken pikanter, wenn sie mit klein gehackten Blättern angereichert werden.

Brennnessel-Haartinktur wird aus der Wurzel gewonnen. Man mischt einen halben Liter Wasser mit einem Viertelliter Essig und etwa 200 Gramm klein gehackten Wurzeln und lässt diese Mischung 30 Minuten lang kochen. Mit dieser Tinktur wäscht man einmal in der Woche den Kopf. Dadurch wird man sehr rasch die lästigen Schuppen los und stoppt überdies erfolgreich den Haarausfall.

Ist es vor Mariä Verkündigung hell und klar, bedeutet es ein gesegnet Jahr. (23.3.)

Bibernelle

Jeder kennt das: Man hat gerade – entweder zu Hause oder irgendwo bei einer Einladung oder in einem Gasthaus – besonders gut gegessen. Und plötzlich wird einem übel, wenn man nur etwas Essbares riecht. Der Verdauungsapparat reagiert auf jedes Essen ausgesprochen sauer. – Dagegen hilft ein hervorragendes Kraut, das schon unsere Großeltern in ihrem Garten anbauten: die Bibernelle.

Anwendung Tee aus der Bibernellewurzel wird kalt angesetzt. Man lässt ihn über Nacht stehen und kocht ihn dann kurz auf. Für eine Tasse Tee rechnet man mit einem Esslöffel der getrockneten Wurzel. Über den Tag verteilt können zwei bis drei Tassen warm in kleinen Schlucken getrunken werden.

Scheint auf Sankt Gabriel die Sonne hat der Bauer Freud und Wonne. (24.3.)

Bohnenschalen

Bohnenschalen, grün und frisch, sind ein wunderbares Mittel für alle Menschen, die es mit der Leber, der Galle oder der Bauchspeicheldrüse zu tun haben.

Die getrockneten Schalen eignen sich für einen Tee, der bei Akne hilft und stark harntreibend ist.

Anwendung Man kocht zwei bis drei Handvoll getrocknete Schalen drei bis vier Stunden lang. Der Absud wirkt nach etwa einem Tag, spätestens aber am dritten Tag. Es gibt kaum ein anderes Mittel, das so durchgreifend wirkt.

Auch Menschen, die zur Steinbildung in Nieren oder Harnwegen neigen, sollten von der Abkochung gelegentlich trinken. Sie soll auch bei leichtem Diabetes recht gut helfen.

Man kann diesen Tee aus Bohnenschalen auch sehr gut kalt trinken. Wer ihn nicht ganz so kräftig haben will, der kann die Bohnenschalen mit kaltem Wasser ansetzen und nach etwa acht Stunden kurz aufkochen.

> Maria Verkündigung kommen die Schwalben wiederum. (25.3.)

Dill

Dill ist keine offizielle Heilpflanze, wird aber seit dem Altertum von vielen Völkern geschätzt und steht in seiner Heilwirkung dem Fenchel oder Kümmel in nichts nach. Sogar Kaiser Karl der Große empfahl seinen Untertanen in seiner »Landgüterverordnung« den Anbau von Dill, »da der Mensch es brauche, um gesund zu bleiben«. Dillsamen kauen beseitigt üblen Mundgeruch. Der Samen – in Wasser und Wein gekocht und täglich getrunken – ist ein gutes Mittel gegen das »Grimmen«, also gegen Blähungen. Das Mittel gab man einst auch stillenden Müttern, damit die Milch besser fließt.

> Regnet es zu Mariä Verkündigung, so regnet es vier Wochen lang (25.3.)

Anwendung Gegen Verdauungsstörungen wird ein Teelöffel Dillsamen in einem halben Liter Wasser mit ebenso viel Wein für etwa zehn Minuten aufgekocht. Von dem Absud werden täglich zwei Tassen getrunken, am besten nach dem Essen. Dieser Wein-Tee wirkt auch harntreibend.

Natürlich kann man auf den Wein verzichten und nur einen Tee überbrühen. Er hilft ebenso gut, wenngleich er nicht ganz so fein schmeckt.

> Ist's um Ludger feucht, bleiben die Kornböden leicht. (26.3.)

Eisenkraut

Wer kennt das nicht: Erschöpft und mutlos wacht man morgens auf, hat Angst vor den Anforderungen des Tages und möchte sich am liebsten wieder unter die Bettdecke verkriechen! Oder der Partner sagt unbedacht ein Wort, das einem in »den falschen Hals« gerät – und plötzlich ist man an der Decke und kennt die Welt nicht mehr! Was tun? Es gibt ein Mittel, das kann helfen, die innere Ruhe wiederzufinden, das seelische Gleichgewicht wieder herzustellen: das Eisenkraut. Es beruhigt die Nerven, bekämpft Nervosität, Schlaflosigkeit und Angstzustände. Es ist in verschiedenen Anwendungsformen in der Apotheke, Drogerie und im Reformhaus erhältlich.

Enzian

Schon die Völker der Antike verwendeten die getrocknete Wurzel des Enzians als Medizin gegen Leber- und Magenschmerzen, zur Fiebersenkung und zur Förderung der Darmtätigkeit.

> Wie die letzten Tage im März, kommt die Herbstzeit allerwärts. (28.3.)

In der Volksheilkunde wird Enzian außerdem gerne eingesetzt bei Verdauungsschwäche, bei Sodbrennen, Völlegefühl, Blähungen und Blutarmut.

Wer aus irgendwelchen Gründen keinen Appetit hat oder wem das Essen verleidet ist, der sollte es einmal mit einem Enziantee probieren. Denn die in der Pflanze enthaltenen Bitterstoffe, Öle und Mineralsalze steigern die Produktion der Verdauungssäfte in Magen und Galle, wodurch der Appetit förmlich »geweckt« wird. Doch beachten Sie bitte: Bei nervöser Reizbarkeit, starker Kopfwehanfälligkeit und chronischen Magenproblemen sollte man besser darauf verzichten.

Anwendung Einen Tee bereitet man sich aus zwei Gramm der getrockneten Wurzel pro Tasse zu. Die Mischung vier Minuten lang aufkochen lassen und esslöffelweise über den ganzen Tag verteilt einnehmen.

Erdbeeren

Wer isst nicht gerne frische Erdbeeren mit Sahne? Wer liebt diese aromatischen Früchte nicht? Erdbeeren, die im Volksmund auch Darmkraut, Rotbeer oder Waldbeeren genannt werden, gehören mit zu den beliebtesten und am meisten verzehrten Früchten.

Erdbeeren schmecken nicht nur herrlich, sie sind auch noch sehr gesund. Tun Sie also sich und Ihrer Gesundheit etwas Gutes an. Unterziehen Sie sich einer Erdbeerkur, Sie können davon nur profitieren. Erdbeeren enthalten nämlich reichlich Vitamin C, Kalium und andere wichtige Spurenelemente, die der Körper braucht, um fit und leistungsfähig zu bleiben. Des Weiteren sind Erdbeeren reich an Eisen, Natrium, Phosphor und haben einen hohen Anteil an Eisen und Kalk.

500 Gramm der Früchte, kurmäßig als Hauptmahlzeit oder als Ergänzung zu den normalen Mahlzeiten täglich gegessen, wirken gegen Harnsteine, Harngrieß, Nieren- und Blasenleiden, Darmschwäche, zu hohen Blutdruck, Kreislaufstörungen, fördern die Entgiftung von Leber und Milz.

Anwendung Am wirksamsten sind die Früchte, wenn Sie sie eine Zeitlang als ausschließliches Lebensmittel verwenden (etwa 250 Gramm Erdbeeren verquirlt mit einem Liter Milch). Sorgen Sie dabei aber für eine ausreichende Eiweißergänzung, da die Früchte allein nicht ausreichen. Eine erfrischende Kur, natürlich nur, wenn Sie nicht allergisch sind. Eventuell vermehrt auftretende Hautunreinheiten können allerdings auch nur ein Zeichen der starken Entgiftung sein. Trinken Sie dann einfach mehr Mineralwasser.

Wie der 29. März, so der Frühling. (29.3.)

Erika

Erika oder Heidekraut, das wohl jeder kennt, ist ein wunderbares Mittel gegen alle Krankheiten und Beschwerden, die mit Harn zu tun haben. Vom Heidekraut können Gicht- und Rheumakranke ebenso wie Frauen mit Unterleibsbeschwerden und Männer mit Prostataerkrankungen profitieren. Auch Milzerkrankungen lassen sich damit manchmal erstaunlich bessern. Man macht aus den Blüten des Heidekrauts einen Tee und trinkt davon täglich eine Tasse in kleinen Schlucken über den ganzen Tag verteilt. Wem der Tee zu kräftig schmeckt, der kann ihn mit Baldrian mischen.   *Lesen Sie weiter auf Seite 96.*

Wie der 30. März, so der Sommer. (30.3.)

März

Das Menü des Monats

Gemüsesorten in vielen Variationen bestimmen den Menüvorschlag im ersten Frühlingsmonat des Jahres: eine pikante Blumenkohlsuppe, knackiger, frischer Feldsalat, das Geflügelgericht mit Spinat. Dazu gibt es köstliche Muffins mit einem Schuss Orangenlikör.

Blumenkohlsuppe mit Kürbiskernen

Für 4 Portionen

SUPPE
½ Blumenkohl (etwa 400 g)
2 mehlig kochende Kartoffeln
1 Schalotte
1 Knoblauchzehe
1 El Olivenöl
¾ l Gemüsebrühe
Salz
1 EL Currypulver
½ Bund Koriander
1 EL Kürbiskerne
2 EL Crème fraîche
2 TL Zitronensaft

1 Den Blumenkohl gründlich waschen und in Röschen teilen. Die Kartoffeln schälen und klein würfeln. Schalotte und Knoblauch schälen und fein hacken.

2 Das Öl erhitzen, Schalotte und Knoblauch darin andünsten. Blumenkohl und Kartoffeln dazugeben, die Brühe angießen.

3 Die Suppe mit Salz und Curry würzen und zugedeckt bei mittlerer Hitze etwa 20 Minuten garen.

4 Inzwischen den Koriander waschen und fein hacken. Die Kürbiskerne in einer Pfanne ohne Fett bei mittlerer Hitze rösten; nicht schwarz werden lassen.

5 Die Suppe fein pürieren. Crème fraîche und Zitronensaft untermischen. Die Suppe in 4 Teller schöpfen, mit Koriander und Kürbiskernen bestreuen und servieren.

Köstliches zum Lenzbeginn

Feldsalat mit Brotcroûtons

Für 4 Portionen

1 Den Feldsalat mehrmals waschen, putzen und abtropfen lassen. Den Toast in Würfel schneiden. Den Knoblauch schälen.

2 Die Butter zerlassen, den Knoblauch dazupressen und die Brotwürfel darin goldbraun rösten, herausnehmen und beiseite stellen.

3 Den Salat in eine Schüssel geben. Essig mit Salz, Pfeffer und Zucker verrühren, das Öl und die übrige Bratbutter aus der Pfanne kräftig unterschlagen. Den Schnittlauch waschen und in feine Röllchen schneiden.

4 Schnittlauch, Brotwürfel und Walnüsse auf den Salat geben. Alles locker vermengen und sofort servieren.

SALAT
300 g Feldsalat
2 Scheiben Vollkorntoast
1 Knoblauchzehe
1 EL Butter
1½ EL Weißweinessig
Salz
Pfeffer
Zucker
3 EL Sonnenblumenöl
1 Bund Schnittlauch
2 EL gehackte Walnüsse

Hähnchenragout mit Spinat und Süßkartoffeln

Für 4 Portionen

HAUPT-GERICHT

400 g frischen Spinat
Salz
800 g Süßkartoffeln
1 Zwiebel
3 Hähnchenbrustfilets (ca. 500 g)
3 EL Butterschmalz
weißer Pfeffer
¼ l Geflügelfond
⅛ l trockener Weißwein
Muskatnuss

1 Den Spinat waschen, verlesen und die Stiele abknipsen. Salzwasser erhitzen. Den Spinat darin kurz zusammenfallen lassen, dann abgießen und abtropfen lassen.

2 Die Süßkartoffeln schälen und in etwa 3 cm große Würfel schneiden. Die Zwiebel schälen und fein hacken.

3 Die Hähnchenbrustfilets in etwa 2 cm große Stücke schneiden. Die Butter in einem breiten Topf erhitzen und das Fleisch darin portionsweise unter Rühren anbraten. Dann herausnehmen, mit Salz und Pfeffer würzen und zugedeckt beiseite stellen.

4 Die Zwiebel im verbliebenen Fett glasig dünsten. Dann die Süßkartoffeln, den Fond, den Wein und ⅛ l Wasser hinzufügen, aufkochen lassen. Mit Muskat würzen. Die Süßkartoffeln bei schwacher Hitze in etwa 10 Minuten bissfest garen.

5 Den Spinat ausdrücken und grob hacken. Mit dem Fleisch zu den Kartoffeln geben. Alles noch 5–10 Minuten erhitzen. Dann sofort servieren.

Süße Leckereien zum Frühlingsanfang

Orangenlikör-Muffins

Für 12 Stück

1 Den Backofen auf 200 °C vorheizen. Ein Muffinblech einfetten und mit Mehl ausstäuben oder Papierförmchen hineinsetzen. Die Orange heiß abwaschen und trockenreiben. Die Schale mit einem Zestenreißer oder einer Reibe dünn abraspeln. Den Saft auspressen (es sollten etwa 100 ml sein).

2 Butter und Zucker, Orangenschale, Vanille und Eier verrühren. Orangensaft, Jogurt und 2 Esslöffel Cointreau hinzufügen.

3 Mandeln, Mehl, Speisestärke und Backpulver mischen und mit der Eiermasse verrühren. Von dem Teig 1 bis 2 Esslöffel in die Muffinmulden füllen. Die Muffins im Backofen etwa 25 Minuten backen.

4 Die fertigen Muffins etwa 5 Minuten in der Form ruhen lassen. Zum Erkalten auf ein Kuchengitter stürzen.

5 Die Orangenmarmelade erhitzen, mit dem restlichen Cointreau mischen und die Muffins damit bestreichen. Vor dem Servieren dünn mit Puderzucker bestäuben.

DESSERT

1 unbehandelte Orange
100 g flüssige Butter
100 g Honig
1 TL gemahlene Vanille (Reformhaus)
2 Eier
150 g Jogurt
3 EL Cointreau
100 g gemahlene geschälte Mandeln
100 g Mehl mit Weizenkeimen
50 g Speisestärke
2 TL Backpulver
Fett für das Muffinblech oder 12 Papierförmchen
2 EL Orangenmarmelade
Puderzucker zum Bestäuben

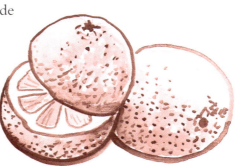

Nun will der Lenz uns grüssen ...

Die Freude über das Wiedererwachen der Natur, die Sehnsucht nach Sonne und Wärme nach langen, dunklen Wintertagen spiegelt sich in den Gedichten und Geschichten zum März wider.

Frühling

Nun ist er endlich kommen doch
In grünem Knospenschuh:
»Er kam, er kam ja immer noch«,
Die Bäume nicken sich's zu.

Sie konnten ihn all erwarten kaum,
Nun treiben sie Schuss auf Schuss;
Im Garten der alte Apfelbaum,
Er sträubt sich, aber er muss.

Wohl zögert auch das alte Herz
Und atmet noch nicht frei,
Es bangt und sorgt: »Es ist erst März,
Und März ist noch nicht Mai.«

O schüttle ab den schweren Traum
Und die lange Winterruh:
Es wagt der alte Apfelbaum,
Herze, wag's auch du.

Theodor Fontane

Märztag

Wolkenschatten fliehen über Felder,
Blau umdunstet stehen ferne Wälder.

Kraniche, die hoch die Luft durchpflügen,
Kommen schreiend an in Wanderzügen.

Lerchen steigen schon in lauten Schwärmen,
Überall ein erstes Frühlingslärmen.

Lustig flattern, Mädchen, deine Bänder;
Kurzes Glück träumt durch die weiten Länder.

Kurzes Glück schwamm mit den Wolkenmassen;
Wollt es halten, musst es schwimmen lassen.
Detlev von Liliencron

Die Eisjungfrau

Der Frühling hatte seine saftiggrüne Girlande von Walnuss- und Kastanienbäumen entfaltet. Sie zog sich besonders üppig von der Brücke bei St-Maurice bis an das Ufer des Genfer Sees hin – längs der Rhone, die mit gewaltiger Fahrt dahinjagt von ihrer Quelle unter dem grünen Gletscher, dem Eispalast, wo die Eisjungfrau wohnt, wo sie sich von dem scharfen Wind auf das oberste Schneefeld hinauftragen lässt und sich in dem starken Sonnenlicht auf den hingewehten Polstern ausstreckt; dort saß sie und schaute mit weitsichtigem Blick in die tiefen Täler hinab, wo sich die Menschen emsig bewegten, wie Ameisen auf dem sonnenbeschienenen Gestein. »Geisteskräfte, wie euch die Kinder der Sonne nennen!«, sagte die Eisjungfrau. »Gewürm seid

ihr! Ein rollender Schneeball, und ihr und eure Häuser und Städte sind zerdrückt und ausgewischt!« Und sie hob ihr stolzes Haupt höher und sah mit todblitzenden Augen weit umher und tief hinab. Aber aus dem Tal herauf tönte ein Rollen; Sprengungen von Felsen, Menschenwerk; Wege und Tunnels für Eisenbahnen wurden angelegt.
»Sie spielen Maulwurf!«, sagte sie; »sie graben Gänge, daher diese Töne wie von Flintenschüssen. Verlege ich meine Schlösser, dann braust es stärker als das Dröhnen des Donners!«
Aus dem Tal erhob sich ein Rauch; er bewegte sich vorwärts wie ein flatternder Schleier, ein wehender Federbusch von der Lokomotive, die auf der kürzlich eröffneten Eisenbahnstrecke die Wagenreihe zog, diese sich windende Schlange, deren Glieder Wagen an Wagen bilden; pfeilschnell schoss sie dahin.
»Sie spielen Herren dort unten, die Geisteskräfte!«, sagte die Eisjungfrau. »Die Kräfte der Naturmächte sind jedoch die herrschenden.« Und sie lachte, sie sang, und es dröhnte im Tal.

»Jetzt rollte eine Lawine«, sagten die Menschen dort unten. Aber die Kinder der Sonne sangen noch lauter von dem Menschengedanken, der herrscht, der das Meer in das Joch spannt, der Berge versetzt und Täler ausfüllt; der Menschengedanke, der Herr der Naturkräfte ist. Zur selben Zeit kam gerade über das Schneefeld, wo die Eisjungfrau saß, eine Gesellschaft von Reisenden; sie hatten sich mit Seilen aneinander festgebunden, um gleichsam einen größeren Körper auf der glatten Eisfläche am Rande des tiefen Abgrunds zu bilden.

»Gewürm!«, sagte sie. »Ihr wäret die Herren der Naturmächte?«, und sie wandte sich von ihnen ab und schaute spottend in das tiefe Tal hinab, wo der Eisenbahnzug vorüberbrauste.

»Dort sitzen sie, die Gedanken! Sie sitzen in der Gewalt der Kräfte. Ich sehe jeden einzelnen. – Einer sitzt stolz wie ein König, allein! Dort sitzen sie in einem Haufen zusammen. Dort schläft die Hälfte. Und wenn der Dampfdrachen stillhält, so steigen sie aus, gehen ihre Wege. Die Gedanken gehen in die Welt hinaus.« Und sie lachte.

»Da rollte wieder eine Lawine«, sagten sie dort unten im Tal.

»Uns erreicht sie nicht«, sagten zwei auf dem Rücken des Dampfdrachens. »Zwei Seelen und ein Gedanke«, wie es heißt. Es waren Rudi und Babette. Auch der Müller war dabei.

»Als Bagage«, sagte er. »Ich bin dabei wie das Notwendige!«

»Dort sitzen die zwei!«, sagte die Eisjungfrau. »Manch eine Gämse habe ich zermalmt, Millionen Alpenrosen habe ich geknickt und gebrochen, nicht die Wurzel blieb. Ich tilge sie aus! Die Gedanken! Die Geisteskräfte!« Und sie lachte.

»Jetzt rollte wieder eine Lawine«, sagten sie unten im Tal.

Aus: Hans Christian Andersen: Die Eisjungfrau

April

> Bald trüb und rau, bald licht und mild, April – der Menschen Ebenbild.

Im Monat April, auch als »Launing«, »Ostermond« oder »Gauchmonat« bezeichnet, wird eines der höchsten kirchlichen Feste des Jahres begangen, nämlich die Auferstehung des Herrn. Seit dem Konzil von Nizäa (325 n. Chr.) ist festgelegt, dass Ostern am ersten Sonntag nach dem auf den Frühlingsanfang folgenden Vollmond gefeiert wird.

Der Sonntag vor Ostern, der **Palmsonntag**, ist der Gedenktag an den letzten Einzug Jesu in Jerusalem. Seinen Namen verdankt dieser Tag den Palmblättern, die Jesus dabei gestreut wurden.

Am **Gründonnerstag** hieß es in vielen Gegenden unseres Landes, sterben die Glocken – oder sie gehen nach Rom wallfahren. Ursprünglich soll der Name von greinen, also weinen, stammen, das im Laufe der Jahre zu Greindonnerstag und dann zu Gründonnerstag wurde. Das bezieht sich auf die am Gründonnerstag aus der Kirchenbuße entlassenen und losgesprochenen Sünder. Noch heute ist es teilweise Sitte, am Gründonnerstag etwas Grünes, was die Natur gerade bietet, zu genießen.

Osterhase und Ostereier

Der **Karfreitag**, auch »Stiller Freitag« genannt, ist dem Gedenken an den Todestag Christi gewidmet. Für diesen Tag gab es in früheren Zeiten strenge Verbote und Auflagen. So durften keine schweren Arbeiten verrichtet werden, man sollte auch nicht trinken, da Christi am Kreuze Durst litt, keinen Hammer, keine Nägel anrühren, da der Heiland damit gemartert wurde.
Am **Karsamstag** wurden Haus und Hof gescheuert, geputzt und geschmückt, um das Osterfest würdig feiern zu können.
Mit dem **Ostersonntag** endet die stille Fastenzeit. Das schönste Fest des Jahres wurde einst mit Glockenläuten und Böllerschüssen begrüßt. Nach altem Volksbrauch bedeutet das Ei, als Symbol der Lebenskraft, Fruchtbarkeit und Gedeihen – übrigens bei vielen Völkern. Untrennbar damit verbunden ist der Osterhase als Sinnbild der Fruchtbarkeit.
Der heilige **Evangelist Markus** ist Patron der Bauarbeiter, Glaser, Korbmacher, Notare und Schreiber. Er gilt auch als Beschützer vor Gewitter, Blitz und Hagel.
Der erste Sonntag nach Ostern – der **Weiße Sonntag** – ist für katholische Buben und Mädchen der Tag der Erstkommunion.

> Bringt Rosamunde Sturm und Wind, so ist Sybilla (29.7.) uns gelind. (2.4.)

Der APRIL im Überblick

	Feste	Namenstage
1		Agilbert, Irene, Hugo
2		Eustasia, Franz, Sandrina, Theodosa
3		Gandolf, Liudbirg, Richard, Thiento
4		Heinrich, Isidor, Platon
5		Crescentia, Gerhard, Juliana, Vinzenz
6		Bertha, Irenäus, Wilhelm
7		Burkard, Celsius, Johann, Maria
8		Beate, Dionysius, Perpetuus, Walter
9		Kasilda, Konrad, Waltraut
10		Engelbert, Gerold, Hulda
11		Gemma, Reiner, Stanislaus
12		Herta, Julius, Zeno
13		Hermenegild, Ida, Martin, Paulus
14		Ernestine, Hedwig, Lambert, Lidwina
15		Huna, Nidgar, Otmar, Waltmann
16		Benedikt, Bernadette, Turibius

Ist's von Ostern bis Pfingsten schön, wird billige Butter am Markte stehn. (Ostersonntag)

Regnet's auf Ostern eine Trän', wird das Korn bis in die Sichel vergehn.

Der APRIL im Überblick

Feste	Namenstage
17	Eberhard, Gerwin, Max, Rudolf
18	Appolonius, Aya, Herluka, Ursmar
19	Gerold, Kuno, Leo, Timon, Werner
20	Agnes, Hildegund, Wino, Wilhelm
21	Anselm, Bruno, Konrad
22	Cajus, Leonid, Wolfhelm
23	Adalbert, Georg, Pusinna
24	Fidelis, Gregor, Marian, Wilfried
25	Erwin, Franka, Hermann, Markus
26	Anakletus, Helene, Richarius
27	Anastasius, Petrus, Tutilo, Zita
28	Adalbert, Hugo, Petrus, Theodora
29	Katharina, Robert, Theoger
30	Karin, Pauline, Rosamunde

Wind der auf Ostern geht, noch 14 Tage weht. (Ostermontag)

Festtage und Brauchtum im April

Auch wenn der April sich wetterwendisch gibt, hat doch der Frühling nun Einzug gehalten. Im Garten und auf dem Feld ist Hochsaison – das Vieh zieht auf die Weide hinaus.

April, April

Zum 1. April wird man, wenn man nicht aufpasst, »in den April geschickt«. Mit einer erfundenen Nachricht oder einem sinnlosen Auftrag versucht an diesem Tag jeder, seine Freunde, Kollegen oder Nachbarn in sinnlose Aufregung oder Tätigkeit zu versetzen, bevor mit dem Ausruf »April, April!« der Scherz offenkundig gemacht wird. Dabei versteht es sich von selbst, dass keine Horror-Lügengeschichten erfunden werden, sondern eher subtile Wahrheitsverdrehungen oder erfundene Ereignisse für kurzfristige Aufregung sorgen. Selbst in den öffentlichen Medien Hörfunk, Fernsehen und Tageszeitungen wird zum 1. April traditionsgemäß eine »Ente« verbreitet, die von Gutgläubigen akzeptiert, von kritischen Zeitgenossen aber eher argwöhnisch zur Kenntnis genommen wird. Aufklärung erfolgt am Tag danach, und die allermeisten sind dann natürlich nicht darauf hereingefallen, wie sie hinterher behaupten.

An Christian fang zu säen an. (3.4.)

Die Karwoche feiern

Am Palmsonntag, dem Sonntag vor Ostern, beginnt die Heilige Woche. An diesem Tag werden landauf, landab reich geschmückte »Palmsträuße« – kunstvoll gefertigte Gebilde aus

Weiden-, Buchsbaum- und Stechpalmenzweigen, die mit bunten Bändern und gefärbten Eiern verschönert sind – geweiht. Nach einer feierlichen Prozession werden diese Palmsträuße auf Gräber und Äcker gestellt sowie am Haus befestigt. Sie sollen Segen bringen und Blitz und Feuer abhalten.

Der darauf folgende Gründonnerstag ist der Tag des letzten Abendmahls. Mit besonderer Feierlichkeit wird die Abendmesse gefeiert, und von da an verstummen die Orgeln und Glocken, die durch hölzerne Ratschen ersetzt werden, bis Ostersonntag. Der Karfreitag steht ganz im Zeichen des Todes Christi. In früheren Zeiten – in abgemilderter Form auch noch heute – wurde an diesem Tag streng gefastet. Noch heute sind Feste, Vergnügungen und Tanzveranstaltungen an diesem Tag verpönt. Am Morgen wird der Kreuzweg abgegangen, und an Karfreitagsprozessionen wird des Kreuzganges Jesu gedacht.

Am Ostersonntag wird die Auferstehung gefeiert, die Fastenzeit endet, die Glocken und Orgeln ertönen wieder, und die Osterkerze wird als Sinnbild des Lichts und der Freude entzündet. Die gebackenen Osterlämmer, Symbol des Opfertiers und somit auch als »Lamm Gottes«, das die Sünden der Welt hinwegnimmt, indem es sich darbringt, wird geweiht. Auch andere Speisen werden zur Speiseweihe in die Kirche gebracht.

Weißer Sonntag

Der Sonntag nach Ostern ist als Weißer Sonntag der Tag der Erstkommunion von Jungen und Mädchen. Die Freude über dieses Glaubensbekenntnis lässt Nachbarn und Verwandte die Kommunionkinder reichlich beschenken, und es ist Brauch, dass sie sich bei allen persönlich für die Geschenke bedanken.

Sankt Ambrosius man Zwiebeln säen muss. (4.4.)

Ist Ambrosius schön und rein, wird Sankt Florian (4.5) dann wilder sein. (4.4.)

Ist Sankt Vinzenz Sonnenschein, bringt es viele Körner mehr. (5.4.)

Der Garten im April

Bis auf sehr frostempfindliche Sorten können jetzt nahezu alle Gemüse ins Freiland ausgesät werden. Mit dem Auspflanzen von Tomaten und Gurken sollte man aber noch warten bis die Eisheiligen vorüber sind.

Wenn's regnet am Amantiustag, ein dürrer Sommer folgen mag. (8.4.)

Gemüsegarten
Erbsen harken, Früherbsen mit Reisig versehen. Rhabarber und Spinat ernten. Mangold, Sommerrettich, rote Rüben aussäen. Erdbeerbeete hacken und von Unkraut befreien. Ende April Mark- und Zuckerebsen aussäen, Kohlpflanzen setzen. Gewürzkräuter aussäen.

Obstgarten
Erdbeeren können noch den ganzen Monat über gepflanzt werden. Baumscheiben offen halten. Schnell wachsende Apfelbäume kurz vor der Blüte schneiden.

Blumengarten und Balkon
Topfgewächse aus dem Winterquartier ins Freie bringen. Rabatten und Gruppenbeete neu bepflanzen. Rasen mit Kompost düngen, kahle Stellen aufhäckeln und neu besäen. Stiefmütterchen und Rittersporn aussäen.

Sankt Ezechiel wird hilfreich sein, säst du an seinem Tage Lein. (10.4.)

Was noch zu tun ist
Schädlinge (Blattläuse, Frostspanner, Schnecken, Spinnmilben usw.) mit

Kräuterjauche bekämpfen. Wasserhähne im Garten wieder anschließen. Büsche und frisch gepflanzte Bäume müssen tüchtig gewässert werden, um das Anwachsen zu fördern. Den Rasen während eines Regengusses düngen, damit der Dünger gut eingewaschen wird.

Gärtnern mit dem Mond (3)

Der abnehmende Mond nähert sich wieder der Erde, wobei die Größe der von der Sonne beleuchteten Oberfläche von rechts nach links fortschreitend allmählich geringer wird. Wenn er etwa 22 Tage nach Neumond die Sonnenumlaufbahn der Erde erneut kreuzt, ist er nur mehr halb zu sehen. Nun beginnt das letzte Viertel, die nach rechts geöffnete Sichel wird von Tag zu Tag schmaler, bis die Neumondphase erreicht ist.

Die Impulse des abnehmenden Mondes sind auf Abgabe gerichtet, auf das Ausatmen, das Freisetzen von Kräften und Energien. Dieser balsamische oder aussäende Mond befreit von Zweifeln und Ängsten, vollendet und bündelt die positiven Gefühle für den nun bald beginnenden neuen Zyklus.

So wie Martin es will, zeigt sich dann der ganze April. (13.4.)

In der Natur fließen die Säfte abwärts, die Energien gehen zu den Wurzeln. Die Erde ist aufnahmebereit, das Wachstum unter der Oberfläche ist begünstigt. Jetzt ist es an der Zeit, all das zu pflanzen oder zu säen, was vorwiegend in die Erde hineinwächst, also z. B. Wurzelgemüse und -kräuter.

Nährstoffe und Feuchtigkeit werden vom Boden während der Phase des abnehmenden Mondes besonders gut aufgenommen, deshalb sind Düngung und Bewässerung der Pflanzen jetzt besonders wirkungsvoll und noch dazu weniger umweltbelastend.

Heilkräuter und Heilpflanzen für Ihre Gesundheit

Wir setzen an dieser Stelle die Beschreibung altbekannter und bewährter Heilpflanzen und daraus bereiteter Hausmittel fort, die wir auf Seite 70 begonnen haben.

Das kleine Kräuter-ABC (2)

Viele leichtere Störungen der Gesundheit oder des Wohlbefindens kann man mit einfachen und preiswerten Mitteln aus der »Apotheke Gottes« erfolgreich behandeln. Viele der genannten Kräuter wachsen im Garten oder sind in der unmittelbaren Umgebung zu finden.

An Tiburtiustag die Natur nun grünen mag. (14.4.)

Fenchel

Wer ständig über Leibschmerzen klagt, häufig ein Völlegefühl verspürt, an Verdauungsbeschwerden leidet oder auch an Blähungen, sollte sich Fencheltee besorgen, um den Übeln abzuhelfen. Sollte sich durch eine ärztliche Untersuchung bestätigt haben, dass sie nicht ernsthaft erkrankt sind, unterstützt Sie der Fencheltee in fabelhafter Weise. Und noch etwas: Gesichts-Dampfbäder mit Fencheltee verleihen Ihrer Haut ein jugendlich-frisches und straffes Aussehen. Fencheltee mobilisiert die Verdauung und wirkt beruhigend sowie krampflösend.

Tiburtius kommt mit Sang und Schall, bringt Kuckuck mit und Nachtigall. (14.4.)

Anwendung Ein Esslöffel der Früchte wird mit einer Tasse kochendem Wasser überbrüht. Dann zugedeckt fünf Minuten ziehen lassen. Von diesem Tee trinken Sie je nach Bedarf ein bis drei Tassen täglich.

Frauenmantel

Frauenmantel (auch Frauentrost, Herbstmantel, Herrgottmäntelchen, Liebfrauenmantel, Marienkraut, Neunlappenkraut, Regentropfen, Taumantel oder Weiberkittel) trägt nicht umsonst diesen Namen. Seit Urzeiten wird diese Pflanze als Heilmittel bei Frauenleiden, ja sogar bei Unfruchtbarkeit benutzt. Auch nach einer Geburt ist Frauenmanteltee ein wunderbares Mittel, das die Rückbildung der Gebärmutter beschleunigt.
Anwendung Ein Esslöffel des Wunderkrauts wird mit einer Tasse kochendem Wasser überbrüht und muss eine Viertelstunde lang ziehen. Davon trinkt man zwei bis drei Tassen täglich nach den Mahlzeiten.

Gänseblümchen

Am besten bewährt hat sich frisch gepresster Saft aus den Blüten und den jungen Blättern des Gänseblümchens. Von dem frischen Saft nimmt man pro Tag ein bis drei Esslöffel, verdünnt mit etwas Wasser. Gesammelt werden die Blüten und Blätter vor allem im Frühjahr, da sie dann die höchste Wirkstoffkonzentration haben. Die fertige Gänseblümchen-Essenz kann man auch in Apotheken, Reformhäusern, Drogerien und Kräuterläden kaufen.
Gänseblümchen heilen nicht nur Hautentzündungen und Atemwegsverschleimungen, sondern sind auch hilfreich bei der Entschlackung des Körpers. Diese Entschlackung geschieht vor allem in Leber, Nieren und Darm.
Anwendung Kraut und Blüten werden klein gehackt und unter Salate und Quark gemischt. Es schmeckt würzig, aber leicht bitter. Diese Speise sollte über mehrere Wochen hinweg ge-

Um Georg (23.4.) säe deine Gerste, Sankt Markus ist's zu spät. (20.4.)

nommen werden. Für die Blutreinigung ist sie sehr zu empfehlen. Auch als Tee sind Gänseblümchen sehr bekömmlich: Kochendes Wasser auf die klein gehackten Blümchen gießen, etwas ziehen lassen, abseihen und im Laufe eines Tages schluckweise trinken. Das lindert hartnäckigen Husten, gibt einem erkälteten Magen ein aufbauendes Wohlgefühl und kräftigt den Organismus.

Vor Sankt Georgi gibt es keinen Sommer.(23.4.)

Hagebutte
Die eiförmigen, leuchtend roten Früchte der Heckenrose, die Hagebutten, sind hochwertige Vitamin-C-Träger. Ihr Wohlgeschmack und ihre vielseitige Verwendbarkeit als Marmelade, Hagebuttenwein, Hagebuttenmark, Hagebuttenlikör und Hagebuttentee bringen in Erinnerung, dass diese Frucht nicht zu Unrecht seit Jahrhunderten so beliebt ist.

Wenn's auf Sankt Fidel gefriert, noch 15-mal die Kälte klirrt. (24.4.)

Anwendung Zu Hagenbuttentee nehmen Sie zwei Teelöffel zerkleinerte Hagebutten (Fruchtfleisch und Samen) und übergießen sie mit einem Viertelliter kaltem Wasser. Diese Mischung muss zehn Minuten lang kochen, wobei die Vitamine nicht zerstört werden. Zwei bis drei Tassen am Tag tragen erheblich zu Ihrem Wohlbefinden bei, unterstützen die Abwehrkräfte Ihres Körpers und beugen Erkältungen vor.

Himbeere
Die Himbeere ist nicht nur eine der süßesten und bekömmlichsten Beeren, sie ist auch besonders heilkräftig. Kranken gibt man gerne – und mit Recht – Himbeersaft, weil die Wirkstoffe der Beere kühlend und zusammenziehend und außerdem wassertreibend wirken.

Leg erst nach Sankt Markus Bohnen, er wird's dir reichlich lohnen. (25.4.)

Anwendung Aus Himbeerblättern kann man einen vorzüglichen Standard-Tee brauen, der bei Durchfall hilft und auch sonst recht gut tut. Gezuckerter Himbeeressig wird aus einem Teil Himbeersirup und zwei Teilen Weinessig hergestellt. Der Trank ist herzstärkend und erfrischend vor allem bei Fieber. Himbeeressig ist ein ideales Gurgelmittel bei Halsentzündungen.

Hopfen

Dass Bier beruhigt, wissen fast alle Menschen. Es ist aber nicht der Alkohol, der diese Wirkung verursacht, sondern der Hopfen. Wer kein Bier mag und nicht einschlafen kann, sollte es einmal mit einem Hopfentee probieren. Eine kleine Tasse vor dem Schlafengehen macht wunderbar müde. Man kann diesen Tee (oder eine Mischung, in der Hopfen enthalten ist) auch bei starker Nervosität tagsüber trinken.

Johanniskraut

Johanniskraut ist eine Heilpflanze, die sich seit alters bei nervösen Leiden ausgezeichnet bewährt hat. Johanniskraut ist krampflösend und hilft bei sexuellen Störungen und zu schwachen Regelblutungen.

Anwendung Das Johanniskraut lässt sich gut als Tee zubereiten (pro Tasse einen Teelöffel voll). Der Tee wird schluckweise getrunken und zwar nicht mehr als eine Tasse pro Tag. Johanniskrautgeist ist auch ein gutes Mittel zum Einreiben, wenn man nervös ist oder von Schmerzen geplagt wird. Johanniskrautöl ist zu empfehlen bei Brandwunden, frischen blutenden Wunden, Muskelverletzungen, Blutergüssen, Quetschungen, Geschwüren und Geschwülsten.

Gefriert's auf Sankt Vital, gefriert's noch fünfzehnmal. (28.4.)

Kamille

Die Kamille (Apfelkraut, Garnille, Haugenblume, Hermelin, Kammerblume, Laugenblume, Mariamagdalenakraut, Mutterkraut, Romerei) zählt wohl zu den bekanntesten Heilkräutern überhaupt. Die anspruchslose und überaus heilkräftige Pflanze enthält beruhigende ätherische Öle, die Verkrampfungen lösen und heilen.

Anwendung Man sollte sich nicht darauf beschränken, die Kamille nur als Tee zu verwenden. Kamillenbäder beispielsweise helfen oft überraschend schnell – etwa bei Unterleibskrämpfen. Spülungen mit Kamillentee sind bei Augen-, Ohren- und Nasenleiden sehr gut. Schließlich wirkt der Dampf von Kamillenkräutern wunderbar schleimlösend, wenn man sich über den kochenden Tee beugt und mit einem Tuch den Kopf zudeckt, damit der Dampf nicht entweichen kann. Kamillentee sollte getrunken werden bei: Schlaflosigkeit, Neuralgien, innerer Unruhe, Übermüdung und geistiger Abgespanntheit.

Kampfer

Kampfer gehörte früher zu den Hausmitteln, die ständig griffbereit waren. Neben Buttermilch, Hefe und verschiedenen Teesorten war es das vierte große Naturheilmittel, das man bei rheumatischen Schmerzen aller Schattierungen zur Anwendung brachte. Dabei handelt es sich um das Harz eines asiatischen Baumes, das in Alkohol, vor allem Spiritus, aufgelöst wird.

Anwendung Man reibt damit schmerzhafte Gelenke und Glieder ein. Kampfer hilft auch bei Zahnweh und Nervenschmerzen. Auch bei schmerzhaften Bruchleiden wird Kampferöl erfolgreich angewendet.

Regen in der Walpurgisnacht hat stets ein gutes Jahr gebracht. (30.4.)

Karotte

Bekannt ist, dass Karotin den Augen gut tut. Die Karotte (Mohrrübe) enthält aber auch einen beachtlichen Anteil an anderen wichtigen Vitaminen. Nur wenige Menschen wissen, dass die gelbe Rübe gegen jede Art von Fäulnis ein hervorragendes Mittel ist. Man kann damit den Darm reinigen sowie Magen- und Darmerkrankungen heilen. Und auch Wurmbefall lässt sich damit leicht beseitigen sowie Sodbrennen.

Ist's Palmsonntag hell und klar, gibt's ein gut und fruchtbar Jahr. (Palmsonntag)

Klette

Die Klette (Haarballe, Kinzel, Kladdebusch, Klibusch, Klusen, Wolfskraut), die an Wegen, Waldrändern, Rainen und Schuttplätzen wächst, ist eigentlich ein »Unkraut«. Andererseits sind die Klettenwurzeln ein hervorragendes Haarpflegemittel.
Anwendung In drei viertel Liter Wasser kocht man 50 Gramm Klettenwurzel. Mit dem Absud wird das Haar gründlich durchgespült; dadurch wird es im Laufe der Zeit spürbar dichter und fester. Tee aus der Klette hilft bei Magenschleimhautentzündung und bei Leber- und Gallenstörungen und reinigt das Blut.

Königskerze

Die Königskerze (Brennkraut, Himmelsbrand, Fackelblume, Feldkerze, Johanniskerze, Unholdenkerze, Wetterkerze) blühte früher in jedem Garten.
Anwendung Der Tee wird aus getrockneten Blüten zubereitet und mit heißem Wasser übergossen. Er wird bei Erkältungskrankheiten getrunken. Er kann auch als Badezusatz verwendet werden, bei Hautunreinheiten oder hartnäckigen Wunden.

Ist der Donnerstag weiß, so ist der Sommer heiß. (Gründonnerstag)

April

Kresse

Kresse, das aromatisch duftende Kraut mit den zarten Stielen und den winzigen Blättchen hat es wirklich in sich! Wer sich ständig müde oder erschlagen fühlt, über Ohrensausen, eingeschlafene Hände und Füße klagt, vergesslich, unkonzentriert und nervös ist oder an Blutarmut leidet, für den ist es die richtige Medizin.

Anwendung Für eine vierwöchige Salatkur mischt man täglich den Saft einer Zitrone mit drei bis vier Esslöffeln Salatöl, einer klein gehackten Zwiebel, Salz und Pfeffer. Die Marinade geben Sie über eine Portion frischer Kresse (30 Gramm) und lassen den Salat drei Stunden ziehen. Anregend wirkt auch ein Mixgetränk: Man lässt eine Hand voll Kresse und einen Esslöffel Anis in Buttermilch zehn Minuten lang kochen. Ein Glas davon morgens und abends begünstigt die Blutbildung.

Liebstöckel

Liebstöckel ist ein gutes Magenmittel bei Verdauungsbeschwerden und Magenschwäche und hilfreich bei Nieren- und Blasenleiden. Zerriebene Liebstöckelwurzel in etwas Wein aufgelöst ist ein hervorragendes Potenzmittel.

Anwendung Ein Wurzelansatz in Branntwein schluckweise eingenommen löst Magenkrämpfe, stillt die Kolik, fördert die Verdauung, den Appetit und stärkt den Magen.

Malve

Magenschleimhautentzündungen und – geschwüre können mit Malventee ausgezeichnet behandelt werden. Malventee wirkt entzündungshemmend und schmerzstillend. Malventee kann auch erfolgreich angewendet werden bei Erkältungen, Entzün-

---

Ist unserm Herrn am Kreuze kalt, die Kälte noch vier Wochen halt'. (Karfreitag)

Ostern im März verheißt ein gutes Brotjahr. (Ostersonntag)

Ostern weiß von Schnee, Pfingsten der Schierling auf Heckenhöh'. (Ostersonntag)

dungen der oberen Atemwege und des Magens. Dennoch sollte man beim ersten Anzeichen eines Magenleidens auf alle Fälle einen Arzt konsultieren.

Anwendung Für den Tee kochen Sie vier Esslöffel Malvenblüten, -blätter oder -wurzeln mit einem Viertelliter Wasser kurz auf. Fünf Minuten zugedeckt lassen, dann abseihen.

Meerrettich

Wer an Magen- und Darmstörungen leidet, sollte sich mit einer Wurzel anfreunden, die seit langer Zeit als schmackhaftes Nahrungsmittel und »natürlicher Heiler« bekannt ist. Die Rede ist von der Meerrettichwurzel mit ihren heilkräftigen Ölen, Säuren und dem hohen Vitamin-C-Gehalt. In Verbindung mit Honig wirkt der Meerrettich hustenreizlindernd und schleimverflüssigend.

Anwendung Wer dreimal täglich eine Messerspitze frisch geriebener Wurzel mit Brot isst, regt die Verdauungsorgane an, bekämpft Magen- und Darmstörungen und damit auch die Appetitlosigkeit.

Mistel

Als Heilpflanze enthält die Mistel eine Reihe hochwirksamer Substanzen, die blutdrucksenkend wirken und den Fettstoffwechsel beeinflussen.

Anwendung Für drei Tassen Tee pro Tag setzt man am Vorabend sechs Teelöffel gehackte Mistelblätter mit drei Tassen kaltem Wasser an. Am Morgen wird der Tee dann abgeseiht und im Laufe des Tages schluckweise und ungezuckert getrunken.

Fortsetzung auf Seite 120.

> Ein Regen auf einem Ostertag mehr Regen denn schönes Wetter sagt. (Ostersonntag)

Das Menü des Monats

Köstliches im April: Spinatsalat, Möhrenflan mit Basilikum, zartes Schweinefilet und als Dessert Orange-Pfannkuchen.

Spinatsalat mit Nüssen und Ziegenkäsecroûtons
Für 4 Portionen

SALAT

- 250 g frischer junger Spinat
- 1 rosa Grapefruit
- 1 Schalotte
- 1 Knoblauchzehe
- 1 TL Himbeeressig
- 1 TL Honig
- 1 Prise Salz
- 2–3 EL Olivenöl
- 4 Scheiben Baguette
- 100 g Ziegenfrischkäse
- Rosenscharfes Paprikapulver
- 1 EL gehackte Walnüsse

1 Den Backofen auf 225 °C vorheizen. Den Spinat waschen, putzen und verlesen, dann gründlich abtropfen lassen. Die Grapefruit schälen, dabei auch die weiße Haut vollständig entfernen. Die Filets aus den Häuten lösen, den Saft dabei auffangen. Die Schalotte schälen und fein hacken. Den Knoblauch schälen.

2 Himbeeressig mit Honig, Salz, Grapefruitsaft und Olivenöl verquirlen, bis eine cremige Sauce entstanden ist.

3 Die Baguettescheiben mit dem Ziegenkäse bestreichen und im Backofen etwa 7 Minuten überbacken.

4 Den Spinat mit dem Dressing locker mischen und auf 4 Teller verteilen. Mit den Nüssen bestreuen. Die Baguettescheiben aus dem Backofen nehmen. Mit Paprikapulver bestreuen und auf dem Salat anrichten.

Möhrenflan mit Basilikumschaum

Für 4 Portionen

1 Die Zwiebel schälen, fein hacken. Die Möhren schälen und in feine Scheiben schneiden. Das Öl erhitzen und die Zwiebel darin bei schwacher Hitze glasig dünsten. Die Möhren hinzufügen und kurz mitdünsten. Den Madeira und 4 EL Wasser hinzufügen und die Möhren in etwa 15 Minuten weich dünsten.

2 Vier Förmchen von etwa ¼ l Inhalt einfetten und mit Semmelbröseln oder gemahlenen Mandeln ausstreuen. Den Backofen auf 200 °C vorheizen. Den Ingwer schälen und durch die Knoblauchpresse drücken. Die Eier trennen. Die Eiweiße zu steifem Schnee schlagen. Die Eigelbe mit dem Quark und den gemahlenen Mandeln verrühren, mit Salz und Pfeffer würzen.

3 Die Möhren pürieren. Das Püree unter die Eigelbcreme rühren, den Eischnee unterziehen. Die Masse in die Förmchen füllen (sie sollten nur zu etwa ⅔ gefüllt sein). Die Flans im Backofen (unten; Gas 3–4; Umluft 180 °C) im Wasserbad etwa 25 Minuten garen.

4 Für den Basilikumschaum die Eigelbe mit der Basilikumpaste verrühren. Die Speisestärke mit der Sahne glattrühren. Mit dem Weißwein unter die Eigelbcreme mischen. Mit Salz und Pfeffer würzen. Die Mischung über dem warmen Wasserbad cremig aufschlagen. Das Basilikum waschen in feine Streifen schneiden. Die Flans auf Teller stürzen, halb mit dem Basilikumschaum bedecken und mit den Basilikumblättchen bestreuen.

WARME VORSPEISE

1 Zwiebel
500 g Möhren
1 EL Öl
3 EL weißer Madeira
1 cm frische Ingwerwurzel
3 Eier
100 g Quark
2 EL gemahlene Mandeln
Salz
weißer Pfeffer

Für den Basilikumschaum

3 Eigelb
2 EL Basilikumpaste
1 TL Speisestärke
50 g Sahne
100 ml trockener Weißwein
Salz und Pfeffer
½ Bund frisches Basilikum

Außerdem

Fett und Semmelbrösel oder gemahlene Mandeln für die Förmchen

Gefülltes Schweinefilet mit Schnittlauchnudeln

Für 4 Portionen

HAUPT-GERICHT

2 Schweinefilets
Salz
Pfeffer
300 g Gorgonzola mit Mascarpone
4 EL gehackte Walnüsse
2 EL halbtrockener Sherry
4 EL Butterschmalz
500 g grüne Bandnudeln
2 Bund Schnittlauch
1 EL Tomatenmark
100 ml trockener Rotwein
100 ml Fleischbrühe
100 g Sahne
1 EL Olivenöl

1 Die Schweinefilets von Haut und Sehnen befreien und längs aufschneiden, mit Salz und Pfeffer würzen. Den Gorgonzola mit den Walnüssen und mit Sherry vermengen, die Filets mit dieser Mischung füllen. Die Öffnung mit Holzspießchen zustecken oder das Filet mit Küchengarn umwickeln.

2 Das Butterschmalz in einer Pfanne erhitzen. Die Filets darin bei starker Hitze von allen Seiten braun anbraten, dann die Hitze reduzieren und das Fleisch zugedeckt bei schwacher Hitze in etwa 10 Minuten fertigbraten.

3 Reichlich Salzwasser zum Kochen bringen. Die Nudeln darin nach Packungsanweisung bissfest garen. Den Schnittlauch waschen und in feine Röllchen schneiden.

4 Das Filet in Folie wickeln und im Backofen warm halten. Den Bratenfond mit Tomatenmark, Rotwein, Fleischbrühe und Sahne loskochen. Die Sauce etwas einkochen lassen, mit Salz und Pfeffer abschmecken.

5 1 bis 2 Esslöffel Nudelkochwasser mit dem Olivenöl vermischen. Die Nudeln abgießen und mit dem Olivenöl und dem Schnittlauch mischen. In einer Schüssel anrichten. Die Filets in dicke Scheiben schneiden, auf einer Platte anrichten, mit der Sauce übergießen und mit den Nudeln servieren.

Überbackene Orangen-Pfannkuchen

Für 4 Stück

1 Die Rosinen mit dem Cointreau mischen und zugedeckt beiseite stellen. Die Orange waschen und trockenreiben. Die Schale fein abreiben. Die Orange schälen, dabei auch die weiße Innenhaut entfernen. Die Filets aus den Häuten schneiden, den Saft dabei auffangen. 2 Eier mit der Hälfte der Milch, Salz, Zucker und der Hälfte der Orangenschale verquirlen. Das Mehl dazusieben und unterrühren. Eventuell etwas Mineralwasser hinzufügen, der Teig sollte dickflüssig sein.

2 1 TL Butterschmalz in einer beschichteten Pfanne erhitzen. Ein Viertel des Teigs hineingießen. Den Pfannkuchen auf beiden Seiten goldbraun backen, dann herausnehmen und auf ein Brett legen. Nacheinander 4 Pfannkuchen backen.

3 Den Backofen auf 180 °C vorheizen. Den Ricotta mit Honig, Orangensaft und restlicher -schale verrühren. 1 Ei trennen, das Eiweiß mit dem Pürierstab steif schlagen. Eigelb und Rosinen unter die Ricottacreme mischen, Eiweiß und Orangenfilets unterheben. Eine rechteckige feuerfeste Form einfetten.

4 Die Pfannkuchen mit der Quarkfüllung bestreichen, aufrollen und in die Form legen. Restliche Milch mit dem übrigen Ei und dem Vanillezucker verquirlen. Orangenmarmelade mit Cointreau erhitzen, die Pfannkuchen damit bestreichen. Die Eiermilch seitlich dazugießen. Im Backofen etwa 15 Minuten überbacken.

DESSERT

2 EL Rosinen
2 cl Cointreau (oder Orangensaft)
1 unbehandelte Orange
4 Eier
400 ml Milch
1 Prise Salz
2 TL Zucker
150 g Mehl
4 TL Butterschmalz
250 g Ricotta
2 EL Honig
Butter für die Form
1 Päckchen Vanillezucker
50 g Orangenmarmelade
2 cl Cointreau (oder Orangensaft)

Frühling lässt sein blaues Band ...

Jetzt geht es wieder hinaus in die Natur. Ein Wochenendausflug mit Kind und Kegel ist ein Vergnügen für die ganze Familie.

Aus dem Leben eines Taugenichts

Das Rad an meines Vaters Mühle brauste und rauschte schon wieder recht lustig, der Schnee tröpfelte emsig vom Dache, die Sperlinge zwitscherten und tummelten sich dazwischen; ich saß auf der Türschwelle und wischte mir den Schlaf aus den Augen; mir war so recht wohl in dem warmen Sonnenscheine. Da trat der Vater aus dem Hause; er hatte schon seit Tagesanbruch in der Mühle rumort und die Schlafmütze schief auf dem Kopfe, der sagte zu mir: »Du Taugenichts! da sonnst du dich schon wieder und dehnst und reckst dir die Knochen müde und lässt mich alle Arbeit allein tun. Ich kann dich hier nicht länger füttern. Der Frühling ist vor der Tür, geh auch einmal hinaus und erwirb dir selber dein Brot.« – »Nun«, so sagte ich, »wenn ich ein Taugenichts bin, so ist's gut, so will ich in die Welt gehn und mein Glück machen.« Und eigentlich war mir das recht lieb, denn es war mir kurz vorher selber eingefallen, auf Reisen zu gehen, da ich die Goldammer, welche im Herbst und Winter immer betrübt an unserm Fenster sang: »Bauer, miet' mich, Bauer, miet' mich!« nun in der schönen Frühlingszeit wieder ganz stolz und lustig vom Baume rufen hörte: »Bauer, behalt deinen Dienst!« – Ich ging also in das

Haus hinein und holte meine Geige, die ich recht artig spielte, von der Wand, mein Vater gab mir noch einige Groschen Geld mit auf den Weg, und so schlenderte ich durch das lange Dorf hinaus. Ich hatte recht meine heimliche Freude, als ich da alle meine Bekannten und Kameraden rechts und links, wie gestern und vorgestern und immerdar, zur Arbeit hinausziehen, graben und pflügen sah, während ich so in die freie Welt hinausstrich. Ich rief den armen Leuten nach allen Seiten recht stolz und zufrieden Adjes zu, aber es kümmerte sich eben keiner sehr darum. Mir war es wie ein ewiger Sonntag im Gemüte. Und als ich endlich ins freie Feld hinauskam, da nahm ich meine liebe Geige vor und spielte und sang, auf der Landstraße fortgehend:

»Wem Gott will rechte Gunst erweisen,
Den schickt er in die weite Welt,
Dem will er seine Wunder weisen,
In Berg und Wald und Strom und Feld.
Die Trägen, die zu Hause liegen,
Erquicket nicht das Morgenrot,
Sie wissen nur vom Kinderwiegen,
Von Sorgen, Last und Not um Brot.
Die Bächlein von den Bergen springen,
Die Lerchen schwirren hoch vor Lust,
Was sollt' ich nicht mit ihnen singen,
Aus voller Kehl' und frischer Brust?
Den lieben Gott lass ich nur walten;
Der Bächlein, Lerchen, Wald und Feld
Und Erd' und Himmel will erhalten,
Hat auch mein' Sach aufs best' bestellt!«

Joseph von Eichendorff

Frühlingslied

Frühling läßt sein blaues Band
Wieder flattern durch die Lüfte,
süße wohlbekannte Düfte
streifen ahnungsvoll das Land.
Veilchen träumen schon, wollen balde kommen.
Horch, von fern ein leiser Harfenton!
Frühling, ja du bist's! Dich hab ich vernommen.
Eduard Mörike

Osterspaziergang

Vom Eise befreit sind Ströme und Bäche
Durch des Frühlings holden, belebenden Blick.
Im Tale grünet Hoffnungsglück;
Der alte Winter in seiner Schwäche,
Zog sich in rauhe Berge zurück.
Von dorther sendet er, fliehend, nur
Ohnmächtige Schauer körnigen Eises
In Streifen über die grünende Flur;
Aber die Sonne duldet kein Weißes,
Überall regt sich Bildung und Streben,
Alles will sie mit Farbe beleben;
Doch an Blumen fehlt's im Revier,
Sie nimmt geputzte Menschen dafür.
Kehre dich um, von diesen Höhen
Nach der Stadt zurück zu sehen!
Aus dem hohlen, finstern Tor
Dringt ein buntes Gewimmel hervor.

Jeder sonnt sich heute so gern;
Sie feiern die Auferstehung des Herrn.
Denn sie sind selber auferstanden:
Aus niedriger Häuser dumpfen Gemächern,
Aus Handwerks- und Gewerbebanden,
Aus dem Druck von Giebeln und Dächern,
Aus der Straße quetschender Enge.
Aus der Kirchen ehrwürdiger Nacht
Sind sie alle ans Licht gebracht.
Sieh nur, sieh! Wie behend sich die Menge
Durch die Gärten und Felder zerschlägt,
Wie der Fluß, in Breit' und Länge,
So manchen lustigen Nachen bewegt,
Und bis zum Sinken überladen
Entfernt sich dieser letzte Kahn.
Selbst von des Berges fernen Pfaden
Blicken uns farbige Kleider an.
Ich höre schon des Dorfs Getümmel,
Hier ist des Volkes wahrer Himmel,
Zufrieden jauchzet groß und klein:
Hier bin ich Mensch, hier darf ich's sein.
Johann Wolfgang von Goethe

MAI

Die Aufstellung des mit einem Kranz und farbigen Bändern geschmückten Maibaumes am 1. Mai stellt das Symbol für den Frühling dar. Unter dem Maibaum traf man sich zum Spielen, Tanzen oder zu Wettkämpfen.

Der heilige **Florian** (4. Mai), der durch Ertränken den Märtyrertod erlitt, ist der Patron der Feuerwehr, der Kaminfeger, Schmiede, Töpfer, Bierbrauer und Seifensieder.

Pankratius (12.5.), **Servatius** (13.5.) und **Bonifatius** (14.5.) sind die so genannten Eisheiligen. Bis zu den Tagen der drei Eismänner kann es noch einmal zu strengem Frost und Kälte kom-

Die erste Liebe und der Mai gehen selten ohne Frost vorbei.

men. Zu den überraschenden »Kältebringern« zählt auch die **Kalte Sophie** (15.5.), die um 304 in Rom gestorbene Märtyrerin. Pankratius ist Patron der Erstkommunikanten. Er bewahrt und schützt vor Kopfschmerzen, Meineid und falschem Zeugnis. Servatius hilft bei Fußleiden, Mäuse- und Rattenplage. Die Kalte Sophie ist Patronin gegen Spätfröste und schützt das Wachstum der Feldfrüchte.

Mairegen auf die Saaten – dann regnets Dukaten.

Muttertag mit Tradition

Am zweiten Sonntag im Mai wird der Muttertag gefeiert, den es nachweislich schon seit 1644 in England gab. Zu uns kam diese Idee aus Amerika durch Anna Jarvis aus Philadelphia, die zum Todestag ihrer Mutter (1905) ihre Freunde zu einer Erinnerungsfeier bat. Diese Idee gefiel einigen Menschen so gut, dass sie sich dafür einsetzten, diesen Tag zu einem gesetzlichen Feiertag zu machen. Im Jahre 1913 beschloss der US-Kongress, alljährlich am zweiten Sonntag im Mai den Muttertag offiziell zu begehen. Nicht lange danach wurde der Muttertag auch in sämtlichen europäischen Staaten gefeiert.

Am ersten Mai treibt man die Ochsen ins Heu. (1.5.)

Der 16. Mai ist der Tag des heiligen **Nepomuk**, des bekanntesten Schutzherrn unter den Brückenheiligen. Er ist Patron der Beichtväter, Schiffer, Flößer, Müller, Brücken.

Am 18. Mai ehrt man **Erik von Schweden**, der im Jahr 1160 während eines Gottesdienstes ermordet wurde. Sein Märtyrerblut gab einer blinden Frau das Augenlicht wieder.

Der 20. Mai ist **Bernhardin von Siena** gewidmet, Franziskaner und einflussreicher Volksprediger, gestorben 1444. Er ist Patron der Wollweber und wird bei Brust- und Lungenleiden um Hilfe und Beistand gebeten.

Der MAI im Überblick

	Feste	Namenstage
1	Tag der Arbeit	Arnold, Berta, Josef, Richard
2		Boris, Sigismund, Wiborada, Zoe
3		Alexander, Emilia, Philipp, Viola
4		Arbeo, Florian, Guido, Valeria
5		Gotthard, Hilarius, Irene, Jutta
6		Antonia, Britto, Markward
7		Boris, Gisela, Rosa, Valerian
8		Desire, Friedrich, Ulrike, Wulfhilda
9		Beatus, Ottokar, Theresia, Volkmar
10		Anton, Gordianus, Johannes
11	Eisheiliger	Angelika, Lucina, Mamertus
12	Eisheiliger	Domitilla, Imelda, Pankratius
13	Eisheiliger	Gerhard, Natalis, Servatius
14	Eisheiliger	Bonifatius, Christian, Corona
15	Eisheiliger	Gerbert, Hallward, Rupert, Sophie
16		Honoratus, Johannes, Nepomuk

Auf Phillipp und Jakobi Regen, folgt ein sich'rer Erntesegen. (3.5.)

Der MAI im Überblick

	Feste	Namenstage
17		Dietmar, Framehild, Paschalis, Walter
18		Burkard, Dietmar, Eric, Felix, Roland
19		Alkuin, Crispin, Kuno, Yvonne
20		Bernhardin, Elfriede, Ethelbert
21		Ehrenfried, Hermann, Konstantin
22		Emil, Julia, Renate, Rita
23		Anno, Desiderius, Guibert, Wibert
24		Dagmar, Magdalena, Servulus
25		Beda, Dionysis, Gregor, Urban
26		Alwin, Emerita, Philipp, Priscus
27		Augustin, Bruno, Johannes, Margareta
28		German, Lanfranc, Ruthard, Wilhelm
29		Erbin, Joachim, Irmtrud, Konon
30		Emmelia, Ferdinand, Johanna
31		Hiltrud, Mechthild, Petronilla, Sigewin

Ist es um Fronleichnam kalt, wird's ein gutes Erntejahr. (Fronleichnam)

Festtage und Brauchtum im Mai

Im Wonnemonat Mai wird allerorten gefeiert. Unter dem Maibaum im Süden, unter der frisch ergrünten Dorflinde im Norden wird zum fröhlichen Reigen aufgespielt.

Unter frischem Maiengrün

Das Maibaumaufstellen am 1. Mai ist ein Brauch, der noch in vielen Dörfern lebendig ist. Geschmückt ist dieser mehrere Meter hohe Baumstamm mit bunten Bändern und einem Kranz aus Tannenzweigen. Der Maibaum ist das Symbol des Frühlings, und unter ihm findet der traditionelle Maientanz statt. Im Vorfeld des Maibaumsetzens werden die geschmückten Exemplare eifersüchtig verschlossen und bewacht, denn eine Tradition will es, dass sich die jungen Burschen der verschiedenen Dorfgemeinschaften gegenseitig den Maibaum rauben, der dann mit Bier und Brotzeit wieder ausgelöst werden muss.

Eine ausgedehnte Wanderung, bei der auf einem Handwagen ein kleines Fass Bier mitgeführt wird, ein fröhlicher Familienausflug oder eine Radtour gehören genauso zum 1. Mai wie die Kundgebungen und Veranstaltungen der Gewerkschaften zum »Tag der Arbeit«.

Ein Heiliger für die Feuerwehr

Allen geläufig ist der heilige Florian als Schutzheiliger der Feuerwehr und als Helfer bei Feuer- und Wassergefahren. St. Florian starb einen Märtyrertod, weil er verfolgten Christen half: An einen großen Stein gekettet, wurde er am 4. Mai 304 in die Ems

Der Florian, der Florian noch einen Schneehut setzen kann. (4.5.)

Wenn sich naht Sankt Stanislaus, schlagen alle Bäume aus. (7.5.)

geworfen, um eine Beisetzung und ein Märtyrergrab zu verhindern. Dennoch wurde der Leichnam gefunden, und seit ungefähr 800 ruht er im Kloster St. Florian in Linz. Das selbstlose Wirken des Heiligen wird im so genannten St.-Florians-Prinzip des Volksmunds (»Heiliger St. Florian, verschon mein Haus, zünd andere an!«) jedoch zur egoistischen Gefahrenabwehr verformt.

Ein Tag für Europa

Im Zuge des Zusammenwachsens der Länder Europas wurde der 5. Mai zum Europatag bestimmt. Dem Thema Europa wird an diesem Tag besonders viel Aufmerksamkeit geschenkt, und die Medien beschäftigen sich mit der kulturellen, wirtschaftlichen, politischen und sozialen Dimension eines geeinten Europas. Vor allem die Esskultur findet an diesem Datum im Alltagsleben besondere Würdigung, oft in Form von Spezialitätenangeboten.

> Der heilige Mamerz hat von Eis ein Herz. (11.5.)

Ma, du bist die Beste!

Der zweite Sonntag im Mai ist allen Müttern gewidmet, die an diesem Tag von ihren Kindern besonders geehrt wird. In Amerika und Europa ist der Brauch, die Mutter mit einem Blumenstrauß oder einem anderen kleinen Geschenk zu ehren und einen schönen Ausflug zu machen, seit Anfang dieses Jahrhunderts verbreitet. Die ganze Familie übernimmt an diesem Tag all die Aufgaben, die normalerweise die Mutter zu erledigen hat, das Frühstückzubereiten, Bettenmachen, Kochen, Abwaschen usw.

Mai

Der Garten im Mai

Alles wächst und gedeiht. Im Garten haben jetzt Pflegearbeiten Vorrang. Wichtig ist es vor allem, den Boden gut zu lockern, damit Wasser und Nährstoffe leicht zu den Wurzeln gelangen.

Gemüsegarten

Blütenstängel beim Rhabarber nach und nach abschneiden. Um die Monatsmitte herum Stangenbohnen, Tomaten, Melonen und Kürbisse auspflanzen. Beetränder mit Blumen- oder Rosenkohl bepflanzen, das dient den Gurken als kleiner Windschutz. Spätkartoffeln auslegen und Kürbisse stecken.

Obstgarten

Erdbeeren hacken, von Unkraut freihalten und gründlich wässern. Abfallendes kleines Obst muss sorgfältig gesammelt und möglichst verbrannt werden, um dem Apfelstecher und anderen Schädlingen keine Gelegenheit zu geben, sich sesshaft zu machen.

> Pankraz hält den Nacken steif, sein Harnisch klirrt vor Frost und Reif. (12.5.)

Blumengarten und Balkon

Anfang des Monats Sommerblumen auspflanzen. Bereits verblühte Gehölze werden zurückgeschnitten, abgeblühte Blüten entfernt, Dahlien- und Gladiolenknollen geteilt und gepflanzt, wenn dies nicht schon im Vormonat getan worden ist. Nach den Eisheiligen Balkonkästen überholen, erneuern oder ersetzen und bepflanzen. Die restlichen Balkon- und Kübelpflanzen ins Freie bringen und regelmäßig gießen.

Was noch zu tun ist

Bei trockenem Wetter die neu gepflanzten Bäume reichlich wässern. Treibt ein frisch gepflanzter Baum nicht aus, stellt man ihn einige Stunden in einen Wasserbehälter oder in das Gartenbassin und pflanzt ihn dann abermals ein. Rasenflächen ansäen, kurzhalten und dauernd wässern. Schädlinge bekämpfen.

Gärtnern mit dem Mond (4)

Es gibt zwei weitere Mondqualitäten, die für die Pflanzenwelt von Bedeutung sind. Diese Mondqualitäten ergeben sich aus dem auf die Sterne bezogenen Umlauf des Mondes, wobei der Erdtrabant die zwölf astrologischen Tierkreiszeichen durchläuft.

Aufsteigender und absteigender Mond

Aufsteigend durchquert der Mond dabei die Zeichen zwischen Winter- und Sommersonnenwende, also von Schütze über Steinbock, Wassermann, Fische, Widder bis Stier bzw. Zwillinge, wo er seinen Wendepunkt erreicht. Die Qualität des aufsteigenden Mondes kann als eine Phase des Ausatmens der Erde betrachtet werden. Wachstum und Ausdehnung sind bestimmend. Die Entwicklung über der Erdoberfläche und in der Natur ist ähnlich wie im zunehmenden Mond.
Absteigend durchwandert der Mond die Tierkreiszeichen der Zwillinge, Krebs, Löwe, Jungfrau, Waage und schließlich Skorpion bzw. Schütze, wo er seinen Wendepunkt erreicht. Diese Qualität kann als Phase des Einatmens der Erde interpretiert werden. Bestimmend sind Reife und Ernte. Die Entwicklung in der Natur ist ähnlich dem abnehmenden Mond.

Servatius Hund der Ostwind ist – hat schon manches Blümlein totgeküsst. (13.5.)

Heilkräuter und Heilpflanzen für Ihre Gesundheit

Nicht jedes kleine Wehwehchen muss gleich mit Pharmaka aus der Chemieretorte behandelt werden – oft reicht die sanfte Heilkraft der Natur, noch dazu ganz ohne Nebenwirkungen. Aber beachten Sie bitte: Gehen die Beschwerden nicht innerhalb von drei Tagen deutlich zurück, sollten Sie unbedingt einen Arzt konsultieren.

Das kleine Kräuter-ABC (3)

Wir setzen an dieser Stelle die Beschreibung der wichtigsten Heilkräuter fort, die auf Seite 70 begann und auf den Seiten 96 bis 103 weitergeführt wurde.

Nachtfrost bist du sicher nicht, bevor Sophie vorüber ist. (15.5.)

Pfefferminze

In der guten alten Pfefferminze (Balsam, Englische Minze, Schmeckerts) steckt viel mehr, als man ahnt. Deshalb kann man nur immer wieder auf ihre gute Hilfe bei jeder Art von Magen-, Darm-, Verdauungs-, Gallen- und Leberproblemen hinweisen – ja sogar bei Unterleibsschmerzen.

Pfefferminzöl wirkt auch auf das Herz und ist hilfreich bei Neuralgien und Rheuma (Einreibungen).

Innerlich eingenommen bringt Pfefferminzöl durch Gallensteinkoliken verursachte Schmerzen zum Abklingen und lindert Brechreiz.

Pfefferminze beseitigt auch nervöse Störungen und nervöses Herzklopfen.
Anwendung Bei Kopfschmerzen legt man einen mit dem Absud der Pflanze getränkten Lappen auf die Stirn. Minzblätter mit echtem Weinessig verdünnt beseitigen Magenprobleme im Nu. Pfefferminzwasser ist ein wirksames Mittel bei Zahnfleischentzündungen oder Zahnschmerzen. Besonders erfrischend und wohlschmeckend ist die Pfefferminze, wenn man dem Tee vor dem Trinken ein paar Tropfen frischen Zitronensaft beigibt.

Petersilie

Petersilie (Bittersilche, Peterchen, Silk) ist mehr als ein Suppenkraut – es ist ein Heilmittel. Die krampfstillende und harntreibende Wirkung vor allem macht sie so besonders wertvoll bei allen Nierenbeschwerden und bei Wasseransammlungen im Körper.
Man kann übrigens nicht nur das Grün der Pflanzen verwenden, sondern auch aus der in Wasser aufgekochten Wurzel einen Absud zubereiten, der sehr wirkungsvoll ist.
Petersilie enthält auch ausgesprochen viel Vitamin C.
Petersilienöl, das in der Apotheke erhältlich ist, wird angewandt als Schutzmittel bei Mückenstichen und zur Bekämpfung von Kopfläusen.

Sophie erst vorüber – dann vor Nachtfrost sicher. (15.5.)

Quendel

Der Quendel (Feldbulla, Geismajoran, Hühnerbolle, Hühnerkraut, Kückenkümmel, Liebfrauenbettstroh, Quandl, Rainkinderle, Rauschkraut, wilder Thymian) wurde bereits im Mittelalter nervösen Menschen gegeben. Ein wunderbarer Tee, der auch bei Husten und Verschleimung der Atemwege sehr gute Heilwirkungen erzielt.

Anwendung Aus dem Kraut wird ein Tee bereitet, indem man einen Teelöffel voll auf eine Tasse überbrüht. Man kann mit dem Heilkraut aber auch einen Badezusatz machen, der schon manches Nervenbündel wieder auf die Beine gestellt hat: 100 Gramm des Krautes werden in zwei Liter Wasser zehn Minuten lang gekocht. Den Absud gibt man ins Badewasser. Dreimal wöchentlich baden beruhigt wundervoll und stärkt obendrein die Glieder.

Heiliger Johann Nepomuk, treib uns die Wassergüss' zurück. (16.5.)

Rote Bete

Blut ist rot – der Saft der roten Bete, auch Rahne oder rote Rübe genannt, ist ebenfalls rot. Aber nicht deshalb ist er ein besonders gutes Mittel zur Blutbildung. Die Wirkung erhöht sich wesentlich, wenn man den Saft, den Salat oder das Gemüse aus Roter Bete etwa eine Stunde vor der Hauptmahlzeit zu sich nimmt. Rote Bete regen Leber und Galle an und schwemmen die giftige Harnsäure mit.

Safran

»Safran macht den Kuchen gel(b)« – heißt es im Kinderreim. Doch unsere Mütter nahmen die Wirkstoffe der Pflanze nicht nur zum Färben, sie wussten um die Heilkraft: Schmerzstillung, krampflösende Eigenschaften.

Es gibt »echten« und »falschen« Safran. Echten Safran erkennt man daran, dass die Narben im lauwarmen Wasser nach dem Aufquellen eine Tüten- oder Trichterform annehmen.

Lein geseht an Esthern, wachsen am allerbestern. (24.5.)

Anwendung Aus den Narben des Safran kann man einen Tee brauen, der bei Zahnschmerzen, Koliken und dergleichen hilft: Drei Narben mit kochendem Wasser überbrüht ergeben eine Tasse des heilkräftigen Tees, der ungesüßt getrunken wird.

Salbei

Salbei ist schon seit dem zwölften Jahrhundert in Deutschland bekannt als Mittel gegen Gift und ansteckende Krankheiten, Magen- und Darmleiden sowie als Wundheilmittel und Küchengewürz.

Sehr wirkungsvoll ist Salbeitee für die Spülung von Mund und Rachen. Bei akuten und chronischen Bronchialkatarrhen sowie bei beginnender Lungenentzündung sind regelmäßige Trinkkuren und Mundspülungen nur zu empfehlen. Das kann die ärgsten Beschwerden lindern.

Salbei wirkt blutreinigend, hat eine entzündungshemmende Kraft, heilt Darmentzündungen, auch Entzündungen des Magens, der Leber, der Galle und der Harnwege. Salbeitee ist auch ein ausgezeichnetes Mittel bei Zahnfleischentzündungen und Zahnschmerzen.

Anwendung Ein Salbeitee lässt sich selbst leicht zubereiten: Pro Tasse nehmen Sie zwei Teelöffel Salbeiblätter und -blüten (Apotheke, Drogerie, Reformhaus, Kräutermarkt).

> Wenn St. Urban sich gesellt – ist's ums Wetter gut bestellt. (25.5.)

Sauerklee

Die Blätter des Sauerklees (auch Buchampfer, Gauchampfer, Hasenklee, Himmelbrot, Kuckukswürze, Waldklee geheißen) sind eigenartig sauer und gut gegen den Durst, wenn man wandert. Seit altersher empfiehlt man die Pflanze gegen Sodbrennen, Leber- und Verdauungsstörungen.

Anwendung Sauerkleetee bereitet man nicht aus getrockneten, sondern aus frischen Kräutern. Auf einen Liter Wasser gibt man eine Hand voll Klee dazu, lässt das Ganze fünf Minuten lang ziehen und seiht dann ab.

Scheint die Sonne am Urbanstag wächst der Wein nach alter Sag. (25.5.)

Sellerie

Sellerie (Epf, Gailwurz, Mark, Schoppenkraut, Suppenkraut, Zellerie) stärkt die Nerven und fördert die Potenz. Die Selleriewurzel ist aber auch ein bewährtes Mittel gegen Gicht und Rheuma, verbessert das Blut, ist wassertreibend und regt den Kreislauf an.

Anwendung Selleriesuppen und Selleriespeisen kräftigen und regen den Appetit an.

Selleriewurzel, in Zucker eingemacht und mit Weißwein aufgegossen, ergibt ein Getränk, das, mäßig genossen, sehr stärkend wirkt und die Frühjahrsmüdigkeit behebt.

Sellerietee – aus der getrockneten Wurzel durch Überbrühen mit kochendem Wasser zubereitet – schmeckt übrigens vorzüglich und hilft bei Blasenleiden, Nervenschwäche, Depressionen und Erkrankungen der Atmungsorgane.

Sankt Wigand, dieser böse Mann, zuletzt noch Nachtfrost bringen kann. (30.5.)

Steinklee

Steinklee (Fleischklee, Himmelsbrot, Hummellust, Steyrerklee, Sügerli, Zuckerbrot) ist ein hervorragendes Heilkraut gegen Venenleiden. Die Blüten werden im Sommer gesammelt und im Schatten getrocknet.

Wenn es klar an Petronell', messt den Flachs ihr mit der Ell. (31.5.)

Anwendung Das blühende Kraut oder nur die Blüten (zwei Teelöffel für eine Tasse) werden mit heißem Wasser aufgegossen. Davon trinkt man schluckweise zwei bis drei Tassen am Tag mit oder ohne Honig.

Stiefmütterchen

Das Kraut der Acker-Stiefmütterchen (Garten-Stiefmütterchen eignen sich nicht dafür) kann in kurzer Zeit mit Hilfe einer über zwei Wochen dauernden Stiefmütterchenkur lästige Pickel und Pusteln beseitigen.

Anwendung Zwei Teelöffel der getrockneten und zerkleinerten Pflanze werden mit zwei Tassen kochendem Wasser überbrüht. Man lässt es kurz ziehen, dann wird abgeseiht. Der Tee sollte aber nicht auf einmal getrunken werden, sondern in kleinen Schlucken über den Tag hinweg verteilt.

> Wie das Wetter am Himmelfahrtstag, so auch der ganze Herbst sein mag. (Christi Himmelfahrt)

Tausendguldenkraut

Das Tausendguldenkraut (Aderntee, Allerweltsheil, Apothekerblum, Erdgalle, Gottesgnadenkraut, roter Laurin, Tausendkraft, Verschreikräutel) ist ein fabelhaftes Mittel, um den Appetit anzuregen. Wenn die Verdauung nicht in Ordnung ist, greift es regelnd und mildernd ein. Auch gegen Blutarmut hilft es. Gegen Blasenerkältung helfen zwei bis drei Tassen Tee gleich am Anfang der Erkältung. Ferner reinigt das »Himmelsblümchen«, wie es auch heißt, das Blut und entschlackt den Körper nach jedem Winter.

Anwendung Man brüht die Blütenstängel, seiht ab und trinkt den Tee zu den Mahlzeiten. Bei Frauen regelt er auf wunderbare Weise die Menstruation.

> Um Himmelfahrt kommen die Gewitter zurück. (Christi Himmelfahrt)

Wegwarte

Aus der Wegwarte (Blaue Distel, Hasenmilch, Kaffeekraut, faule Magd, Sonnendraht, Arme-Sünder-Blume, Struwelpeter, Wegleuchte, Zichori, Zwangskräutel), einem kleinen, himmelblauen Blümchen, gewann man früher die Zichorie, ein Kaffeezusatz, der fast in Vergessenheit geraten ist. Zichorie ist Balsam für den Magen.

Die Wegwarte aber vermag noch viel mehr. Ihr Hauptwirkstoff, das Inulin, regt den Gallefluss an und sorgt damit für eine gute Verdauung. Bei Leberleiden, Gallebeschwerden und Nierenleiden ist der Tee der Wegwarte deshalb sehr zu empfehlen.

Anwendung Zur Teebereitung verwendet man die getrockneten Blüten. Man setzt einen gehäuften Teelöffel davon mit einem halben Liter Wasser kalt an und erhitzt den Tee bis zum erssten Aufwallen. Davon werden täglich zwei Tassen – am besten vor dem Mittag- und Abendessen getrunken.

Zwiebeln

Die Heilkraft der Zwiebel ist unumstritten. Die Wurzel enthält besonders wertvolle Vitamine, sie fördert die Durchblutung der Schleimhäute, sie beseitigt alles, was zur Fäulnis neigt, aus dem Körper. Sie kräftigt Herz und Nerven und hilft auch bei Potenzschwierigkeiten.

Anwendung Wer an Schlaflosigkeit leidet, sollte jeden Abend vor dem Zubettgehen eine mittelgroße rohe Zwiebel essen. Wenn bei einer Schnittwunde das Blut nicht stoppen will, schneidet man einige große Zwiebelscheiben und legt sie auf die Wunde. Das Bluten lässt dann bald nach.

Zwiebelsaft sollte regelmäßig getrunken werden. Und noch ei-

Regen auf Himmelfahrt – wird Viehfutter schlecht bewahrt. (Christi Himmelfahrt)

ne hervorragende Wirkung: Wer von einem Insekt gebissen oder gestochen wird, sollte eine frischgeschnittene Zwiebelscheibe auf die betroffene Stelle legen. Im Nu sind Schmerzen und Entzündung verschwunden.

Rohe Zwiebeln fördern die Verdauung, sind appetitanregend und stärken das Nervensystem. Zwiebelsaft mit Honig oder Zwiebelumschläge sind ein gutes Mittel gegen Heiserkeit, trockenen Katarrh und Halsentzündungen.

Die Zubereitung frischer Kräuter- und Pflanzensäfte

Kräutersäfte sind einfach herzustellen. Dazu ist nichts weiter nötig, als dass die frisch gesammelten Kräuter gereinigt, fein geschnitten und in sauberen Leintüchern gepresst und ausgedrückt werden. Beachten muss man dabei:

* Zum Auspressen nur frische Kräuter verwenden. Bei vielen Kräutern nehmen die wertvollen Säfte nach dem Pflücken rasch ab oder gehen durch längeres Liegen ganz verloren. Die gepflückten Kräuter sollten auch nicht mit Wasser benetzt oder ins Wasser gestellt und nicht auf Vorrat gesammelt werden, sondern nur in der Menge, die für einen Tag ausreichenden Saft ergibt.
* Die gepflückten Kräuter reinigt man durch zwei- bis dreimaliges Schwenken in kaltem Wasser.
* Gepreßte Säfte können auch mit Wein, Fleischbrühe oder Mineralwasser vermischt werden.
* Der fertige Saft wird in eine Glasflasche abgefüllt, die man gut verschlossen an einem kühlen, vor Sonnenlicht geschützten Ort aufbewahrt.

Es kommt kein gut Wetter, bevor Christus nicht die Beine von der Erde hat. (Himmelfahrt)

Regnet's am Pfingstsonntag, so regnet's sieben Sonntag. (Pfingsten)

Pfingstregen kommt nie gelegen. (Pfingsten)

Augentrostsaft

Ein gutes Magenmittel ist der Augentrostsaft, der auch äußerlich bei Augenschwäche und Bindehautkatarrh angewendet wird (täglich ein bis zwei Esslöffel).

Brennnesselsaft

Einreibungen mit Brennnesselsaft sind bei rheumatischen Schmerzen sehr wirksam. Der Saft wirkt urintreibend, er beseitigt – besonders im Frühjahr – Übermüdung und Niedergeschlagenheit und vermag den Blutzuckergehalt zu senken.
Zwei Teelöffel am Tag sind ausreichend.

Endiviensaft

Endiviensaft aus einem frischen Salat gepresst verbessert das Blut, stärkt die Nerven und ist – eine Stunde vor dem abendlichen Schlafengehen eingenommen – ein vorzügliches Beruhigungs- und Schlafmittel.
Je nach seelischer und körperlicher Verfassung sollte man zwei bis fünf Esslöffel einnehmen.

Nasse Pfingsten – fette Weihnachten, helle Pfingsten – dürre Weihnachten. (Pfingsten)

Huflattichsaft

Der frische Huflattichsaft hat nährende und kräftigende Eigenschaften und, mit Milch oder Honig vermischt, hilft er vor allem im Frühjahr bei Krankheiten der Atmungsorgane, Brustfellentzündung, bei chronischer Bronchitis, asthmatischen Anfällen sowie Husten und Heiserkeit.
Der frisch gepresste Saft wird bei Bedarf mehrmals am Tag teelöffelweise eingenommen.

Es regnet Nahrung, wenn es an Pfingsten regnet. (Pfingsten)

Löwenzahnsaft

Löwenzahnsaft ist ein vorzüglich wirkendes Mittel bei Gallen- und Leberleiden. Er fördert den Blutkreislauf, wirkt säftereinigend, appetit- und verdauungsfördernd sowie schweißtreibend. Man nimmt bis zu vier Teelöffel am Tag von dem frisch gepressten Kräutersaft.

Petersilienkrautsaft

Äußerlich kann Petersiliensaft (abgekocht mit Samen und Wurzel) als Haarwuchsmittel, als Schutzmittel gegen Mückenstiche und gegen Kopfläuse verwendet werden.
Wer an körperlicher Schwäche leidet, sollte einmal am Tag eine Tasse Tee von einem gestrichenen Teelöffel Petersilienfrüchte trinken.

Regnets am Dreifaltigkeitssonntag, ist auch an den folgenden Sonntagen mit Regen zu rechnen. (erster Sonntag nach Pfingsten)

Schafgarbensaft

Frischer Schafgarbensaft, zwei bis viermal am Tag eingenommen – zwei Teelöffel Saft in zwei Teelöffel kaltem Wasser –, beseitigt Magen- und Darmstörungen in kurzer Zeit. Der Saft löst Gefäßkrämpfe, ist hilfreich bei Nasenbluten, er kräftigt und stärkt den Gesamtorganismus, erhöht die Widerstandskraft des Körpers und mindert die Anfälligkeit gegen verschiedene Krankheiten.
Die Schafgarbe ist vor allem Frauen zu empfehlen, da sie die Blutzirkulation fördert und ein erhöhtes Wohlbefinden verschafft.
Verdünnter Schafgarbensaft gilt übrigens als ein uraltes Schönheitsmittel.

Das Menü des Monats

Eine Komposition für Genießer: Frische Radieschen, aromatische Wildkräuter, saftige Matjesfilets und knusprige Rhabarber-Crumbles sorgen für Gaumenfreuden im Mai.

Radieschentorteletts

Für 6 Törtchen

1 6 Torteletteförmchen einfetten. Mehl, Nüsse, Butter in Stücken, 1 Prise Salz, Parmesan und Ei zu einem glatten Teig verkneten. Den Teig zur Rolle formen und in 6 Portionen teilen. Jede Portion mit den Fingern in den Torteletteförmchen verteilen, dabei jeweils einen kleinen Rand formen. Die Form mit den Teigböden etwa 30 Minuten kalt stellen.

2 Den Backofen auf 180 °C vorheizen. Die Radieschen waschen und fein raspeln. Die Frühlingszwiebeln putzen, waschen und mit dem zarten Grün in sehr feine Ringe schneiden. Den Schnittlauch waschen, trockentupfen und in feine Röllchen schneiden. Radieschen, Frühlingszwiebeln, Schnittlauch mit saurer Sahne, Parmesan, Mehl und Ei verrühren, mit Salz und Pfeffer würzen. Die Masse in die Törtchen füllen.

3 Die Törtchen im Backofen in etwa 30 Minuten backen. Die fertigen Törtchen herausnehmen und mit Kräutern und Radieschenscheiben garnieren. Dazu passt ein erfrischender Kräutersalat.

VORSPEISE

Für den Teig
200 g Mehl
50 g gemahlene Walnüsse
100 g kalte Butter
Salz
1 EL geriebener Parmesan
1 Ei

Für die Füllung
1 Bund Radieschen
2 Frühlingszwiebeln
1 Bund Schnittlauch
250 g saure Sahne
2 EL geriebener Parmesan
1 EL Mehl
1 Ei
Salz
Pfeffer

Außerdem
Fett für die Förmchen
Kräuter und Radieschenscheiben zum Garnieren

Die ersten frischen Kräuter

Wildkräutersalat

Für 4 Portionen

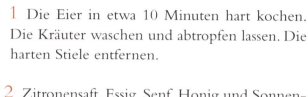

1 Die Eier in etwa 10 Minuten hart kochen. Die Kräuter waschen und abtropfen lassen. Die harten Stiele entfernen.

2 Zitronensaft, Essig, Senf, Honig und Sonnenblumenöl verquirlen. Mit Salz und Pfeffer würzen. Die Kresse vom Beet schneiden, abbrausen und abtropfen lassen.

3 Die Eier kalt abschrecken, schälen und in Scheiben schneiden oder achteln. Die Wildkräuter auf vier Teller verteilen und mit dem Dressing beträufeln. Die Eier und die Kresse darauf anrichten. Dazu passt Vollkornbaguette oder -toast.

SALAT

2 Eier
200 g Wildkräuter (Rucola, Löwenzahn, Sauerampfer, Brunnenkresse)
1 EL Zitronensaft
½ EL Weißweinessig
1 TL Dijon-Senf
1 TL Honig
3 EL Sonnenblumenöl
Salz
Pfeffer
½ Beet Kresse

Matjes mit Kartoffeln

Für 4 Portionen

HAUPT-GERICHT

1 Zwiebel
Salz
8 Matjesfilets
1 säuerlicher Apfel
4 Gewürzgurken
200 g Sahne
1 EL Zitronensaft
Pfeffer
800 g fest kochende Kartoffeln
1 EL Butter
2 EL gehackte Petersilie

1 Die Zwiebel schälen, halbieren und die Hälften in feine Scheiben schneiden. Mit Salz einreiben und zugedeckt beiseite stellen.

2 Die Matjesfilets abspülen, Gräten entfernen. Den Apfel schälen, vierteln und das Kerngehäuse entfernen. Die Viertel in feine Scheiben schneiden. Die Gewürzgurken ebenfalls in feine Scheiben schneiden.

3 Die Sahne mit dem Zitronensaft vermengen. Die Zwiebelscheiben abbrausen und ausdrücken. Mit Apfel- und Gurkenscheiben unter die Sahne mischen. Die Sahnemischung mit Salz, Pfeffer und Flüssigkeit von den Gewürzgurken abschmecken. Die Matjesfilet in eine flache Schüssel legen und mit der Sahne begießen. Zugedeckt kalt stellen.

4 Die Kartoffeln waschen, schälen und vierteln. In wenig Salzwasser zugedeckt in etwa 15 Minuten weich garen. Die Kartoffeln offen noch kurz ausdämpfen lassen. Die Butter unterrühren. Die Kartoffeln mit der Petersilie bestreuen und zu den Matjesfilets servieren.

Rhabarber-Crumble

Für eine Form von 26 cm ø

1 Den Rhabarber waschen, putzen und in Scheiben schneiden. Mit 50 ml Wasser, Zucker und Zimt in einen Topf geben und zugedeckt bei schwacher Hitze in etwa 15 Minuten weich garen. Den Backofen auf 220 °C vorheizen.

2 Die Amaretti in einen Tiefkühlbeutel geben und mit dem Nudelholz fein zerkrümeln. Mit Haferflocken, Mandeln, Zucker und Butter zu Streuseln verarbeiten.

DESSERT

1 kg Rhabarber
150 g Zucker
1 TL Zimt

Für den Belag
50 g Amaretti
100 g Haferflocken
50 g Gemahlene Mandeln
100 g Zucker
100 g Butter

3 Den Rhabarber in eine feuerfeste Form füllen. Die Streusel darüber verteilen.

4 Den Rhabarber im Backofen etwa 20 Minuten backen, bis die Streusel goldbraun und knusprig sind. Warm mit Vanille- oder Walnusseis servieren.

Im wunderschönen Monat Mai …

Wie kaum ein anderer Monat hat der Wonnemonat Mai die Phantasie der Künstler angeregt, die den Frühling in Gedichten und Liedern lobpreisen.

Der schöne Tag

Es riss mich hinaus in die schöne Welt. Es war ein wunderschöner Maimorgen, ein echter Herrgottstag für die Vögel des Himmels und jedes fühlende Menschenherz. Es war zweiunddreißig Jahre, dass gerade auch so ein Morgen und ich acht Jahre alt war. Damals wanderte ich mit munterem Herzen und einem schönen Halstuch der Bettlergemeinde zu, und die Amseln tanzten vor mir her mit ihren hellen Stimmen und schönen gelben Schnäbeln. Aber das muntere Herz und das schöne Halstuch schwanden, trotz allen schönen Verheißungen, mit denen die Mutter mich munter gemacht, und zweiunddreißig Jahre verflossen in derbem Ringen mit der Welt und mir selbst. Ich wanderte wieder mit munterem Herzen heute in die Welt hinaus und labte mich an Gottes Wunderpracht. Das Herz war mir offen, darum auch die Augen, die mit inniger Wonne schweiften von den grünen Buchenhügeln zu den in allen Farben lachenden Wiesen und über die schwellenden Fruchtfelder. Was doch in einem Zeitraum von zwanzig Jahren erfunden, geschaffen wird, und besonders in unsern Tagen! Und die Menschen, die mitten in diesem Schaffen wohnen und selbst schaffen, merken es nicht und klagen über schlechte Zeiten, schweren Erwerb usw. Die ganze Landschaft schien mir umgewandelt. Neue Häuser glänzten überall zwischen wohlunterhaltenen Bäumen hervor, die nicht mehr voll Moos und Misteln waren. Große Scheiben, helle Fenster zeugten von helleren Menschen, und blaue Schieferdächer von vorsichtigen und klugen. Und waren das die magern Äcker noch, die früher gähnten und ermatteten, wenn sie einige Grasstengel tragen sollten, und jetzt bedeckt mit bürstendichtem, knietiefem Grase oder mit dem zarten, üppigen Klee, der Kühe Zuckerbrot? Erdäpfelfelder streckten sich in ihrem dunkeln Grün weithin, wo ehedem nur einzelne Stauden gestanden in wehmütiger Magerkeit.

Und was bedeckte denn die öden Weiden, wo früher die Besenreiser wuchsen, die Schrecken der ungehorsamen Kinder, die Wünschelruten der gern fegenden und putzenden Weiber; was bedeckte die magern Halden, wo ehedem ein paar Schafe zwischen Leben und Tod am Hungertuche nagten oder einige Kühe ihre Rippen als stumme Seufzer Gott weit, weit entgegenstreckten, dass er sich ihrer erbarme und Regen gebe und Fruchtbarkeit? Dort glänzte es nun in rötlichem Schimmer und wiegte im Winde sich wie ein Fruchtfeld. Es war die freigebige Esparsette, ein Segen Gottes für das ganze Land, der neben den Erdäpfeln für die wachsende Volksmenge noch lange genug Speise schaffen wird. Bis an die Spitze der rundlichten Hügel hatte der Fleiß der Menschen gereutet und gebaut. Es war das gleiche Land wie ehedem, und doch wie ganz anders jetzt!

Aus: Jeremias Gotthelf: Der Bauernspiegel

Mailied

Die Schwalbe fliegt, der Kuckuck ruft
In warmer, blauer Maienluft;
Die gelb und weißen Blumen wehn,
Wie Gold und Silber auf der Höhn;
Es schwimmet Tal und Busch und Hain
Im Meer von goldnem Sonnenschein.
*Ludwig Heinrich
Christoph Hölty*

An die Liebste

Im wunderschönen Monat Mai,
Als alle Knospen sprangen,
Da ist in meinem Herzen,
die Liebe aufgegangen.
Im wunderschönen Monat Mai,
Als alle Vögel sangen,
Da hab ich ihr gestanden,
Mein Sehnen und Verlangen.
Heinrich Heine

Der Lenz ist da

Die Kinder haben die Veilchen gepflückt,
all', all', die da blühten am Mühlengraben.

Der Lenz ist da, sie wollen ihn fest
In ihren kleinen Fäusten haben.
Theodor Storm

Frische Fahrt

Laue Luft kommt blau geflossen,
Frühling, Frühling soll es sein!
Waldwärts Hörnerklang geschossen,
Mutger Augen lichter Schein;
Und das Wirren bunt und bunter
Wird ein magisch wilder Fluß,
In die schöne Welt hinunter
Lockt dich dieses Stromes Gruß.

Und ich mag mich nicht bewahren!
Weit von euch treibt mich der Wind,
Auf dem Strome will ich fahren,
Von dem Glanze selig blind!
Tausend Stimmen lockend schlagen,
Hoch Aurora flammend weht,
Fahre zu, ich mag nicht fragen,
Wo die Fahrt zu Ende geht!
Joseph von Eichendorff

JUNI

Soll gedeihen
Korn und Wein,
muss im Juni
Wärme sein.

Der Juni, früher »Rosenmond«, »Flachsmond« oder »Brachmond« ist nach der römischen Mond-, Geburts- und Ehegöttin Juno benannt.

Christi Himmelfahrt, die leibliche Auffahrt Jesu Christi in den Himmel, wird erst seit dem vierten Jahrhundert gefeiert. Vorher war dies kein eigener Feiertag. Seit etwa Anfang des Jahrhunderts wird an diesem Tag auch der Vatertag gefeiert.

Pfingsten, das dritte der christlichen Hochfeste, wird immer am 50. Tag nach Ostern gefeiert. Es ist das Fest zur Erinnerung an den Tag, an dem die Apostel den Heiligen Geist empfingen. Das

Wort Pfingsten kommt vom griechischen pentecoste (50) und ist mit vielen alten Bräuchen verbunden. In früheren Zeiten wurden am Vorabend des Festes das Haus und die Wohnung gereinigt und mit Birken- und Buchenzweigen geschmückt, damit der Heilige Geist ausruhen konnte.

Ein Feuer und ein Wasserkessel drauf, das ist des Brachmonds bester Lauf.

Das Fest der Sommer-Sonnenwende

St. Antonius von Padua (13. Juni) war ein hervorragender Kenner der Heiligen Schrift, einer der beliebtesten Volksheiligen, ist Schutzheiliger der Franziskaner, Patron der Armen, der Liebenden, der Bergleute, der Reisenden und der Bäcker.

St. Veit (15. Juni) ist einer der Vierzehn Nothelfer und Patron gegen Blitz und Feuer und Schutzheiliger der Schauspieler.

Das **Fronleichnamsfest** (fro = Herr, Lichnam = Körper) wird zehn Tage nach Pfingsten mit einer großen Prozession zu Ehren des heiligen Abendmahles gefeiert. Es ist einer der bedeutendsten Feiertage im katholischen Kirchenkalender.

Der **Johannistag** (24. Juni) ist der Geburtstag von Johannes dem Täufer. Johannes ist Patron der Buchdrucker, Hirten, Bauern, Winzer, Gastwirte, Kaminfeger, Schmiede, Steinmetze und Maurer. In der Johannisnacht kann man hören, was man sonst nie hört, wird man erfahren, wie das eigene Leben zu Ende geht, sieht man mit dem geistigen Auge den Menschen, der für einen geschaffen ist.

Die **Siebenschläfer** (27. Juni) waren der Legende nach sieben christliche Brüder, die während der Christenjagd unter Decius verfolgt wurden und in eine Höhle eingemauert wurden. Der Siebenschläfertag zeigt das künftige Wetter an. Regnet es an diesem Tag, dann regnet es noch sieben Wochen lang.

Sonne im Juni und recht viel Regen, bringen dem ganzen Jahr den Segen.

Der JUNI im Überblick

	Feste	Namenstage
1		Fortunat, Justin, Luitgart, Ronan
2		Armin, Blandina, Eugen, Stephan
3		Karl, Hildburg, Morand
4		Christa, Eva, Klothilde, Werner
5		Adalar, Bonifatius, Winfried
6		Bertrand, Falko, Kevin, Klaudius
7		Deochar, Dietgar, Robert
8		Engelbert, Helga, Maria, Medard
9		Ephraim, Gratia, Primus
10		Heinrich, Margarete, Oliver
11		Adelheid, Alice, Barnabas, Jolenta
12		Leo, Odulf
13		Antonius, Bernhard
14		Burchard, Gottschalk, Hartwig
15		Gebhard, Klara, Lothar, Vitus
16		Benno, Luitgard, Quirin

Juniregen und Brauttränen dauern so lange wie's Gähnen.

Der JUNI im Überblick

	Feste	Namenstage
17		Adolf, Fulko, Rainer, Ramwold
18		Elisabeth, Felizius, Gerhard, Simplicius
19		Andreas, Romuald, Rasso,
20		Adalbert, Benigna, Florentina
21	Sommeranfang	Aloisius, Radulf
22		Christine, Eberhard, John, Pauline
23		Basilius, Edeltraud
24	Johannistag	Johannes, Theodulf
25		Dorothea, Eleonore, Wilhelm
26		Anthelm, Jeremias, Vigilius
27	Siebenschläfer	Creszenz, Daniel, Hemma
28		Eckehard, Irenäus
29		Beate, Judith, Peter und Paul, Salome
30		Bertram, Ehrentrud, Ernst, Otto

Stellt der Juni mild sich ein, wird's auch der September sein.

Gibts im Juni Donnerwetter, wird's Getreide um so fetter.

Festtage und Brauchtum im Juni

Am 40. Tag nach Ostern wird die Auffahrt Christi in den Himmel gefeiert. Dabei wird noch heute in manchen Kirchen eine Christusfigur zur Decke des Gotteshauses hochgezogen.
Zugleich wird an Christi Himmelfahrt der Vatertag begangen. Es ist ein schöner Volksbrauch, dass sich die Männer an diesem Tag zu gemeinsamen Ausflügen ins Grüne treffen und es sich gutgehen lassen.

Juni viel Donner, verkündet trüben Sommer.

Bitten um reiche Ernte

Bittprozessionen und Umritte über Feld und Flur, zu Kapellen und Wegkreuzen finden in den ländlichen Regionen an den Tagen nach Christi Himmelfahrt statt, um den Segen für die aufgehende Saat und den Schutz vor Schädlingen und Krankheiten zu erbitten.

Pfingsten

Sieben Wochen nach Ostern wird Pfingsten als das Fest gefeiert, an dem die Apostel den Heiligen Geist empfingen. Durch die Ausgießung des Heiligen Geistes, der als (Lebens-)Hauch, Wind oder Sturm über die Gemeinde herniederging, gilt dieser Tag als Gründungstag der Christengemeinde. Symbolisiert wird das durch Brot- und Wasserverteilung an diesem Tag oder durch das Herablassen einer Holztaube bzw. das Fliegenlassen von lebenden Tauben. Auch das Pfingstfeuer, das nach Einbruch der Dunkelheit ent-

zündet wird, ist ein Zeichen der Erleuchtung.
Zehn Tage nach Pfingsten findet das Fronleichnamsfest statt. Die Bezeichnung ist zusammengesetzt aus »fron« (Herr, auch: heilig) und »lichnam« (lebendiger Leib). An den weit verbreiteten Fronleichnamsprozessionen nehmen sämtliche Gruppierungen der Gemeinden, vom Schützenverein über die Kapellen bis hin zu den Erstkommunikantinnen und Erstkommunikanten, teil. In der Monstranz wird die geweihte Hostie mitgetragen, und der Prozessionsweg führt durch prächtig herausgeputzte Straßen an vier Altären vorbei, an denen in die vier Himmelsrichtungen die Evangelienanfänge gelesen und Fürbitten gesprochen werden. Auf Seen und Flüssen finden die Prozessionen in reich geschmückten, mit Garben, Kränzen und Fahnen verzierten Booten statt. Der Segen für Wald und Flur und der Wettersegen sind ein wichtiger Bestandteil der Prozession.

In einigen Gemeinden wird vor oder in der Kirche ein großer, farbenfroher Teppich aus Blumen gelegt.

Feuer in der Johannisnacht

Am 24. Juni wird die Geburt Johannes des Täufers gefeiert, gleichzeitig ist es aber der Termin des Mittsommertages und des Sonnwendfestes (obwohl der astronomisch längste Tag der 21. Juni ist). Urgermanisches und christliches Brauchtum vermischen sich, wenn nach Einbruch der Dunkelheit die Johannisfeuer als Heils- und Reinigungsfeuer für Mensch und Tier entzündet werden. Geselligkeit rund um das Feuer wird groß geschrieben, und so wird bis tief in die Nacht hinein der Sommerbeginn gefeiert.

Im Juni, Bauer bete, dass der Hagel nicht alles zertrete.

Juni

Der Garten im Juni

Jetzt sind die Tage mit der längsten und intensivsten Sonnenscheindauer. Damit die Pflanzen nicht verbrennen, sollte man sie nur am frühen Morgen und/oder am späten Abend gießen.

Gemüsegarten
Zu Anfang des Monats Winterendivien aussäen. Erbsen, Bohnen und Kartoffeln durch Behacken anhäufeln. Bohnen und Gurken erhalten eine Nachdüngung. Tomaten aufbinden, Seitentriebe abschneiden und nur einen Haupttrieb stehen lassen. Bei Gurken, Kürbissen und Melonen entspitzt man die Haupttriebe.

Obstgarten
Geerntet werden können Süßkirschen, Erdbeeren und vereinzelt auch Strauchbeerenobst. Weinstöcke dürfen nicht geschnitten werden, sie würden zu viel Saft verlieren. Blattläuse bekämpft man mit einer Mischung aus Tabaksaft und grüner Seife oder einer selbst zubereiteten Brennnesselbrühe. Alle abfallenden Früchte sollten täglich eingesammelt und entsprechend entsorgt (am besten verbrannt) werden.

Schönes Wetter auf Fortunat, ein gutes Jahr zu bedeuten hat. (1.6.)

Blumengarten und Balkon
Aussaat von Wicken, Levkojen, Stockrosen, einjährigem Rittersporn, Glockenblumen und Landnelken; auf dem Balkon: Edelwicken, Feuerbohnen und Kapuzinerkresse. Die abgeblühten Hyazinthen, Krokusse, Tulpen werden aus der Erde genommen, die Beete mit Sommerblumen bepflanzt.

Hacken und Jäten 145

Was noch zu tun ist

In diesem Monat müssen alle Pflanzen besonders viel und regelmäßig gegossen werden, besonders, wenn der Gartenboden ziemlich sandig ist. Frei gewordene Beete bepflanzt man neu. Regelmäßig den Boden lockern und das Unkraut jäten, auch unter den Sträuchern; am Monatsende Hecken schneiden.

Wer auf Medard baut, erhält viel Flachs und Kraut. (8.6.)

Die wichtigsten Mondregeln für den Garten

Bevor Saatgut oder Pflanzen in den Boden kommen, muss die Erde gelockert werden. Man beginnt mit dem Umgraben im zeitigen Frühjahr bei zunehmendem Mond an einem Löwetag. Dadurch werden die Unkrautsamen im Boden zum Keimen angeregt. Ein zweites Mal lockert man dann bei abnehmendem Mond, am besten an einem Steinbocktag. Dabei werden die meisten Unkräuter beseitigt. Wenn man noch ein drittes Mal umgraben will, wählt man einen Tag bei abnehmendem Mond.

Viele Gartenfreunde, die sich dem biologisch-dynamischen Landbau verschrieben haben, sind strikt gegen das Umgraben des Gartenbodens mit dem Spaten, weil dadurch das organisch gewachsene Bodengefüge zerstört werde. Als Kompromiss hat sich die Bodenlockerung mit der Grabegabel und/oder dem so genannten Sauzahn (Kultivator) durchgesetzt.

Hat Margret keinen Sonnenschein, dann kommt das Heu nie trocken rein. (10.6.)

Ganz unverzichtbar ist aber das Hacken (Jäten) während der Vegetationsperiode der Pflanzen, weil nur dadurch erreicht wird, dass der notwendige Gasaustausch stattfindet und Wasser sowie Nährstoffe rasch in den Boden eindringen können. Übrigens wird auch die Wirkung der Mondenergie auf diese Weise erhöht.

Wacholder – der Machandelstrauch

Wie kaum ein anderer Baum enthält der Wacholder eine Vielzahl wertvoller Inhaltsstoffe, die ihn in der Volksmedizin berühmt gemacht haben.

Margaret und Vit (15.6.) bringen kalten Regen mit. (10.6.)

Wie der Wacholder zu seinem Namen kam

Als Gott die ersten Wacholderstauden schuf, schuf er sie als Brüderchen und Schwesterchen. Dem Brüderchen gab er nur die Staubfäden, dem Schwesterchen nur die Narben mit den Fruchtknoten. Da hatten nun die Staubfäden einen langen Weg zum Schwesterchen, und dazu waren sie noch angewachsen. Wer sollte nun den Blütenstaub hinübertragen, damit runde Beeren entstünden? Da bot sich der Wind freundlich als Bote an. Er wehte über die Staubfäden hin und nahm den Blütenstaub von ihnen und führte ihn durch die Luft zur Schwester hin. Die aber lag noch in tiefem Schlaf und hatte die Augen fest zu:

> ›Wach auf, mein Schatz, wach auf!
> Ich komm in schnellem Lauf,
> Ich bring dir frische Blumenstäubchen,
> Wach auf auf und sei kein Schlafhäubchen!
> Wach auf! Wach, Holde, auf!‹

Die anderen Pflanzen hörten die letzten Worte und meinten, es sei der Name der Langschläferin. Darum nannten sie den Strauch »Wach-holde-Strauch«.

Der Lebensbaum

Der Wacholder- oder Machandelstrauch (auch Quick- oder Queckholder), wie er in frühen Zeiten auch genannt wurde, gehörte zu den heiligen und schützenden Lebensbäumen.
Die Wirtschaften und Gasthäuser am Mittelrhein führten einst als Zeichen für die Güte und Reinheit ihres Weines einen Wacholderzweig unter dem Namen »die Hand Gottes« als Wirtshausschild.
Der Wachholder ist - wie Tanne und Fichte - der immergrüne, lebensspendende und lebenweckende Lebensbaum. Seine Früchte, die Wacholderbeeren, spielen wegen ihrer harntreibenden und wurmtilgenden Kraft nicht nur in der Volksmedizin, sondern auch in der Schulmedizin eine große Rolle.

Wertvolle Inhaltsstoffe

Heilsam sind außer Wacholderbeeren aber auch die Nadeln und Triebspitzen, das Holz, das Wacholderöl, das Kadeöl, das durch Destillation gewonnen wird und in Apotheke und Drogerie erhältlich ist, die Wurzeln, der Wacholderspiritus- und branntwein und das Beerenmus.
Das Holz des Wacholderstrauches ist wohlriechend, Holz und Nadeln duften beim Verbrennen nach Balsam; des Harz wird auch Deutscher Weihrauch genannt.
Die Beeren des Wacholderstrauches liefern den Steinhäger und den holländischen Genever.
Im Folgenden stellen wir einige Rezepturen aus den Bestandteilen des Wacholderbaums vor, die sich als Heilmittel in der Volksmedizin bewährt haben.

Sankt Barnabas hat das beste Gras. (11.6.)

Wacholderbeerentee

Wacholderbeerentee ist ein ausgezeichnetes Magenmittel. Er wirkt blutreinigend, schleimlösend, harn- und schweißtreibend. Zwei bis fünf trockene Beeren gekaut und genossen, regen den Appetit an, stärken die Verdauung und beseitigen übelriechenden Atem. Der Tee ist auch wirksam gegen Bauchwassersucht, Blasenleiden und Urinbeschwerden.

Für den Tee nimmt man einen Teelöffel zerquetschte Beeren für eine Tasse, läßt ihn zehn Minuten zugedeckt ziehen, seiht ihn ab und trinkt am Tag ein bis zwei Tassen in kleinen Portionen. Zur Blutreinigung empfiehlt sich eine Tasse Tee von jungen Sprossen (am zweckmäßigsten morgens).

Zu oft sollte der Wacholdertee nicht getrunken werden; für chronisch Nierenleidende ist er ganz tabu!

Wacholderbeerensirup

Wer längere Zeit an Appetitlosigkeit leidet, sollte sich einen Wacholderbeerensirup zubereiten: 100 g Wacholderbeeren werden mit vier Teilen Wasser weich gekocht, zerdrückt, durch ein Sieb passiert, dann wird (nach eigenem Geschmack) Honig eingerührt, bis die Masse sirupartig wird, die man anschließend in gut verschließbare Gläser abfüllt. Davon nimmt man, eine Stunde vor dem Mittag- und Abendessen, zwei Esslöffel voll. Kindern kann man dreimal am Tag einen Esslöffel Sirup geben.

Wenn Sankt Anton sich gesellt, ist's um's Wetter schlecht bestellt. (13.6.)

Wenn an Sankt Anton gut Wetter lacht, Sankt Peter (29.6.) viel ins Wasser macht. (13.6.)

Wacholderöl
Vom Wacholderöl nimmt man drei bis sechs Tropfen auf Zucker bei: Bauchwassersucht, Gelbsucht, Gallenleiden, Nierenverstopfung. Bei Lähmungen, erfrorenen Gliedern, Gicht und Rheuma wird es äußerlich zu Einreibungen verwendet.

> Wie das Wetter ist an Sankt Veit, so ist es nachher lange Zeit. (15.6.)

Wacholderspiritus
Der Wacholderspiritus besteht aus einem Teil Wacholderöl und drei Teilen Weingeist. Wem diese Mischung zu stark sein sollte, der kann sie mit einem Teil abgekochtem Wasser verdünnen.

Wacholderbeerentinktur
Die Tinktur stellt man her mit Wacholderbeeren, Weingeist oder Kornbranntwein: eine halbe Handvoll Wacholderbeeren wird mit vier Teilen Alkohol übergossen und zur Destillation vierzehn Tage an einen warmen Ort oder an die Sonne gestellt.

> Wer auf Benno baut, kriegt viel Flachs und Kraut. (16.6.)

Weitere Anwendungen
Bei schwachem Magen oder bei Sodbrennen kaut man längere Zeit täglich mehrere Beeren.

Eine Mischung zu gleichen Teilen aus Wacholderbeeren, Wermut und Fenchel ergibt einen vorzüglichen Hustentee.

Wacholderbeeren schmecken würzig und süß und finden auch in der Küche reichliche Verwendung. Sie erhöhen Geschmack von: Sauerbraten, Wildsoßen, Wildbeizen- und Wildragouts, Hammelbraten, Hasen-, Reh- und Hirschbraten, Bayrisch Kraut und Sauerkraut.

> Wenn es regnet auf Sankt Gervasius, es vierzig Tage regnen muss. (19.6.)

Das Märchen vom Machandelbaum

Das ist nun schon lange her, wohl zweitausend Jahre, da war ein reicher Mann, der hatte eine schöne, fromme Frau, und sie hatten sich beide recht lieb, hatten aber keine Kinder; sie wünschten sich aber sehr welche, und die Frau betete soviel darum bei Tag und Tag, aber sie kriegten keins und kriegten keins.

Vor dem Haus war ein Hof, und darauf stand ein Machandelbaum; unter dem stand die Frau einmal im Winter und schälte sich einen Apfel, und als sie sich den Apfel so schälte, schnitt sie sich in den Finger, und das Blut fiel in den Schnee.

»Ach«, sagte die Frau und seufzte so recht tief auf und sah das Blut vor sich an und war so recht wehmütig, »hätt' ich doch ein Kind, so rot wie Blut und so weiß wie Schnee«, und als sie das sagte, da wurde ihr recht fröhlich zumute; ihr war recht, als sollte das was werden.

Da ging sie in ihr Haus, und es ging ein Monat hin, und der Schnee verging, und zwei Monate, da wurde alles grün, und drei Monate, da kamen die Blumen aus der Erde, und vier Monate, da schlugen die Bäume aus, und die grünen Zweige wuchsen ineinander, da sangen die Vögel, daß das ganze Holz schallte, und die Blüten fielen von den Bäumen. Da war der fünfte Monat weg, und sie stand unter dem Machandelbaum, der roch so schön; da sprang ihr das Herz vor Freude, und sie fiel auf ihre Knie und konnte sich nicht lassen.

Und als der sechste Monat vorbei war, da wurden die Früchte dick und stark, da wurde sie ganz still; und der siebte Monat, da griff sie nach den Machandelbeeren und aß so gierig, da wurde sie traurig und krank; da ging der achte Monat hin, und sie rief

Funkeln heut die Stern, spielt der Wind bald den Herrn. (21.6.)

Ist die Milchstraße klar zu sehn, bleibt das Wetter schön. (21.6.)

Nach der Sonnenwende wächst das Getreide auch nachts. (22. 6.)

ihren Mann und weinte und sagte: »Wenn ich sterbe, so begrab mich unter dem Machandelbaum.« Da wurde sie ganz getrost und freute sich, bis der neunte Monat vorbei war: Da bekam sie ein Kind, so weiß wie Schnee und so rot wie Blut, und als sie es sah, freute sie sich so, dass sie starb.

Da begrub sie ihr Mann unter dem Machandelbaum und fing an zu weinen so sehr; eine Zeitlang – dann wurde es ganz sachter, und da er noch etwas geweint hatte, da hörte er auf, und nach noch einer Zeit, da nahm er sich wieder eine Frau.

Gebrüder Grimm

Vor Johanni bitt um Regen, nachher kommt er ungelegen. Denn bleicht der Roggen vor Johann, fängt die Ernte düster an. (24.6.)

Mit Äpfeln gesund, schlank und immer satt

Essen Sie vor jeder Mahlzeit zwei Äpfel, dann können Sie ohne Hunger abnehmen. Die Wirkung beruht auf dem Geliermittel Pektin, das in Äpfeln besonders reichlich enthalten ist. Es steigert das Sättigungsgefühl und verzögert die Entleerung des Magens.

Wer keine Äpfel mag, kann sich Pektin in Pulverform im Reformhaus oder in der Apotheke holen. Mit Jogurt verrührt, schmeckt es am besten.

Johannes tut dem Winter wieder die Türe auf. (24.6.)

Jeden Tag einen Apfel essen

Wer jeden Tag einen Apfel isst, versorgt seinen Körper mit den lebenswichtigen Vitaminen A, B und C, mit Kalzium für die Zähne und den Knochenbau, mit Eisen fürs Blut, Magnesium für das Herz und Phosphor für die Muskeln.

Äpfel sind das gesündeste Obst, denn sie enthalten die meisten Vitamine, Spurenelemente und Mineralien.

Obendrein, so stellten amerikanische Wissenschaftler vor kurzem fest, macht das Pektin in den Äpfeln schlank, der Wirkstoff verzögert die Magenentleerung und hilft bei Diäten gegen krankmachende, erhöhte Blutcholesterinwerte.

Äpfel gegen Durchfall
Man reibt möglichst frische, unbehandelte, geschälte Äpfel ganz fein und isst einen oder auch zwei Tage lang nichts anderes als dieses jeweils frisch zubereitete Mus.

Äpfel gegen Herzinfarkt
Zwei saftige Äpfel pro Tag können der Arterienverkalkung und damit dem Infarkt vorbeugen. Der Apfelquellstoff Pektin senkt den Cholesterinspiegel.

Der Kuckuck kündet feuchte Zeit, wenn er nach Johanni schreit. (24.6.)

Migräne
Wenn man spürt, dass ein Anfall droht, sollte man stündlich einen oder zwei Äpfel essen, bei schwerer Migräne sogar alle halbe Stunde. Damit kann man die Migräne stoppen.

Alkoholkater
Am nächsten Morgen drei Äpfel auf nüchternen Magen essen. Das stoppt die Kopfschmerzen innerhalb einer Stunde.

Zähne
Ein knackiger Apfel nach der Hauptmahlzeit wirkt oft besser als die Zahnbürste. Beim Kauen werden die Zähne gereinigt.

Apfelmaske gegen Sonnenfalten
Ein geriebener Apfel wird mit einem Teelöffel Bienenhonig und einem Esslöffel zerkleinerter Weizenkeime verrührt. Die Masse trägt man mit den Fingerspitzen auf und lässt sie zehn bis fünfzehn Minuten lang einwirken. Das wird einen Monat lang jede Woche zweimal wiederholt.

Johanni kann dem Winter wieder die Tür aufmachen. (24.6.)

Juni

Auf die »Würze« im Badewasser kommt es an

Während der Zeit einer Entschlackung und Entgiftung, die das Abnehmen fördert, kann man auch mal baden gehen. Das kräftigt den Körper und entspannt zugleich. Ein entsprechender Badezusatz vertärkt die entspannende und heilende Wirkung.

Rosmarin regt den Kreislauf an, fördert die Durchblutung und die Leistungsfähigkeit.

Kamille ist entzündungshemmend, pflegt empfindliche und strapazierte Haut und unterstützt die Regeneration.

Melisse wirkt ausgleichend gegen Nervosität und Abgespanntheit, löst Krämpfe im Magen- und Darmbereich und dient nach einem stressreichen Tag wunderbar der Erholung.

Heublumen regen den Organismus und den Stoffwechsel auf milde und ausgleichende Weise.

Schachtelhalm regt Nieren und den Stoffwechsel an.

Kastanie fördert ausgezeichnet die Entschlackung.

Eichenrinde stärkt das Gewebe, hilft bei Darmleiden, Hämorrhoiden, Fisteln und dergleichen.

Fichtennadeln verstärken die Durchblutung, stärken die Abwehrkräfte und steigern die Leistung.

Haferstroh hilft bei Unterleibsschwäche, bei Darmkoliken und Blasenleiden.

Lavendel wirkt krampflösend, lindernd bei Migräne, Appetitlosigkeit, Blähungen.

Rosskastanie stillt Blutungen, lindert die Schmerzen bei rheumatischen Beschwerden.

> Regnet es am Siebenschläfertag, dann regnet es noch 40 Tage lang. (27.6.)

Senfmehl wirkt belebend, fördert die Durchblutung.
Salbei reinigt das Blut, heilt, eignet sich bei Frauenleiden.
Schwefelbäder, regelmäßig angewendet, besorgen eine wunderbar weiche Haut.
Kochsalz Das einfachste und billigste Mittel für ein wohltuendes Bad ist aber immer noch eine Handvoll Kochsalz. Es macht das Badewasser zum heilkräftigen Meerwasser.
Baldrian beruhigt und hilft beim Ein- und gut Durchschlafen, nimmt die Unruhe und löst psychische Spannungen auf.
Rosenöl stabilisiert das innere Gleichgewicht bei Sorgen, Kummer und Problemen. Es stimmt milde und versöhnlich bei Liebeskummer und wirkt neutralisierend nach Auseinandersetzungen in der Partnerschaft.
Lavendelblüten (auch Lavendelöl) beruhigt die Nerven, macht fröhlich, stärkt die Stimmung und verjagt Grimm und Unmut.
Rosmarinöl hilft Mut zu schöpfen und beseitigt Verzagtheit. Es versöhnt mit sich selbst und dem Schicksal.
Flieder lockert »seelische Knoten«, macht heiter, fröhlich – und leichtsinnig. Leichtsinn jedoch im besten Sinne, denn er macht leichte, damit unbeschwerte liebevolle Gedanken und Stimmungen.

Angsttee von Paracelsus

Gegen Angstzustände empfiehlt der große Paracelsus einen Tee, bestehend aus: fünf Salbeiblättern, fünf Malvenblüten, zehn Pfefferminzblättern und einem Stück Brennesselwurzel.
Das Ganze fünf Minuten lang aufkochen, dann abseihen und noch einmal erwärmen. Täglich zweimal eine Tasse des Angsttees trinken.

An Paul und Petritag die Sonne wieder kommen mag. (29.6.)

Wenn's am Fronleichnamstag ist schön, so wird's wohl stehn. (Fronleichnam)

Das Menü des Monats

Junizeit ist Spargelzeit. Zum edlen Gemüsesalat gibt's Lammfleisch und eine köstliche Mousse aus frischen Erdbeeren.

Spargelsalat mit Zuckerschoten
Für 4 Portionen

SALAT

200 g Zuckerschoten
500 g weißer Spargel
4 Frühlingszwiebeln
1 Knoblauchzehe
1 cm frischer Ingwer
1 kleine rote Chilischote
Salz
2 EL Erdnussöl
2 EL Kokosraspel
2 EL Reisessig
4 EL Kokosmilch
½ Bund Koriander

1 Zuckerschoten waschen und die Enden abknipsen. Spargel schälen und Enden entfernen. Frühlingsziebeln schräg in feine Scheiben schneiden. Knoblauchzehe und Ingwer schälen, durch die Presse drücken. Chilischote längs aufschneiden, Kerne entfernen und die Schote quer in feine Streifen schneiden.

2 Spargelstangen in Salzwasser für 10 bis 15 Minuten bissfest garen. Für das Dressing Erdnussöl erhitzen. Knoblauch, Ingwer, Chilischote und Kokosraspel darin kurz andünsten. Reisessig und Kokosmilch dazugeben und alles etwa 1 Minute köcheln lassen. Das Dressing beiseite stellen und abkühlen lassen. Den Koriander waschen und die Blättchen fein zerkleinern.

3 Spargel herausnehmen, abschrecken und abtropfen lassen. Die Zuckerschoten in das Wasser geben und darin etwa 1 Minute blanchieren. Dann ebenfalls abschrecken und abtropfen lassen.

4 Spargel und Zuckerschoten auf zwei Tellern anrichten. Mit den Frühlingszwiebeln bestreuen. Das Dressing darüber verteilen und mit dem Koriander bestreuen.

Sommerliche Beilagen 157

Kartoffel-Birnen-Gratin

Für eine Form von 28 cm Durchmesser

1 Die Kartoffeln waschen, schälen und in dünne Scheiben schneiden. Die Birnen schälen und in nicht zu dünne Spalten schneiden, dabei die Kerngehäuse entfernen. Den Knoblauch schälen.

2 Den Backofen auf 180 °C vorheizen. Eine ofenfeste Form einfetten. Kartoffelscheiben und Birnenspalten abwechselnd hineinlegen. Mit Salz und Pfeffer würzen.

3 Sahne mit Salz, Pfeffer und Muskat würzen, den Knoblauch dazupressen und alles über die Kartoffeln und Birnen in der Form gießen. Den Parmesan darüber streuen.

4 Das Gratin im Backofen etwa 1 Stunde backen, bis die Kartoffeln weich sind. Dieses Gratin passt hervorragend zu kurzgebratenem Fleisch, z. B. zu Lammkoteletts oder Filetstücken. Wer's vegetarisch mag, kann einen bunten Blattsalat dazu essen.

BEILAGE

800 g festkochende Kartoffeln
2 reife, aber feste Birnen (z. B. Abate Fetel)
1 Knoblauchzehe
Butter für die Form
Salz
Pfeffer
250 g Sahne
1 Prise Muskat
50 g geriebener Parmesan

Pikante Lammkoteletts

Für 4 Portionen

HAUPT-GERICHT

Je 1 Zweig frischer Rosmarin und Thymian

1 TL abgeriebene unbehandelte Zitronenschale

1 Knoblauchzehe

4 EL Olivenöl

4 doppelte Lammkoteletts (à ca. 180 g)

1 EL Butterschmalz

Salz

Pfeffer

1 Die Kräuter abbrausen und trockentupfen. Nadeln und Blättchen abstreifen, fein hacken.

2 Die Kräuter in einer kleinen Schüssel mit der Zitronenschale mischen. Die Knoblauchzehe schälen und dazupressen. Das Olivenöl unterrühren.

3 Die Lammkoteletts kalt abbrausen, trockentupfen und auf eine Platte legen. Mit dem Kräuteröl bestreichen und zugedeckt etwa 1 Stunde kalt stellen, dabei einmal wenden.

4 Die Lammkoteletts mit Küchenpapier abtupfen. Das Butterschmalz in einer Pfanne erhitzen und die Lammkoteletts darin in etwa 5 Minuten von beiden Seiten goldbraun braten.

5 Das Ganze mit Salz und Pfeffer abschmecken.

Erdbeermousse im Schokoschälchen

Für 6 Portionen

DESSERT

3 Blatt rote Gelatine
400 g Erdbeeren
2 EL Zucker
100 g Sahne
75 g Jogurt
6 Schokoschälchen (Fertigprodukt)
2 EL gehackte Pistazien

1 Die Gelatine in kaltem Wasser einweichen und währenddessen die Erdbeeren kurz abbrausen, putzen und trockentupfen.

2 Die Erdbeeren mit dem Zucker in eine Schüssel geben und mit dem Pürierstab fein zerkleinern.

3 Die Sahne steif schlagen. Die Gelatine tropfnaß in einen Topf geben und unter Rühren darin auflösen.

4 Die flüssige Gelatine in den Jogurt rühren. Dann den Jogurt und das Erdbeermus mischen, anschließend die Sahne unterheben.

5 Die Creme 5–6 Stunden, besser über Nacht im Kühlschrank gelieren lassen.

6 Am nächsten Tag die Creme nochmals durchrühren, dann in einen Spritzbeutel füllen und die Creme in die Schokoschälchen spritzen. Zum Garnieren Pistazien fein hacken und über das Mousse streuen.

Ein Blatt aus sommerlichen Tagen …

Jetzt breitet der Sommer sein ganzes Blütenmeer vor uns aus. Wiesen und Weiden sind über und über mit leuchtenden Farben übersät, und Tausende von Insekten verbreiten Blumenduft in Hülle und Fülle.

Der Lindenbaum

Am Brunnen vor dem Tore,
Da steht ein Lindenbaum;
Ich träumt in seinem Schatten
So manchen süßen Traum.

Ich schnitt in seine Rinde
So manches liebe Wort;
Es zog in Freud und Leide
Zu ihm mich immer fort.

Ich mußt auch heute wandern
Vorbei in tiefer Nacht,
Da hab ich noch im Dunkel
Die Augen zugemacht.

Und seine Zweige rauschten,
Als riefen sie mir zu:
Komm her zu mir, Geselle,
Hier findst du deine Ruh!

Die kalten Winde bliesen
Mir grad ins Angesicht,
Der Hut flog mir vom Kopfe,
Ich wendete mich nicht.

Nun bin ich manche Stunde
Entfernt von jenem Ort,
Und immer hör ich's rauschen:
Du fändest Ruhe dort!
   Wilhelm Müller

Sommerfrische

Zupf dir ein Wölkchen aus dem Wolkenweiß,
Das durch den sonnigen Himmel schreitet.
Und schmücke den Hut, der dich begleitet,
Mit einem grünen Reis.

Verstecke dich faul in der Fülle der Gräser.
Weil's wohltut, weil's frommt.
Und bist du ein Mundharmonikabläser
Und hast eine bei dir, dann spiel, was dir kommt.

Und laß deine Melodien lenken
Von dem freigegebenen Wolkengezupf.
Vergiß dich. Es soll dein Denken
Nicht weiter reichen, als ein Grashüpferhupf.
   Joachim Ringelnatz

Parc Monceau

Hier ist es hübsch. Hier kann ich ruhig träumen.
Hier bin ich Mensch – und nicht nur Zivilist.
Hier darf ich links gehen. Unter grünen Bäumen
Sagt keine Tafel, was verboten ist.

Ein dicker Kullerball liegt auf dem Rasen.
Ein Vogel zupft an einem hellen Blatt.
Ein kleiner Junge gräbt sich in der Nasen
Und freut sich, wenn er was gefunden hat.

Es prüfen vier Amerikanerinnen,
Ob Cook auch recht hat und hier Bäume stehn.
Paris von außen und Paris von innen:
Sie sehen nichts und müssen alles sehn.

Die Kinder lärmen auf den bunten Steinen.
Die Sonne scheint und glitzert auf ein Haus.
Ich sitze still und lasse mich bescheinen
Und ruh von meinem Vaterlande aus.
Kurt Tucholsky

Weiße Wolken

O schau, sie schweben wieder
wie leise Melodien
vergessener schöner Lieder
am blauen Himmel hin!

Kein Herz kann sie verstehen,
dem nicht auf langer Fahrt
ein Wissen von allen Wehen
und Freuden des Wanderns ward.

Ich liebe die weißen, losen
wie Sonne, Meer und Wind,
weil sie der Heimatlosen
Schwestern und Engel sind.
Hermann Hesse

JULI

Julisonne
bringt dir zwei-
mal Wonne.

Der Juli, der 7. Monat unseres Kalenders, erhielt seinen Namen durch Julius Cäsar. Bei den Römern hieß er »Quintilis«: fünfter Monat. Kaiser Karl der Große bezeichnete ihn als »Heumond«. Am 2. Juli – **Mariä Heimsuchung** – besuchte die schwangere heilige Maria ihre ebenfalls schwangere Base Elisabeth, die Mutter von Johannes dem Täufer.

St. **Ulrich** (4. Juli), Bischof von Augsburg, verteidigte 955 die Stadt erfolgreich gegen die Ungarn. Ulrich war Helfer der Armen und Kranken und ist Patron der Reisenden, der Weber und der Sterbenden.

Die **Vierzehn Nothelfer** werden am 8. Juli verehrt. Es sind: Ägidius, Akazius, Barbara, Blasius, Christophorus, Cyriak, Dionysius, Erasmus, Eustachius, Georg, Katharina von Alexandria, Margaretha, Pantaleon und Veit. Einzig Ägidius starb nicht den Märtyrertod. Die Vierzehn Nothelfer werden als Helfer in schweren Angelegenheiten und als Fürsprecher bei Gott geschätzt.

Die heilige **Margaretha** (20. Juli) ist Patronin der Feldfrüchte, der Bauern, der Fruchtbarkeit, der Schwangerschaft und einer guten Entbindung. Am Margarethentag blühen in der Regel die Margeriten. In alten Schriften heißt es auch: »Margarethenregen bringt kein Segen« oder: »Die erste Birn' bringt Margareth, drauf überall die Ernt' angeht.«

Regnet's zum Juli heraus, schaut der Bauer nicht gern aus dem Haus.

Jetzt beginnt die Erntezeit

Maria Magdalena (22. Juli), die unter Jesu Kreuz weinte, ist Schutzpatronin der Büßerinnen, Patronin der Verführten, der reuigen Sünderinnen, der Friseure, Gärtner, Winzer, Weinhändler, Schüler und Studenten und Helferin bei Augenleiden.

St. Christophorus (24. Juli) war der Legende nach ein Riese, der einst das Christuskind durch einen reißenden Fluss getragen haben soll. Christophorus schützt alle Reisenden; sein Beistand gilt auch den Schiffern, Flößern, Fährleuten, Seeleuten, Kraftfahrern, Luftschiffern, Zimmerleuten, Bergarbeitern, Gärtnern, Obsthändlern und hoffenden Frauen.

Einer Reb und einer Geiß ist's im Juli nie zu heiß.

Joachim und Anna (26. Juli) sind die Eltern der heiligen Maria. Joachim ist Patron der Eheleute und Schreiner, St. Anna ist Patronin des Silberbergbaus, der Ehe, Helferin bei der Geburt. Sie ist auch Schutzheilige der Mütter, Witwen, Armen, Hausfrauen, Schiffer und der Feuerwehr.

Der JULI im Überblick

	Feste	Namenstage
1		Diedrich, Hechard, Theoderich
2	Mariä Heimsuchg.	Jakob, Friedrich, Wiltrud
3		Joseph, Thomas
4		Berta, Bruno, Elisabeth, Ulrich
5		Antonius, Kyrilla, Lätizia, Maria
6		Goar, Maretta, Maria Theresia
7		Bodard, Edelburg, Willibald
8	Vierzehn Nothelfer	Hermann, Kilian
9		Andreas, Johannes, Luise, Veronika
10	Sieben Brüder	Alexander, Erich, Knud, Olaf
11		Benedikt, Olga, Oliver, Rachel
12		Felix, Nabor, Placidus
13		Bertold, Heinrich, Mildred, Sara
14		Goswin, Kamillus, Markhelm, Wando
15		Bonaventura, David, Donald, Wladimir
16		Carmen, Elvira, Irmengard, Reinhild

So golden im Juli die Sonne strahlt, so golden sich der Roggen mahlt.

Der JULI im Überblick

	Feste	Namenstage
17		Alexius, Charlotte, Gabriele
18		Arnold, Friedrich, Odilia, Thietmar
19		Bernulf, Justa, Rufina, Vinzenz
20		Bernhard, Margareta, Wulmar
21		Daniel, Laurentius, Praxedis, Stilla
22		Eberhard, Maria Magdalena, Verena
23		Apollinaris, Birgitta, Liborius
24		Christoph, Christine, Kunigunde
25		Jakob, Thea, Thomas von Kempten
26		Anna, Joachim, Gloriosa
27		Bertold, Natalie, Pantaleon, Waldrada
28		Beatus, Benno, Innozenz, Samson
29		Flora, Ladislaus, Lucilla, Marta, Olaf
30		Batho, Beatrix, Faustinus, Ingeborg
31		German, Goswin, Hermann, Ignatius

Ist der Juli heiß und schwül, braucht der Bauer der Hände viel.

Wenn schwer im Juli die Ameisen tragen, sie einen frühen Winter ansagen.

Festtage und Brauchtum im Juli

Sommerliche Ausgelassenheit prägt das festliche Treiben im Hochsommer. Viel Spaß für Einheimische und Urlauber bieten Volksfeste und Jahrmärkte.

Was die Hundstage gießen, muss die Traube büßen.

Der ungläubige Thomas

Am 3. Juli wird des Apostels Thomas gedacht, dem die Eigenschaft eines »Zweiflers« nachgesagt wird, ja, manchmal wird sogar vom »ungläubigen Thomas« gesprochen. Als der auferstandene Christus den Jüngern erschien, war Thomas nicht anwesend, und so bezweifelte er zunächst den Bericht der anderen mit den Worten: »Wenn ich nicht die Male der Nägel an seinen Händen sehe und meine Hand nicht an seine Seite lege, glaube ich es nicht.«

Fränkisches Kilianifest

Im Fränkischen wird am 8. Juli das Kilianifest zu Ehren des Heiligen Kilian gefeiert. Der irische Wanderbischof, der mit seinen beiden Begleitern St. Kolonat und St. Totnan im 7. Jahrhundert dort missionierte, wurde auf Geheiß der Herzogin ermordet.

Sommerfeste überall

Der Sommermonat Juli wartet mit einer ganzen Reihe von Volksfesten quer durch das Land auf. Beliebt sind vor allem die Kinderfeste, die meist zum Ende des Schuljahres veranstaltet werden. Dabei werden historische Umzüge, Schießveranstaltungen oder Läufe organisiert, und ein Rummelplatz mit verschiedenen Fahr- und Vergnügungsgeschäften sorgt für Unterhaltung und

Solange der Kuckuck schreit, fürchte die Trockenheit.

Amüsement der ganzen Gemeinde. Daneben finden ortsspezifische Feste statt wie etwa das Fischerstechen in Ulm, das alle vier Jahre an zwei Sonntagen im Juli veranstaltet wird. Neben einem historischen Umzug der Fischer und dem Aufführen von Fischertänzen steht das Stechen auf der Donau im Mittelpunkt. Jeweils zwei Boote treffen dabei in schneller Fahrt in der Flussmitte aufeinander, und die drei mit historischen Kostümen bekleideten und mit langen Stangen ausgerüsteten Besatzungen versuchen, sich gegenseitig vom Boot zu stoßen.

Über die Jahrhunderte waren in machen Städten auch besondere Anlässe wie Siege oder Hochzeiten mit einem immer wiederkehrenden Festbrauch verbunden. Ein Beispiel ist die Landshuter Hochzeit, die zwar nur alle vier Jahre stattfindet, aber jeweils mit einer Ausgelassenheit gefeiert wird, die dem ursprünglichen Ereignis im Jahr 1475 alle Ehre macht. Damals heiratete der Landshuter Herzog Georg der Reiche Hedwig, die Tochter des polnischen Königs Kasimir VI. Seither wird diese Hochzeit immer wieder gefeiert mit Tanz, Festzug und Ritterturnier.

Im Juli warmer Sonnenschein, macht alle Früchte reif und fein.

Benedikt der Einsiedler

Der Patron Europas, der Heilige Benedikt von Nursia, gründete im Jahr 529 den Benediktinerorden. Er brach aus seinem wohlsituierten Leben aus und lebte zunächst lange als Eremit in einer Höhle nahe Rom. Schließlich gründete er einen Orden, in dem strenge Regeln und doch Weltoffenheit herrschen. Obwohl er am 21. März 547 gestorben ist, wird seiner am 11. Juli gedacht. Getreu dem Motto »Ora et labora« (Bete und arbeite) wirken die Benediktinerbrüder bis heute in zahlreichen Klöstern, die über die ganze Welt verteilt sind.

Der Garten im Juli

Jetzt ist überall Erntezeit. Achten Sie darauf, dass Obst und Gemüse möglichst bei wolkigem Wetter oder aber am frühen Morgen eingebracht werden, damit das Erntegut länger frisch bleibt.

Gemüsegarten
Die Frühkartoffeln sind erntereif, von denen einige zum Pflanzen für das nächste Frühjahr beiseite gelegt werden. Blumenkohl durch Einknicken der Blätter gegen Sonnenbestrahlung schützen.

Obstgarten
An den Obstbäumen Wildtriebe entfernen, tragende Äste werden gestützt und gebunden, damit sie bei starkem Wind nicht brechen, trockene und kranke Äste nach der Kirschernte sofort ausgesägt, denn der Sommerschnitt schadet dem Steinobst am wenigsten. Alle Bäume, die gut Früchte tragen, immer gut wässern. Fallobst immer wieder auflesen, verwerten oder vernichten.

> Im Juli muss braten, was im Herbst soll geraten.

Blumengarten und Balkon
Im Verlauf des Monats können Veredelungen bei den Rosen vorgenommen werden. Beginn der Pflanzzeit für Schwertlilien und Alpenveilchen. Auf dem Balkon Fuchsien und Pantoffelblumen entspitzen, damit sie buschiger wachsen. Bei Geranien und Margeriten die verwelkten Blätter entfernen, damit sie besser vorantreiben. Alle Pflanzen immer gut wässern und düngen.

Was noch zu tun ist

Alle Pflanzen müssen jetzt regelmäßig auf Schädlinge und Krankheiten hin untersucht werden. An Mehltau oder Rost erkrankte Blätter entfernen und gesondert vernichten. Nicht auf den Kompost geben! Immer wieder Unkraut jäten.

Juliglut macht Trauben gut.

Gießen und Wässern nach dem Mond

Im Allgemeinen wird in unseren Gärten viel zu viel gegossen und bewässert. Das schwächt die Widerstandskraft der Pflanzen, schwemmt die Nährstoffe fort, fördert den Befall von Schädlingen und Krankheiten und führt in vielen Fällen dazu, dass das Erntegut nicht so gut schmeckt und schon nach kurzer Lagerung verdirbt. Auch bei der Pflege von Balkon- und Zimmerpflanzen wird dieser Fehler häufig begangen, und man wundert sich dann, dass die Pflanzen nicht so recht gedeihen wollen.

Wenn das Gießen nötig ist, sollten die Pflanzen an den Tagen gegossen oder bewässert werden, wenn der Mond in einem Wasserzeichen (Krebs, Skorpion, Fische) steht. Das Wasser wird an diesen Tagen viel besser aufgenommen und hält länger vor. Die Pflanzen kommen dann bis zum nächsten Gießtag mit der Feuchtigkeit aus.

Gießen oder bewässern Sie Ihre Pflanzen nie an Lufttagen (Zwillinge, Waage, Wassermann), da dann mit hoher Wahrscheinlichkeit damit gerechnet werden kann, dass sich Schädlinge breitmachen. An heißen Tagen sollte man möglichst frühmorgens oder auch spätabends wässern, damit der Boden nicht zu schnell austrocknet. An solchen Tagen auch nie das Gießwasser direkt auf die Pflanzen geben – sie könnten verbrennen.

Ist's im Juli hell und warm, friert's um Weihnachten reich und arm.

Ein gesunder Schlaf ist ein gesundes Leben

Das Schlafbedürfnis des Menschen hängt von seiner allgemeinen Konstitution, von der Tagesarbeit und einer gewissen Veranlagung ab. Ob wir jedoch gut geschlafen haben, das hat weniger mit der Länge des Schlafes als viel mehr mit seiner Tiefe zu tun. Allgemein schlafen nervöse, überarbeitete und unter Schlaflosigkeit leidende Menschen nur sehr schwer ein und liegen noch lange Zeit in einem leichten Schlaf, der erst gegen Morgen bzw. zu Ende der Schlafperiode tief wird. Wird man aber aus beruflichen oder anderen Gründen noch vor Beendigung des Tiefschlafes aus dem Bett getrieben, so kann das auf die Dauer zu nicht ungefährlichen Erschöpfungszuständen führen.

Wenn Sie unter Schlafstörungen leiden, befolgen Sie die nachstehenden Ratschläge und Tipps, damit Ihr Schlaf tief und erholsam wird. Die Wissenschaftler unterscheiden heute fünf Schlafstörungen:

> Wenn's im Juli bei Sonnenschein regnet, man viel giftigem Mehltau begegnet.

Wenn der Schlaf nicht kommen will 173

1. Schwierigkeiten beim Einschlafen

Man liegt wach und kann keinen Schlaf finden. Schuld daran ist meistens der moderne Lebensstil. Man ist durch den Alltagsstress geistig, psychisch erschöpft, körperlich aber nicht müde. Dagegen hilft:

* Eine Art Autogenes Training. Sagen Sie sich, wenn Sie zu Bett gehen, mehrmals laut vor: Heute schlafe ich sofort ein.
* Stehen Sie morgens eine Stunde früher auf. Nach wenigen Tagen klappt das Einschlafen garantiert besser.
* Machen Sie aus dem Zubettgehen ein Ritual, das immer nach fester Regel abläuft: Waschen, Zähneputzen, Lüften, Auskleiden, leichte Musik einschalten. Fertigen Sie eine lange Liste an, und sehen Sie zu, dass das alles völlig automatisch abläuft.
* Nicht vom Fernsehen direkt ins Bett gehen, sonst sind die Gedanken noch zu sehr mit dem Gesehenen befasst.

Wie das Wetter an Mariä Heimsuchung, so wird es 40 Tage sein. (2.7.)

2. Zu kurzer Schlaf

Man ist schon nach wenigen Stunden wieder wach und kann nicht mehr einschlafen. Am folgenden Tag fühlt man sich entsprechend müde. Dagegen hilft:

* Körperliche Betätigung. Die Übungen sollten nicht nach 16 Uhr vorgenommen werden und dürfen ruhig ein wenig anstrengen.
* Gehen Sie vorübergehend eine Stunde später zu Bett – auch wenn es so aussieht, als wären Sie todmüde.
* Bleiben Sie nach dem Aufwachen nie länger als 30 Minuten im Bett, stehen Sie auf. Frühstücken Sie aber erst zur gewohnten Stunde. Der Körper darf für sein frühes Erwachen nicht belohnt werden!

Wenn's am Ulrichstag donnert, fallen die Nüsse vom Baum. (4.7.)

3. Zu leichter Schlaf

Man schläft, hat aber den Eindruck, ständig wach zu sein – und ist morgens völlig erschlagen. Dagegen hilft:

* »Naschen« Sie tagsüber nicht, indem Sie da oder dort ein Nickerchen machen. Wie ein paar Erdnüsse jede Diät zunichte machen können, so verdirbt leichtes Dösen den Schlaf.
* Körperliche Betätigung muss den Körper müde machen. Lassen Sie sich nicht täuschen: Oft glaubt man nur, wach gelegen zu haben, in Wirklichkeit hat man doch geschlafen. Reden Sie sich nicht ein, Sie hätten wach gelegen, wenn Sie das nicht ganz genau wissen (der Partner weiß es meistens besser).

4. Schlaf mit Unterbrechungen

Man wacht öfter in der Nacht auf. Das passiert hauptsächlich Menschen über 40, hat aber nichts mit dem Alter zu tun. Es ist nur ein Zeichen für Überforderungen durch Sorgen. Dagegen hilft:

* Bündeln Sie den Schlaf in einen einzigen großen Block. Also kein Mittagsschläfchen!
* Verkürzen Sie die Nachtruhe um eine Stunde und um eine weitere halbe Stunde, falls das nicht hilft.
* Versuchen Sie Ihre Probleme zu klären, und zerstreuen Sie sich durch Hobbys.

5. Schlaf mit Alpträumen

Man erwacht durch einen überaus schrecklichen Traum. Dagegen hilft:

* Sie müssen lernen, immer dann aufzuwachen, wenn ein Alptraum beginnt. Das ist möglich, weil man dem eigenen Traum

---

Kilian, der heilige Mann, stellt die ersten Schnitter an. (8.7.)

Das Wetter vom Siebenbrüdertag bis zum August sich nicht wenden mag. (10.7.)

gegenüber immer einen gewissen Abstand hat. Bevor man einschläft, gibt man sich selbst den Befehl: Sobald diese oder jene Szene, Person, Stelle, Begebenheit auftaucht, will ich erwachen.
* Wenn Sie durch einem Alptraum erwachen, versuchen Sie nicht, gleich wieder einzuschlafen. Stehen Sie auf, setzen Sie sich in einen Stuhl und denken Sie an etwas Schönes, bevor Sie wieder ruhen.
Ganz wichtig aber ist in jedem Fall: Es gibt kein Schlafmaß, das man unbedingt einhalten müsste. Dem einen reichen sechs Stunden, der andere braucht acht. Zu wenig Schlaf ist in der Regel weniger gefährlich als zu viel.

Wenn's auf Alexius regnet, wird die Frucht teuer (17.7.)

Weitere Tipps für besseres Schlafen
Wer nachts keine Ruhe findet, sollte seine Schlafgewohnheiten überprüfen. Führen Sie eine Art Schlafprotokoll. Notieren Sie Ihre Einschlafzeit, Schlafdauer und Schlafqualität.
Gehen Sie jeden Tag zur gleichen Zeit ins Bett, und stehen Sie morgens zur gleichen Stunde wieder auf. Die Regelmäßigkeit wirkt wie ein Training.
Einige bewährte Rezepte können helfen, mit Einschlafschwierigkeiten fertig zu werden:

Juli

Zwiebel macht müde
Leiden Sie unter Schlafstörungen, legen Sie eine große, geschnittene Zwiebel für etwa zehn Minuten in eine Schale mit Milch. Danach trinken Sie die Zwiebelmilch in kleinen Schlucken kurz vor dem Schlafengehen. Sie werden schon bald in einen erquickenden Schlummer gleiten.

Honig hilft auch äußerlich
Ein selbst zubereitetes Honig-Schlafbad schenkt Ihnen einen gesunden, tiefen Schlaf ohne jegliche Nebenwirkung.

Der Badezusatz besteht aus naturbelassenem Honig, den heilkräftigen Substanzen von Lavendel, Melisse, Latschenkiefer, Baldrian, Thymian und Salbei.

Honig ist so reich an Nährstoffen, Vitaminen, Substanzen, die die Krankheitserreger bekämpfen, dass man ihn ruhig als Heilmittel bezeichnen darf.

Heilmittel müssen, um in den Organismus zu gelangen, nicht immer gegessen werden. Sie kommen viel rascher und ungeschädigter ins Blut, wenn sie von der Haut aufgenommen werden. Deshalb das Bad. Die Zutaten zum Honig sprechen für sich: Es sind Heilkräuter, die beruhigen und ausgleichen, die Stoffwechselprozesse im Körper normalisieren und die Nerven beruhigen.

Eine Wohltat für Körper und Seele
Nehmen Sie sich Zeit für dieses Bad. Und baden Sie abends vor dem Schlafengehen. Legen Sie sich richtig wohlig und entspannt für 15 bis 20 Minuten

Die erste Birn' bricht Margaret', drauf überall die Ernt' angeht. (20.7.)

Magdalena weint um ihren Herrn, drum fällt an ihrem Tag der Regen gern. (22.7.)

in das herrlich duftende Badewasser. Und versuchen Sie auch, Ihre Gedanken abzuschalten. Achten Sie darauf, dass das Wasser schön warm, aber nicht zu heiß ist.
Wenn Sie danach unter die Decke schlüpfen – ohne Fernsehkrimi und aufregende Musik – werden Sie kaum mehr spüren, wie Ihnen die Augen zufallen. Und Sie schlafen traumlos tief.

Klar muss Apollinaris sein, soll sich der Bauer der Ernte freun. (23.7.)

Wer schläft wie lange?

Die Schlafdauer eines Menschen hängt vom individuellen Typ, aber auch von seiner körperlichen und seelischen Verfassung ab. Doch mit veränderten Essgewohnheiten, bewährten Entspannungstechniken, Veränderungen im Schlafzimmer, etwa durch die Umstellung des Bettes, kann man sich einen gesunden und erfrischenden Schlaf »holen«.

Extreme Kurzschläfer

Die kürzeste Schlafdauer, die wissenschaftlich festgestellt wurde, waren viereinhalb Stunden pro Nacht. Diese extremen Kurzschläfer sind außerordentlich aktiv. Sie packen das Leben mit beiden Händen an. Andererseits können sie recht aggressiv sein und sehr ungeduldig.

Sind um Jakobi die Tage warm, gibt's im Winter viel Kält' und Harm. (25.7.)

Kurzschläfer

Zu den Kurzschläfern gehört auch jene Gruppe, die fünf bis sieben Stunden Schlaf braucht. Das sind sehr lebhafte Menschen, die allem sehr positiv gegenüberstehen und eine rasche Auffassungsgabe besitzen. Diese Schläfer stehen immer und überall mit großer Selbstsicherheit ihren Mann.

Langschläfer

Ein Drittel aller Menschen sind Langschläfer. Der Langschläfer ist sehr in sich gekehrt und sensibel und oftmals eine Künstlernatur. Allerdings kann er zu Depressionen und psychosomatischen Krankheiten neigen.

Normalschläfer

Die Hälfte aller Menschen zählen zu dieser Gruppe. Sie verbringen etwa sieben bis acht Stunden täglich im Bett.
Der Normalschläfer ist weder besonders dynamisch noch ausgesprochen faul. Er erweist sich als ein gleichmäßig und zuverlässig arbeitender Berufstätiger.

Wie man sich gesund schlafen kann

»Wie man sich bettet, so liegt man«, sagt das Sprichwort. Und das sollte man durchaus wörtlich nehmen, denn um sich richtig auszuschlafen und sich am anderen Morgen nicht wie gerädert und abgespannt zu fühlen, sollte man sich die richtige Schlaflage aussuchen. Nachstehend einige Beispiele, welche unterschiedlichen Schlafhaltungen Menschen einnehmen können und welche Rückschlüsse man daraus ziehen kann.

Alle-Gliedmaße-ausgestreckt-Lage

Sind die Arme und Beine weit vom Körper gestreckt, während Sie und möglicherweise auch der Partner vor dem Bett liegen, weist das auf einen sich selbst vertrauenden Erfolgsmenschen und Sieger hin, den nichts aufhalten kann, das Abenteuer des Lebens voll zu genießen und auszuschöpfen.

Hat man an Jacobi Regen , bringt's der Ernte keinen Segen, doch Anna warm und trocken, macht den Bauern frohlocken. (25./26.7.)

Ist Sankt Anna erst vorbei, kommt der Morgen kühl herbei.(27.7.)

Die Arme-über-dem-Kopf-Lage

Dabei ist der Körper völlig verdreht. Das belastet die Lendenwirbel ebenso wie die inneren Organe. Arme und Beine sind nicht optimal durchblutet. In dieser Haltung stellen sich bald Alpträume ein.
Andererseits beunruhigt diesen Schläfer nichts. Er ist beruflich an der Spitze, ihm erscheint das Leben leicht und locker bewältigbar. Kinder schlafen oftmals in dieser Lage.

Die Baby-Lage

Die Haltung wie im Mutterleib spiegelt Schüchternheit, Verschlossenheit, Erschöpfung und den Wunsch nach Sicherheit wider. So bekommen weder die Wirbelsäule noch der Magen die nötige Erholung. Auch die Schultern werden durch das Umschlingen mit den Armen sehr beansprucht.

Die Bauchlage

Wer so schläft, ist leicht sentimental und bevorzugt die einfachen Freuden des Lebens. Eingeschränkt ist die Atmung, die durch diese Lage deutlich flacher wird. Dem Körper fehlt der notwendige Sauerstoff und damit die Energie für den kommenden Tag.

Ist Florentine trocken geblieben, schickt sie Raupen in Korn und in Rüben. (29.7.)

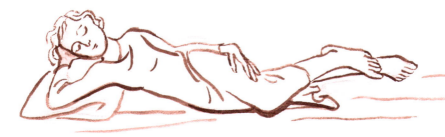

Juli

Die Boxerlage
Beide Fäuste des Schläfers sind zusammengeballt – die ganze Haltung ist verkrampft, die geballten Fäuste scheinen das Kinn und den Kopf schützen zu wollen. Wer so schläft, nimmt seine Alltagssorgen mit in den Schlaf

> An Sankt Martha hängt man das Licht unter den Rauchfang. (29.7.)

Die Rückenlage
Diese Lage weist auf Herrschsucht und Egoismus hin. Wer ständig in dieser Position mit angelegten Armen schläft, leidet bald an Verspannungen in den Schultern.

Die Halbseitenlage
Der Schläfer besitzt Verantwortungsgefühl und realistische Einstellung, neigt aber dazu, die Dinge allzu ernst zu nehmen.

Die Rücken-Querlage
Wer auf dem Rücken, aber quer über das Bett ausgestreckt schläft, blickt vertrauensvoll in eine oft illusionäre Zukunft.

Die Schüchternheits-Lage
Werden die Arme oder Beine kreuzweise übereinander gelegt, zeigt diese Schlaflage Angst vor Misserfolg an bei einem Mann, bei einer Frau weist sie auf eine untergründige Angst vor einem Angriff oder Überfall hin.

> So wie Ignaz stellt sich ein, wird der nächste Januar sein. (31.7.)

Die Storch-Lage
Das wie bei einem Storch angewinkelte Bein belastet das Becken. Bei dieser Position kommt noch hinzu, dass die Armhaltung auf die Muskulatur der Schulterpartie verkrampfend wirkt.

Mit natürlichen Mitteln gut schlafen

Am besten schlafen wir in einem großen luftigen und trockenen Raum, der nicht zu warm, aber auch nicht übertrieben kalt ist und den wir tagsüber gut durchsonnen können. Das Bett sollte genügend lang und breit und auch elastisch genug, die Kissen nicht zu weich sein. Wohl soll man sich im Bett vor Wärmeverlust schützen, aber auch nicht so dick einpacken, dass der Körper zu schwitzen beginnt. Nicht nur der Schlafraum, auch das Bett muss gut gelüftet sein.

Ein kurzes Luftbad, auch ein lauwarmes Fuß- oder Sitzbad, ebenfalls ein Prießnitzumschlag (eine Kaltwasser-Naturheilmethode) auf den Leib sind eine gute Schlafvorbereitung.

> Hundstage hell und klar, zeigen an ein gutes Jahr – werden Regen sie begleiten, kommen nicht die besten Zeiten.

Was sonst noch hilft

Aus Haferstroh kocht man einen einschläfernden Tee. Das Heidekraut liefert ein leicht narkotisches Getränk, während die frischen Blätter vom Eisenkraut als Nervenmittel die Schlaflosigkeit bekämpfen. Baldrian ist ein natürliches Nervenmittel und beruhigt das nervöse Herz, weshalb es gern als Schlafmittel genommen wird. Taubnesselblüte stillt innere Unruhe, Pfefferminze wirkt krampflösend und beruhigt Nervöse wie Hysteriker und Hypochonder, die nach dem Teegenuss besser schlafen können.

Hopfen war schon immer der beste Wirkstoff in vielen Schlaftees, da er das motorische Nervensystem beruhigt. Anis hilft vielleicht besser schlafen, weil es die Blähungen vertreibt. Der Samen des Dill ist ein ausgezeichnetes Nervenberuhigungsmittel. Melisse wirkt besonders gut auf die Nerven leicht gereizter Menschen und beruhigt bei Frauen die Unterleibsnerven.

Juli

Das Menü des Monats

Frisch und fruchtig ist natürlich die Devise im Hochsommermonat Juli: Sellerie mit raffiniertem Dip, Gurkensalat mit aromatischen Kräutern, Pizza mit Aprikosen sowie eine köstliche Sauerkirschgrütze ergeben ein schmackhaftes und doch leichtes Menü zur heißen Jahreszeit.

Stangensellerie mit Gorgonzola-Dip

Für 4 Portionen

VORSPEISE

1 kleine Staude Stangensellerie
200 g Gorgonzola mit Mascarpone
2 cl Cognac
3 EL Milch
2 EL fein gehackte Walnüsse

1 Vom Sellerie die äußeren Stangen ablösen und wegwerfen. Die restlichen Stangen ebenfalls ablösen, waschen und abtropfen lassen.

2 Den Gorgonzola mit Cognac, Milch und gehackten Walnüssen verrühren. In eine Schale füllen.

3 Den Sellerie auf einer Platte anrichten, die Gorgonzolacreme getrennt dazu reichen.

Tipp Dazu passt besonders gut Walnussbrot oder auch ein Vollkornbaguette.

Leichtes zur Sommerzeit 183

Gurkensalat mit Minze

Für 4 Portionen

SALAT
1 große Salatgurke
1 Bund frische Minze
1 Knoblauchzehe
2 EL Jogurt
2 EL Zitronensaft
Salz
Pfeffer
Zucker
1 EL Pinienkerne

1 Die Salatgurke schälen oder waschen und dann der Länge nach halbieren. Die Kerne mit einem scharfen Löffel herauslösen und die Gurkenhälften in Scheiben schneiden.

2 Die Minze waschen und fein hacken. Den Knoblauch schälen und dazupressen.

3 Den Jogurt mit dem Zitronensaft, dem Knoblauch und der Minze verrühren und mit Salz, Pfeffer und Zucker abschmecken.

4 Die Gurkenscheiben mit dem Dressing übergießen und alles gründlich vermengen.

5 Die Pinienkerne in einer Pfanne ohne Fett hellgelb rösten und den Salat damit bestreuen.

Tipp Bei Ware aus kontrolliert ökologischem oder biologischem Anbau genügt Waschen, bei Gurken unbekannter Herkunft kann man mit dem Schälen auf Nummer sicher gehen.

Lammfleischpizza mit Aprikosen

Für 1 Blech von 30 x 40 cm

HAUPT-GERICHT

Für den Teig
200 g Magerquark
1 TL Salz
5 EL Olivenöl
2 Eier
400 g Mehl

Für den Belag
200 g rote Linsen
Salz
1 Bund Frühlingszwiebeln
2 EL Öl
400 g Lammhackfleisch
300 g Pizzatomaten
250 g frische Aprikosen
2 Knoblauchzehen
Oregano und Zitronenthymian
200 g Ziegenfrischkäse

Außerdem
Mehl zum Ausrollen

1 Den Quark mit Salz, Olivenöl und den Eiern verrühren. Das Mehl darüber sieben und unterkneten. Den Teig zugedeckt ruhen lassen.

2 Inzwischen die Linsen in Salzwasser etwa 15 Minuten garen. Die Frühlingszwiebeln waschen, putzen und in feine Ringe schneiden. Das Öl erhitzen, die Frühlingszwiebeln darin andünsten. Das Hackfleisch zufügen und krümelig braten. Dann die Tomaten dazugeben und alles bei schwacher Hitze etwas 15 Minuten köcheln lassen.

3 Die Linsen abgießen, dazugeben und alles weitere 10 Minuten köcheln lassen. Die Aprikosen halbieren, entkernen und achteln. Den Knoblauch schälen und durch die Presse drücken. Die Kräuter waschen und fein hacken. Kräuter, Knoblauch und Aprikosen zum Fleisch geben und etwa 5 Minuten erwärmen.

4 Den Backofen auf 220 °C vorheizen. Den Teig auf wenig Mehl in Backblechgröße ausrollen und auf ein gefettetes Blech legen. Die Lammhackmasse darauf verteilen. Den Ziegenfrischkäse darüber krümeln. Die Pizza mit Öl beträufeln und im Backofen (unten) etwa 20 Minuten backen.

Süß und sommerlich 185

Sauerkirschgrütze

Für 4 Portionen

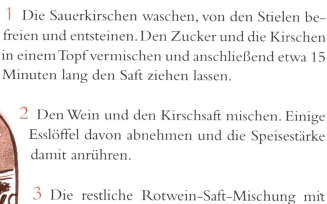

1 Die Sauerkirschen waschen, von den Stielen befreien und entsteinen. Den Zucker und die Kirschen in einem Topf vermischen und anschließend etwa 15 Minuten lang den Saft ziehen lassen.

2 Den Wein und den Kirschsaft mischen. Einige Esslöffel davon abnehmen und die Speisestärke damit anrühren.

3 Die restliche Rotwein-Saft-Mischung mit den Kirschen, dem Zimt, den Nelken und der Zitronenschale zum Kochen bringen und etwa 5 Minuten kochen lassen.

4 Die angerührte Speisestärke untermischen und alles unter Rühren bei mittlerer Hitze noch etwa 3 Minuten kochen lassen.

DESSERT

750 g Sauerkirschen
100 g Zucker
1/8 l trockener Rotwein
1/8 l Kirschsaft
3 EL Speisestärke
1/2 Stange Zimt
2 Gewürznelken
1 Stück unbehandelte Zitronenschale
200 g Sahne
Minzeblättchen zum Garnieren

5 Die Grütze in Dessertgläser füllen und etwas abkühlen lassen. Dann 1–2 Stunden kalt stellen.

6 Die Grütze zum Servieren mit der Sahne begießen und mit Minzeblättchen garnieren.

Tipp Achten Sie vor der Verarbeitung der Kirschen darauf, dass Sie nur einwandfreie Früchte verwenden.

Dämmernd liegt der Sommerabend überm Feld ...

Wenn sich goldene Getreidefelder im warmen Winde wiegen, hat der Sommer seine ganze Pracht entfaltet und lässt uns auf reiche Ernte hoffen.

Kannitverstan

Der Mensch hat wohl täglich Gelegenheit, in Emmendingen und Gundelfingen so gut als in Amsterdam, Betrachtungen über den Unbestand aller irdischen Dinge anzustellen, wenn er will, und zufrieden zu werden mit seinem Schicksal, wenn auch nicht viel gebratene Tauben für ihn in der Luft herumfliegen. Aber auf dem seltsamsten Umweg kam ein deutscher Handwerksbursche in Amsterdam durch den Irrtum zur Wahrheit und zu ihrer Erkenntnis. Denn als er in diese große und reiche Handelsstadt voll prächtiger Häuser, wogender Schiffe und geschäftiger Menschen gekommen war, fiel ihm sogleich ein großes und schönes Haus in die Augen, wie er auf seiner ganzen Wanderschaft von Tuttlingen bis Amsterdam noch keines erlebt hatte. Lange betrachtete er mit Verwunderung dies kostbare Gebäude, die sechs Kamine auf dem Dach, die schönen Gesimse und die hohen Fenster, größer als an des Vaters Haus daheim die Tür. Endlich konnte er sich nicht entbrechen, einen Vorübergehenden anzureden. »Guter Freund«, redete er ihn an, »könnt ihr mir nicht sagen, wie der Herr heißt, dem dieses wunderschöne Haus gehört mit den Fenstern voll Tulipanen, Sternenblumen und Levkojen?« Der Mann aber, der vermutlich etwas Wichtigeres zu tun hatte und zum Unglück gerade soviel von der deutschen Sprache verstand als der Fragende von der holländischen, nämlich nichts, sagte kurz und schnauzig: »Kannitverstan!« und schnurrte vorüber. Dies war nur ein holländisches Wort, oder drei, wenn man's recht betrachtet, und heißt auf deutsch soviel als: Ich kann Euch nicht verstehn. Aber der gute Fremdling glaubte, dies sei der Name des Mannes, nach dem er gefragt hatte. ›Das muss ein grundreicher Mann sein, der Herr Kannitverstan‹, dachte er und ging weiter. Gass aus, Gass ein kam er endlich an den Meerbusen, der da heißt: Het Ei, oder auf deutsch: das Ypsilon. Da stand nun Schiff an Schiff und Mastbaum an Mastbaum, und er wusste anfänglich nicht, wie er es mit seinen zwei einzigen Augen durchfechten werde, alle diese Merkwürdigkeiten genug zu sehen und zu betrachten, bis endlich ein großes Schiff seine Aufmerksamkeit an sich zog, das vor kurzem aus Ostindien angelangt war und eben jetzt ausgeladen wurde. Schon standen ganze Reihen von Kisten und Ballen auf- und nebeneinander auf dem Lande. Noch immer wurden mehrere herausgewälzt, und Fässer voll Zucker und Kaffee, voll Reis und Pfeffer und salveni Mausdreck darunter. Als er aber lange zugesehen hatte, fragte er endlich einen, der eben eine Kiste auf der Achsel heraustrug, wie der glückliche Mann heiße, dem das Meer alle diese Waren an das Land bringe. »Kannitverstan!« war die Anwort. Da dachte er: ›Haha, schaut's da heraus? Kein Wunder! Wem das Meer solche Reichtümer an das Land schwemmt, der hat gut solche Häuser in die Welt stellen und solcherlei Tulipanen vor die Fenster in vergoldeten Scherben.‹ Jetzt ging er wieder zurück und stellte eine recht traurige Betrachtung bei sich selbst an, was er für ein armer Teufel sei unter so viel reichen Leuten in der Welt. Aber als er eben dachte: ›Wenn ich's doch auch nur auch einmal so gut bekäme wie dieser Herr Kannitverstan es hat!‹, kam er um eine Ecke und erblickte einen großen Leichenzug. Vier schwarz vermummte Pferde zogen einen ebenfalls schwarz überzogenen Leichenwagen langsam und traurig, als ob sie wüssten, dass sie einen Toten in seine Ruhe führten. Ein langer Zug von Freunden und Bekannten des Verstorbenen folgte nach, Paar und Paar, verhüllt in schwarze Mäntel und stumm. In der Ferne läutete ein einsames Glöcklein. Jetzt ergriff unsern Fremdling ein wehmütiges Gefühl, das an keinem guten Menschen vorübergeht, wenn er eine Leiche sieht, und blieb mit dem Hut in den Händen andächtig stehen, bis alles vorüber war. Doch machte er sich an den letzten vom Zug, der eben in der Stille ausrechnete, was er an seiner Baumwolle gewinnen könnte, wenn der Zentner um zehn Gulden aufschlüge, ergriff ihn sachte am Mantel und bat ihn treuherzig um Exküse. »Das muss wohl auch ein guter Freund von Euch gewesen sein«, sagte er, »dem das Glöcklein läutet, dass ihr so betrübt und nachdenklich mitgeht?« – »Kannitverstan!« war die Antwort. Da fielen unserm guten Tuttlinger ein paar große Tränen aus den Augen, und es ward ihm auf einmal schwer und wieder leicht ums Herz. »Armer Kannitverstan«, rief er aus, »was hast du nun von allem deinem Reichtum? Was ich einst von meiner Armut auch bekomme: ein Totenkleid und ein Leintuch, und von allen deinen schönen Blumen vielleicht einen Rosmarin auf die kalte Brust oder eine Raute.« Mit diesem Gedanken begleitete er die Leiche, als wenn er dazugehörte, bis ans Grab,

sah den vermeinten Herrn Kannitverstan hinabsinken in seine Ruhestätte und war von der holländischen Leichenpredigt, von der er kein Wort verstand, mehr gerührt als von mancher deutschen, auf die er nicht Acht gab. Endlich ging er leichten Herzens mit den andern wieder fort, verzehrte in einer Herberge, wo man Deutsch verstand, mit gutem Appetit ein Stück Limburger Käse, und wenn es ihm wieder einmal schwerfallen wollte, dass so viele Leute in der Welt so reich seien und er so arm, so dachte er nur an den Herrn Kannitverstan in Amsterdam, an sein großes Haus, an sein reiches Schiff und an sein enges Grab.
Aus: Johann Peter Hebel:
Erzählungen des Rheinländischen Hausfreundes

Sommerabend

Dämmernd liegt der Sommerabend
Über Wald und grünen Wiesen;
Goldner Mond, am blauen Himmel,
Strahlt herunter, duftig labend.

An dem Bache zirpt die Grille,
und es regt sich in dem Wasser,
Und der Wand'rer hört ein Plätschern,
Und ein Athmen in der Stille.

Dorten, an dem Bach alleine,
Badet sich die schöne Elfe;
Arm und Nacken, weiß und lieblich,
Schimmern in dem Mondenscheine.
Heinrich Heine

August

Der »Erntemond«, »Hitzemonat«, »Sichelmond« oder »Ährenmond«, der achte Monat unseres Kalenderjahres, trägt seinen Namen zu Ehren von Kaiser Augustus.

Der 1. August, **Petri Kettenfeier**, erinnert an die Gefangenschaft des heiligen Petrus in Jerusalem. St. Petrus ist Schutzpatron der Gefangenen, der unschuldig Verfolgten und Verurteilten.

St. Laurentius (10. August) erlitt auf einem glühenden Rost den Märtyrertod. An seinem Tag durfte einst kein Feuer angezündet werden. Er ist Patron der Bibliothekare, Archivare, Schüler, Studenten, Köche, Wirte, Bierbrauer und der Feuerwehrleute.

> Der August muss Hitze haben, sonst wird des Obstbaums Segen begraben.

Mariä Himmelfahrt (15. August) ist das älteste Kirchenfest und höchste Marienfest der Christenheit. Mit dem Wendetag des Sommers beginnt der so genannte Frauendreißiger, die dreißig Marientage von Mariä Himmelfahrt bis Mariä Namenstag am 12. September.

St. Bartholomäus (24. August), der in Armenien den Märtyrertod erlitt – man zog ihm bei lebendigem Leibe die Haut ab und enthauptete ihn anschließend – ist Patron der Winzer, Schneider, Metzger, Hirten, Bergleute, Bauern, Gerber, Sattler, Schuster, Buchbinder und Handschuhmacher. Der heilige Bartholomäus ist auch Patron der Fischer. Jetzt ist die Schon- und Laichzeit der Fische zu Ende und von diesem Tage an dürfen wieder Fische gefangen werden. Der Tag des Heiligen wurde in früheren Zeiten am Abend mit einem großen Fischessen begangen.

Wenn der Kuckuck im August noch schreit, gibts im Winter teure Zeit.

Das Geheimnis der Dreifaltigkeit

Augustinus (28. August), der bedeutendste der vier großen Kirchenlehrer, einst Bischof von Hippo in Nordafrika, wurde durch seine Schriften zum geistigen Führer der Kirche. Eine kleine Geschichte ist ganz bezeichnend für den heiligen Augustinus (der Herrliche). Eines Tages ging er nachdenklich über die Dreifaltigkeit grübelnd am Meer entlang und sah plötzlich einen Engel, der Meerwasser in eine Grube zu schöpfen begann. Als Augustinus nach dem Grund des Engels Tun fragte, antwortete dieser: »Eher werde ich imstande sein, das ganze Meer in diese Grube zu schöpfen, ehe du das Geheimnis der Dreifaltigkeit ergründen kannst.« St. Augustin ist Patron der Buchdrucker, Bierbrauer und mächtiger Helfer bei Augenproblemen.

Um Petri Kettenfeier gehen die Störche fort. (1.8.)

Der AUGUST im Überblick

	Feste	Namenstage
1	Petri Kettenfeier	Alfons Maria, Caritas, Fides
2		Eusebius, Gundekar, Maria
3		Benno, Burchard, Lydia
4		Dominikus, Johannes Maria
5		Mariä Schnee, Oswald, Stanislaus
6		Adelheid, Gilbert, Hermann
7		Afra, Donatus, Juliana, Sixtus
8		Cyriakus, Dominikus, Hilger, Rathard
9		Altmann, Edith, Hathumar
10		Astrid, Laurentius
11		Klara, Nikolaus von Kues, Susanna
12		Johannes, Karl, Radegund
13		Gerold, Gertrud, Kassian, Ludolf
14		Eberhard, Maximilian Kolbe
15	Mariä Himmelfahrt	Altfried, Bernhard, Mechthild
16		Christian, Leo, Stephan, Theodor

Wenn's heiß ist an Dominikus, ein strenger Winter folgen muss. (4.8.)

Der AUGUST im Überblick

	Feste	Namenstage
17		Jutta, Karlmann
18		Helena, Klaudia
19		Johannes, Sebald, Sigbert
20		Bernhard, Hugo, Oswin, Ronald
21		Adolf, Balduin, Gratia, Pius
22		Regina, Sigfrid
23		Rosa, Zachäus
24		Amadeus, Bartholomäus, Karl
25		Christoph, Ebba, Elvira, Ludwig
26		Gregor
27		Gebhard, Monika
28		Adelind, Augustinus, Elmar
29		Beatrix, Sabine, Theodora
30		Heribert, Inge, Rebekka
31		Paulinus, Raimund

Sankt Oswald muss recht trocken sein, sonst wird teuer Korn und Wein. (5.8.)

August

Festtage und Brauchtum im August

Auf dem Land geht's jetzt hoch her. Jede Hand wird gebraucht, um die Ernte – das Brot für's nächste Jahr – einzubringen. Erst wenn das Ährengold in der Scheuer ist, ist wieder Zeit für fröhliche Feste.

Gedenken an eine aufrechte Frau

Ganz in der Nähe des Heiligen Franz von Assisi, mit dem sie eine geistig-geistliche Freundschaft verband, wirkte die Heilige Klara. Sie gründete den Klarissinenorden gemeinsam mit ihrer Schwester Agnes nur wenige Kilometer außerhalb von Assisi. Die 1194 geborene Patrizierstochter, die allen Annehmlichkeiten des Lebens abschwor und in asketischer Enthaltsamkeit lebte, war ab 1224 beinahe ununterbrochen bettlägrig, dennoch erkämpfte sie mit eisernem Willen und unbeirrbarer Glaubenskraft die päpstliche Anerkennung ihrer Ordensgemeinschaft.

Ernte mit Gottes Segen

Am 15. August wird als Höhepunkt der Marienverehrung die Himmelfahrt der Gottesmutter gefeiert. Da um diese Zeit die Natur in voller Blüte steht und das Getreide reif wird, ist mit diesem hohen kirchlichen Feiertag das Brauchtum der Kräuterweihe verbunden. Schon vor Jahrhunderten haben die Menschen Krankheiten mit Kräutern zu heilen gewusst, aber auch die Verderbnis bringende Wirkung mancher giftigen Pflanzen verbreitete großen Respekt. Der ehrfürchtige Umgang mit Heil- und Kräuterpflanzen hat sich mit der Verehrung der Gottes-

---

Regen an Maria Schnee – tut dem Korn ganz tüchtig weh. (5.8.)

An Sankt Afra Regen kommt dem Bauern ungelegen. (7.8.)

mutter vereint, und so erhalten an diesem Tag die Pflanzen in Form von Kräuterbündeln den kirchlichen Segen. Geweiht werden in den meisten Gegenden das Eisenkraut, das schon bei den Griechen und Römern als Zauberpflanze berühmt war, das Johanniskraut, der Wermut, der Beifuß, der Rainfarn, die Schafgarbe, die Königskerze, das Tausendgüldenkraut, oft auch der Thymian, die Kamille, der Baldrian, der Odermennig und der Wiesenknopf sowie diverse Getreidesorten.

Aus den verschiedenen geweihten Kräuterbündeln wurden meist Tees zubereitet, die der Bekämpfung verschiedenster Krankheiten bei Mensch und Tier dienten. Die Körner der geweihten Getreidestängel wurden dem nächsten Saatgut beigegeben, und bei Gewitter warf man ein Krautbündel ins Herdfeuer. Auch wurden zur Blitz- und Seuchenabwehr Krautbündel am Haus befestigt, und noch heute wird der »Herrgottswinkel«, die Zimmerecke, in der das Kreuz hängt, damit dekoriert.

Wer wird Schäferkönig?

Gegen Ende August finden auf vielen abgeernteten Getreidefeldern die so genannten Schäferläufe statt. Dabei laufen unverheiratete junge Frauen und Männer in traditioneller Kleidung barfuß um die Wette über ein Stoppelfeld, und der Sieger und die Siegerin finden sich zum Schäferkönigspaar zusammen. Diese Veranstaltungen haben Volksfestcharakter, und nachdem das Paar mit geflochtenen Strohkronen geehrt und auf den Schultern durchs Dorf getragen wurde, findet ein fröhliches Fest statt, das bis in die Nacht dauert.

Regen an Sankt Dominik macht die Rüben dick. (8.8.)

DER GARTEN IM AUGUST

Der August verlangt noch einmal reichlich Pflegeaufwand im Garten. Regelmäßig wässern ist ebenso wichtig wie die konsequente Unkraut- und Schädlingsbekämpfung – natürlich auf biologische Weise.

Regnet's am Laurenzitag, gibt es große Mäuseplag. (10.8.)

Gemüsegarten

Karotten, Lauch, Rettich, Bohnen und Erbsen können geerntet werden. Salatpflanzen, Kopfsalat, Feldsalat, Radieschen, Rettich, Wirsing und Spinat im Freien aussäen. Küchenkräuter zum letzten Mal schneiden und, wenn es nicht zu heiß ist, teilen und umpflanzen.

Obstgarten

Äpfel, Birnen, Pflaumen, Aprikosen, Pfirsiche, Pflaumen, Mirabellen, Stachelbeeren, Himbeeren und Johannisbeeren ernten. Fallobst aufsammeln. Mitte des Monats Erdbeeren anpflanzen. Bis Mitte September sollten die Obstbäume geschnitten werden.

Blumengarten und Balkon

Im Juni ausgesäte Zweijährige verpflanzen, Herbstzeitlose und Herbstkrokus einpflanzen. Rosen nach der Blüte hacken, düngen und wässern. Die im vorigen Monat ausgesetzten Stiefmütterchen ins Blumenbeet aussetzen. Frei gewordene

Unkraut jäten

Blumenkästen mit Chrysanthemen und Astern bepflanzen. Erntezeit für Trockenblumen. Sie werden geschnitten, bevor sich die Knospen öffnen und dann kopfunter in einem trockenen Raum aufbewahrt.

Was noch zu tun ist
Hacken, jäten und bei Trockenheit gießen. Alles sorgfältig nach Kohlweißlingen absuchen, ehe die Raupen größer werden. Auf lichten Stellen Rasen nachsäen. Die Erde von Maulwurfshügeln eignet sich gut für Blumenkästen und -töpfe. Hecken in Form schneiden.

Wie das Wetter ist an Kassian, hält es viele Tage an. (13.8.)

Hacken und Jäten nach dem Mond

Günstige Termine für das Entfernen von Unkraut sind bei abnehmendem Mond Steinbock-, Widder- und Jungfrautage sowie Wassermanntage im zunehmenden Mond. Der Garten bleibt dann für längere Zeit unkrautfrei.

Will man neu angelegte oder längere Zeit nicht gepflegte Flächen schnell und nachhaltig von Unkraut befreien, empfiehlt sich ein »Trick«: Man jätet zum ersten Mal an einem Löwetag bei zunehmendem Mond. Dadurch wird das Unkraut massenhaft »hervorgelockt«. Ein zweites Mal wird dann im abnehmenden Mond, am besten an einem Steinbocktag gejätet. Dabei kann dann alles Unkraut entfernt werden.

In manchen Gegenden gilt der 18. August als Geheimtip. Wenn an diesem Tag bis mittags um 12 Uhr Unkraut gejätet wird, soll es überhaupt nicht mehr nachwachsen. Probieren Sie es doch einfach einmal aus.

Wer Rüben will, recht gut und zart, der sä sie an Mariä Himmelfahrt (15.8.)

August

GARTENWISSEN AUS ALTEN ZEITEN

»In einer Handvoll Gartenerde sind mehr Organismen enthalten, als es Menschen auf der Erde gibt!« Das war der Lieblingsspruch meines Großvaters, der mich immer, wenn er Zeit hatte oder meine Schulpflichten es zuließen, mit in seinen Schrebergarten nahm.

Das ist schon lange her, aber ich weiß noch heute, wie sehr mein Opa Wert auf natürliche Materialien legte. »Ich bin kein Freund der Chemie«, vertraute er mir einmal an, als er seinen Gartennachbarn beim Düngen beobachtete. »Was natürlich ist, das muss auch natürlich bleiben!« belehrte er mich.

Viele seiner Ratschläge und Erkenntnisse sind in dieses Kapitel mit eingeflossen. Es sind Ratschläge und Tipps, die er jahrelang mit Erfolg praktiziert hatte, von mir weitergeführt wurden und, so glaube ich zumindest, bis zum heutigen Tage – ihrer Umweltfreundlichkeit wegen – aktueller denn je sind.

Wenn Sankt Rochus trübe schaut, kommt die Raupe in das Kraut. (16.8.)

Wenn es zu Sankt Joachim regnet, folgt ein warmer Winter. (16.8.)

Schädlingsbekämpfung im Garten

Es muss nicht immer gleich die »chemische Keule« sein, wenn man erfolgreich gegen Gartenschädlinge vorgehen will. Auch mit natürlichen Mittel kann man die Plagegeister vertreiben.

Die Gartenpolizei

Zur Gartenpolizei gehören: Marienkäfer, Schlupfwespe, Baumwanzen, Gartenläufer, Goldschmied und Puppenräuber, da sie schädliche Insekten vernichten. Man sollte also alles unterlassen, was diese so überaus nützlichen Helfer schädigt oder gar aus dem Garten vertreibt.

Regnet es an Sankt Sebald, nahet teure Zeit sehr bald. (19.8.)

Alleskönner Knoblauch

Knoblauch ist nicht nur ein gesundes Gewürz; sein intensiver Geruch vertreibt Schädlinge aller Art. Die Zwiebel hilft bei Pilzkrankheiten und lässt, zwischen die Rosen gepflanzt, diese stärker duften. Für den Blumentopf reicht eine Zehe, in den Gartenboden solllte man schon ein halbes Dutzend der Zwiebeln einsetzen.

Schmierseife gegen Läuse

20 Gramm Schmierseife und 10 Milliliter Brennspiritus werden in einem Liter warmem Wasser aufgelöst. Mit der Lösung bespritzt man die befallenen Pflanzen. Diese Methode ist vor allem für Balkon- und Zimmerpflanzen geeignet.

Brennnessel und Schachtelhalm

Spinnmilben und Pilze verschwinden meist schnell nach einer Sprühkur mit Brennnessel- oder Schachtelhalmtee.

Bier bekämpft Wollläuse

Wollläusen kommt man gut mit einer Bierlösung bei: zwei Drittel Bier, ein Drittel lauwarmes Wasser gut mischen und damit die Blätter dreimal in der Woche abwaschen. Die Schädlinge sind bald darauf verschwunden.

Schneckenbekämpfung

Schnecken verschwinden, wenn man die Pflanzen in einen Kübel mit Wasser stellt. Im Garten verteilt man zerbrochene Eierschalen, die mit ihren scharfen Kanten das Aufkommen der Schnecken verhindern.

Um Bernhard starker Morgentau, hält den Himmel lange blau. (20.8.)

Holzasche gegen Schnecken

Zur Bekämpfung der Schnecken hat sich auch das Aufstreuen fein gesiebter Holzasche auf die befallenen Beete bewährt. Nur muss das Aufstreuen erneuert werden, wenn die Holzasche vom Regen abgewaschen wird.

Knoblauch verhindert Schneckenfraß

Knoblauchzwiebeln, im Garten zwischen Erdbeeren und Zwiebeln gesetzt, verhindern bei diesen Pflanzen den Schneckenfraß und mildern noch dazu die Schimmelbildung.

Senf hält Schnecken ab

Gelber Senf zwischen Lilien gesät, schützt diese besonders bedrohten Pflanzen vor vernichtendem Schneckenfraß.

Aus Opas Trickkiste

Manchmal sind es ganz kleine Tricks und Kniffe, die erfolgreiches Gärtnern ausmachen. Hier eine kleine Auswahl, die Sie einmal ausprobieren sollten.

Kaffeesatz für lockere Erde
Auf dem Kompost lockt er Regenwürmer an, die den Abfall in wertvollen Humus verwandeln.

Fischabfall lässt Tomaten sprießen
Tomaten gedeihen besonders gut, wenn man tote Süßwasserfische beim Einpflanzen der Tomatensträucher etwa zehn Zentimeter unter der Wurzel eingräbt. Auch roher Fischabfall ist dafür ausgezeichnet geeignet.

Kartoffelkochwasser für Zimmerpflanzen
Sie sparen Gießwasser, das Kochwasser ist kalkarm und somit ideal für Pflanzen. Die Kartoffeln hinterlassen im Wasser düngende Mineralsalze.

Samenkörner stecken
Ein Samenkorn darf niemals tiefer in die Erde gesteckt werden als sein eigener Umfang beträgt.

Erde rechtzeitig wechseln
Saure Erde im Blumentopf ist oft die Ursache kranker und schlecht wachsender Zimmerblumen. Infolge vielen Gießens wird die Erde sauer. Hier hilft nur rasches Umtopfen.

Bleiben Störche und Reiher nach Bartholomä (24.8.) noch da, dann kommt ein Winter, der tut nicht weh.

Bartholomäus hat's Wetter parat für den Herbst und zur Saat. (24.8.)

Gartengeräte mit roter Farbe streichen

Wen man alle Gartengeräte mit einer auffallenden, grellen Farbe streicht (z. B. rot), vermeidet man, dass man die Geräte übersieht, sie längere Zeit im Freien liegenbleiben und den Witterungseinflüssen ausgesetzt sind. Durch die grelle Farbe zeigt jedes vergessene Gerät von selbst seinen Standort an, denn man sieht es beim Überblicken sofort liegen.

Warum soll man Pflanzen nicht im Sonnenschein gießen?

Kein guter Gärtner oder Hobby-Gartler wird seine Pflanzen im hellen Sonnenlicht gießen. Der Grund dafür: Werden die Pflanzen während der Sonnenbestrahlung gegossen, erleiden sie eine Art von »Hitzeschlag«. Die trockene, heiße Erde saugt gierig das heiße Wasser auf, dadurch steigert sich die Wärme, was bis auf 50 Grad Celsius geschehen kann; diese schnelle und übergroße Wärmeerzeugung übersteigt die Grenze der den meisten Pflanzen überhaupt zuträglichen Wärme.

Zu Sankt Bartholomäus geht man im Sommer in die Kirche und kommt im Herbst wieder raus. (24.8.)

Einige bewährte Gartenrezepte

* Lavendelpflanzen vertreiben Ameisen und Blattläuse.
* Sät und pflanzt man Möhren und Zwiebeln nebeneinander, kann die Möhren- und Zwiebelfliege nichts ausrichten.
* Setzt man Sellerie zwischen Blumenkohl, bleiben Schädlinge fern.
* Ameisen lassen sich vertreiben, wenn man über dem Ameisenhügel eine Zitrone ausdrückt.
* Drahtwürmer meiden die Nähe von Studentenblumen (Tagetes).

Wie lege ich einen Komposthaufen an?

Kompost besteht aus Gartenabfällen, die gesammelt und auf einen Haufen geschichtet werden. Alle 25 Zentimeter wird eine Schicht von Stallmist oder Hornspänen eingearbeitet, Biokalk (gelöschter Kalk) und alter Lehmbauschutt zugesetzt. Jauche oder Gülle nur in der kalten Jahreszeit ausbringen. Biokalk (ca. zehn Kilogramm pro Ar) lockert und tötet Bodenschädlinge (Engerlinge, Drahtwürmer).

Regen an Sankt Bartholomä tut den Trauben weh. (24.8.)

Was man beim Kompostieren vermeiden sollte

Wenn Kompost fault statt verrottet, liegen zu viele nasse Abfälle zu dicht aufeinander. Sauerstoff fehlt. Man muss den Haufen auseinander nehmen, trocknen und mit gehäckseltem Heckenschnitt neu ansetzen. Dazwischen kommen frische Grünabfälle und alle zwanzig Zentimeter eine Handvoll Branntkalk. Verboten ist es, Speisereste auf den Komposthaufen zu werfen. Das lockt Mäuse, die nur schwer wieder loszuwerden sind. Die Speisereste müssen herausgeholt werden und den ganzen Kompost muss man mit Branntkalk bestreuen.

Das Mulchen

Das bedeutet, den Boden mit organischem Material so abzudecken, dass die Erde einerseits Nährstoffe erhält und andererseits vor dem Austrocknen geschützt ist.
Für das Mulchen eignen sich dünne Schichten (höchstens drei Zentimeter) folgender Materialien:
Gras- und Rasenschnitt, den man allerdings vor dem Ausbringen für einige Stunden antrocknen lassen sollte, damit keine Fäulnisprozesse in Gang gesetzt werden.

Der Barthelmann hängt dem Hopfen die Trollen an.(24.8.)

Auch Laub, Nadeln und möglichst klein gehäckselte Zweige von Gartengehölzen können verwendet werden.

Brennnesseln sind besonders gut geeignet, denn sie wirken gleichzeitig als intensiver Gründünger. Allerdings sollte man darauf achten, dass die Pflanzen vor der Blüte geschnitten werden, damit sie sich nicht als Unkraut auf den Beeten aussähen.

Rinde in klein gehäckselter Form eignet sich sehr gut für das Abdecken der Pflanzscheiben von Sträuchern, Ziergehölzen und Rosen. Auch für Gartenwege ist Rinde als Mulchmaterial geeignet. Im Gemüsegarten sollte man sie meiden, da die oft noch vorhandene Gerbsäure die Bodenreaktion negativ beeinflussen kann.

Kapuzinerkresse, auf den Baumscheiben der Obstbäume ausgesät, bildet eine natürliche Mulchdecke, hält Schädlinge fern und ist mit ihren Blüten im Sommer eine wahre Augenweide.

Bei langanhaltender, feuchter und kühler Witterung sollte die Mulchschicht gelegentlich gelüftet oder zeitweise entfernt werden. Das gilt vor allem auch für die Zeit nach der Schneeschmelze im Frühjahr. Fauliges und schimmeliges Mulchmaterial nicht untergraben!

Im Fachhandel sind auch spezielle Mulchfolien erhältlich.

Nach Bartholomäus gehen die Gewitter heim. (24.8.)

Düngesalz für Blumen

Benötigt werden: 90 Gramm Ammoniumphosphat
 80 Gramm Kalipetersalz
 80 Gramm Bittersalz (Magnesiumsulfat)
 100 Gramm Natronsalpeter

Für ein Liter Gießwasser (einmal wöchentlich) nimmt man drei Gramm dieser Mischung.

Spezialdünger für Azaleen

Mischen Sie: 8 Kilogramm Sägemehl
2 Kilogramm Pottasche
350 Gramm Superphosphat
300 Gramm Ammoniumsulfat

Diese Mischung gibt man unter die gleiche Menge Erde und pflanzt dann die Azaleen.

Dünger für Zimmerpflanzen

Mischen Sie: 3 Kilogramm Natriumphosphat
4 Kilogramm Kaliumnitrat

Geben Sie davon einen guten Teelöffel auf ein Liter Wasser.

Topfpflanzendünger

Mischen Sie: 250 Gramm Kaliumnitrat
85 Gramm Superphosphat
45 Gramm Harnstoff
125 Gramm feinen Bausand
1 Messerspitze Kreide

Von dieser Mischung gibt man einen Esslöffel beim Pflanzen.

> Der Bartholomäussturm schlägt das Obst von den Bäumen. (24.8.)

Dünger für Hydrokulturen

Mischen Sie: 45 Gramm Kaliumnitrat
30 Gramm Kalziumsulfat
30 Gramm Magnesiumsulfat
15 Gramm Kalziumphosphat
5 Gramm Ammoniumsulfat

Alles gut durchmischen und in einem Liter Wasser auflösen. Das ist Grundlage für 40 Liter Nährflüssigkeit.

> Wie sich Bartholomätag hält, so ist der ganze Herbst bestellt. (24.8.)

August

Fruchtfolge und Pflanzengemeinschaften

Um Sankt Augustin ziehen die warmen Tage dahin. (28.8.)

Die Zuordnung der verschiedenen Nutzpflanzen zu den entsprechenden Gattungen – Wurzelgemüse, Blattgemüse, Blüten- und Fruchtpflanzen – lässt uns vermuten, dass zu einer Gattung gehörende Pflanzen einen ähnlichen Nährstoffbedarf haben und den Boden auch in ähnlicher Weise »belasten«. Deshalb ist es empfehlenswert, eine so genannte biologisch-dynamische Fruchtfolge einzuhalten, bei der im vierjährigen Rhythmus nacheinander Wurzel-, Frucht-, Blüten- und Blattgewächse angepflanzt werden, z. B.: Erstes Jahr: Möhren (Wurzel); zweites Jahr: Tomaten (Frucht); drittes Jahr: Brokkoli (Blüte) und viertes Jahr: Spinat (Blatt).

Wer passt zu wem?

Regen an Johannes Enthauptung verdirbt viele Nüsse. (29.8.)

So wie die Fruchtfolge der verschiedenen Pflanzengattungen günstige oder ungünstige Auswirkungen auf die Bodenqualität und den Ertrag hat, beeinflussen sich die verschiedenen Pflanzen untereinander, wenn sie in einer Vegetationsperiode nebeneinander aufwachsen. Im günstigen Fall haben sie Bedarf an verschiedenen Nährstoffen in unterschiedlichen Bodentiefen und schützen sich gegenseitig vor Schädlingen und zu starker Sonneneinstrahlung. Im ungünstigen Fall konkurrieren sie um die Nährstoffe, locken Schädlinge geradezu heran und machen sich gegenseitig das Licht streitig.

Gute Nachbarn für Wurzelgemüse

* Für Möhren: Erbsen, Dill, Knoblauch, Lauch, Radieschen, Rettich, Zwiebeln
* Für Rote Bete: Gurken, Pflücksalat, Zwiebeln

* Für Zwiebeln: Bohnenkraut, Dill, Erdbeeren, Gurken, Kamille, Kopfsalat, Rote Bete
* Für Kartoffeln: Kohl, Kohlrabi, Knoblauch, Spinat

> Was Augustin (28.8.) noch nicht vollbracht, endet Sankt Raimund mit Macht. (31.8.)

Gute Nachbarn für Blattgemüse
* Für Kopfsalat: Dill, Gurken, Lauch, Möhren, Radieschen, Stangenbohnen, Tomaten, Zwiebeln
* Für Lauch: Kamille, Knoblauch, Kohl
* Für Petersilie: Gurken, Radieschen, Tomaten, Zwiebeln

Gute Nachbarn für Blütenpflanzen
* Für Erdbeeren: Buschbohnen, Knoblauch, Kopfsalat
* Für Kamille: Kohl, Lauch, Sellerie, Zwiebeln
* Für Kapuzinerkresse: Kartoffeln, Rettich, Tomaten

Gute Nachbarn für Fruchtpflanzen
* Für Bohnen: Bohnenkraut, Gurken, Kohlrabi, Salat, Tomaten
* Für Erbsen: Dill, Gurken, Kopfsalat, Möhren, Radieschen
* Für Gurken: Dill, Kohl, Kopfsalat, Lauch, Sellerie, Zwiebeln
* Für Tomaten: Bohnen, Kopfsalat, Petersilie, Spinat

> Sankt Raimund treibt die Wetter aus. (31.8.)

Gemüse, die niemals nebeneinander stehen sollten
* Bohnen und Erbsen
* Kartoffeln und Zwiebeln
* Kohl und Zwiebeln
* Petersilie und Kopfsalat
* Rotkraut und Tomaten
* Rote Rüben und Tomaten
* Tomaten und Erbsen

Das Menü des Monats

Gesunde Kost für heiße Tage: delikate Bohnensuppe, frischer Tomatensalat, Fisch vom Grill und ein Dessert für Schlemmer.

Libanesische Gemüsesuppe

Für 4 Portionen

SUPPE
600 g frische dicke Bohnen
1 Zwiebel
2 Knoblauchzehen
2 Stangen Sellerie
1 Stange Lauch
1 rote Chilischote
1 EL Öl
1 l Gemüsebrühe
Salz, Pfeffer
je ½ Bund Minze, Koriander und Petersilie
½ Pita-Fladenbrot

1 Die Bohnen aus den Hülsen lösen. Zwiebel und Knoblauch schälen und klein würfeln. Sellerie putzen und in feine Streifen schneiden. Lauch putzen, längs aufschneiden und gründlich abbrausen. Chilischote waschen, längs aufschneiden und die Kerne entfernen. Die Schotenhälften in feine Streifen schneiden.

2 Den Backofen auf 200 °C vorheizen. Das Öl in einem Topf erhitzen. Die Zwiebel und den Knoblauch darin glasig werden lassen. Sellerie, Lauch und Chilischote hinzufügen und kurz mitdünsten. Die Gemüsebrühe angießen und zum Kochen bringen. Die Bohnenkerne hinzufügen. Die Suppe mit Salz und Pfeffer würzen und zugedeckt bei mittlerer Hitze etwa 10 Minuten köcheln lassen.

3 Kräuter unter kaltem Wasser abbrausen und trockenschütteln. Die Blättchen fein zerkleinern und unter die Suppe rühren.

4 Das Fladenbrot im Backofen knusprig aufbacken und in kleine Stücke schneiden. Die Suppe in Suppenteller schöpfen und die Brotstücke darauf verteilen.

Tomatensalat mit Frühlingszwiebeln

Für 4 Portionen

1 Die Tomaten waschen und in Scheiben schneiden, dabei die Stielansätze entfernen.

2 Die Frühlingszwiebeln waschen, putzen und in feine Scheiben schneiden. Den Schnittlauch waschen und in feine Röllchen schneiden.

3 Den Essig mit Zucker, Salz und Pfeffer verrühren. Das Sonnenblumenöl kräftig unterschlagen, bis die Salatsauce eine cremige Konsistenz hat.

4 Tomaten und Frühlingszwiebeln mit der Salatsauce mischen.

5 Die Sprossen in kochendem Wasser etwa 1 Minute blanchieren. Dann mit dem Schnittlauch über den Salat streuen.

Tipp Dazu passt besonders gut Vollkornbrot mit Butter.

SALAT

500 g Tomaten
1 Bund Frühlingszwiebeln
½ Bund Schnittlauch
2 EL Rotweinessig
1 TL Zucker
Salz
Pfeffer
4 EL Sonnenblumenöl
3 EL Rettich- oder Mungobohnensprossen

Kräuterforellen vom Grill

Für 4 Portionen

HAUPT-GERICHT

4 kleine Forellen (küchenfertig vorbereitet)
Salz
Pfeffer
2 unbehandelte Zitronen
je ½ Bund Petersilie, Zitronenmelisse, Zitronenthymian und Basilikum
2 Knoblauchzehen
2 EL Olivenöl
3 EL zerlassene Butter

1 Die Forellen innen und außen kalt waschen und trockentupfen. Dann innen und außen mit Salz und Pfeffer einreiben und auf eine Platte legen.

2 Die Zitrone heiß waschen, trockenreiben und in Scheiben schneiden. Die Kräuter waschen. Jeweils einige Kräuterzweige mit den Zitronenscheiben in die Forellen füllen. Die Öffnung mit Holzspießchen zustecken.

3 Die restlichen Kräuter fein hacken. Den Knoblauch schälen und durchpressen. Das Olivenöl mit Kräutern und Knoblauch mischen. Die Fische mit dieser Mischung bestreichen und zugedeckt 3 bis 4 Stunden kalt stellen.

4 Den Elektrogrill anschalten oder den Backofen auf 250 °C vorheizen. Die Fische auf einen Rost legen und unter dem Grill in etwa 15 Minuten von beiden Seiten goldbraun grillen, dabei immer wieder mit flüssiger Butter bestreichen. Dazu passt ein erfrischender Tomatensalat.

Pfirsiche mit Mandelbaiser

Für 4 Portionen

1 Die Pfirsiche mit kochendem Wasser überbrühen und kurz darin ziehen lassen. Dann kalt abschrecken und häuten. Die Früchte halbieren und entsteinen.

2 Die Hälften mit der Schnittfläche nach oben nebeneinander in eine ofenfeste Form legen. Den Backofen auf 225 °C vorheizen.

3 Die Johannisbeeren waschen und von den Stielen streifen. Mit dem Cassis und dem Zitronensaft mischen und in die Pfirsichhälften füllen.

DESSERT

4 vollreife feste Pfirsiche
100 g schwarze Johannisbeeren
2 cl Cassis
2 TL Zitronensaft
2 Eiweiß
50 g Puderzucker
50 g gemahlene Mandeln
1 Tropfen Bittermandelaroma
Pfefferminzblättchen zum Garnieren

4 Die Eiweiße steif schlagen, dabei nach und nach den Zucker einrieseln lassen. Die Mandeln und das Bittermandelaroma unterrühren und den Eischnee in einen Spritzbeutel mit Sterntülle füllen. Rosetten auf die Pfirsichhälften spritzen.

5 Die Pfirsichhälften im Backofen etwa 10 Minuten überbacken, bis das Baiser leicht gebräunt ist. Jeweils 2 Pfirsichhälften auf einen Teller geben. Etwas von dem Saft, der sich in der Form gebildet hat, dazugießen. Mit der Minze garnieren und sofort servieren.

Ich sah des Sommers letzte Rose steh'n …

Wenn die Tage kürzer und die Nächte kühler werden, kann man bei aller Tagesschwüle den Herbst schon ahnen. Die Zeit der Ernte mahnt uns, dass auch der schönste Sommer vergänglich ist.

Das Wirtshaus am Mühlbach

Immer rauscht das Wasser. Man schließt nicht das Tor in der Wildbach-Verbauung, wenn die Mühle ruht, im Frühling nur und bei Hochwasser lässt man ein Wehr herab, das sich ein paar Meter hinter der Abzweigung befindet, und man öffnet zugleich einen Überfall gegen den Bach; aber das alles ist alt und undicht und der Grund uneben von Geröll und Grus; der Mühlbach und das Fluder haben immer Wasser. Hätten sie gar keines und könnte die Rinne ausgetrocknet werden durch den Sonnenschein, dann würde sie noch undichter, als sie schon ist. Immerhin, jetzt entlässt sie nur einzelne Fäden aus den Bärten von Moos. Die Mühle steht, das Wasser rauscht.

Es macht den Wirtsgarten daneben angenehm kühl im Sommer. Er hat auch Kastanien. Der Abzugsgraben von der Mühle zum Bach hin läuft eingedeckt unter dem Garten durch. Das Wirtshaus ist alt, mit dicken Mauern, tiefen Kellern. Es liegt nicht weit von dem Fuß jenes Berges, an dessen Lehne die Stangelers hausen. Wenn die Villa voll besetzt ist, steigen hier immer einige von deren Gäste ab, lieber als in dem anspruchsvollen und schlechten Hotel am Tal-

schluss, also ein geringes Stück weiter oben, wo durch lange Zeit der Komfort etwa darin bestand, dass über der Schank für die Bauern sich die befremdende Aufschrift »Kurierzimmer« zeigte. Nein, das war nichts. Hier aber roch es aus der weiträumigen sauberen Küche nach gutem Essen, das Bier war so frisch wie die Salzstangeln, der Wein bewies den Wirtsverstand, der Kaffee duftete morgens und nachmittags human durchs Haus und insbesondere durch die große Glasveranda. Und die Zimmer waren nicht unbehaglich: nieder, geräumig, mit tiefen schweren Betten und Tuchenten, sauber und vom Geruch des alten Hauses durchdrungen, Patina, die in der Luft lag, sozusagen. Mit den Leuchtern auf den Nacht-Tischen hätte man wohl einen starken Mann erschlagen können.

In allen Zimmern, die gegen den Garten lagen, hörte man das Wasser rauschen. Auch Geyrenhoff hörte den ununterbrochenen sonoren und dumpf trommelnden Ton durch die offenen Fenster. Es war noch immer heiß; dieser Sonntag hatte eine schwere Augusthitze gebracht. Aus dem Gasthausgarten drang jetzt, um zehn Uhr abends, noch keine wirksame Kühlung herauf.

aus: Heimito von Doderer:
Die Strudlhofstiege oder Melzer und die Tiefe der Jahre

Einen Sommer lang

Zwischen Roggenfeld und Hecken
Führt ein schmaler Gang;
Süßes, seliges Verstecken
Einen Sommer lang.

Wenn wir uns von ferne sehen,
Zögert sie den Schritt,
Rupft ein Hälmchen sich im Gehen,
Nimmt ein Blättchen mit.

Hat mit Ähren sich das Mieder
Unschuldig geschmückt,
Sich den Hut verlegen nieder
In die Stirn gedrückt.

Finster kommt sie langsam näher
Färbt sich rot wie Mohn;
Doch ich bin ein feiner Späher,
Kenn die Schelmin schon.

Noch ein Blick in Weg und Weite,
Ruhig liegt die Welt,
Und es hat an ihre Seite
Mich der Sturm gesellt.

Zwischen Roggenfeld und Hecken
Führt ein schmaler Gang;
Süßes, seliges Verstecken
Einen Sommer lang.

Detlev von Liliencron

Das zerbrochene Ringlein

In einem kühlen Grunde
Da geht ein Mühlenrad,
Mein' Liebste ist verschwunden,
Die dort gewohnet hat.

Sie hat' mir Treu' versprochen,
Gab mir ein'n Ring dabei,
Sie hat die Treu' gebrochen,
Mein Ringlein sprang entzwei.

Ich möcht' als Spielmann reisen
Weit in die Welt hinaus,
Und singen meine Weisen,
Und gehn von Haus zu Haus.

Ich möcht' als Reiter fliegen
Wohl in die blut'ge Schlacht,
Um stille Feuer liegen
Im Feld bei dunkler Nacht.

Hör' ich das Mühlrad gehen:
Ich weiß nicht, was ich will –
Ich möcht' am liebsten sterben,
Da wär's auf einmal still!

Joseph von Eichendorff

SEPTEMBER

> Durch des Septembers heit'ren Blick schaut noch einmal der Mai zurück.

Der September ist der neunte Monat des Jahres, der Volksmund spricht auch vom »Mai des Herbstes«. Und früher hieß er nicht von ungefähr auch »Scheiding«.

Am 1. September ist der Tag des heiligen **Ägidius**, der im Mündungsgebiet der Rhone als Einsiedler lebte und dort ein Kloster gründete. Er ist mit Hubertus und Eustachius Patron der Jagd.

Mariä Geburt am 8. September wird auch der kleine Frauentag genannt. Neben der Geburt Jesu und Johannes des Täufers ist Mariä Geburt der einzige Geburtstag, der im Laufe des Kirchenjahres gefeiert wird.

Der 21. September ist dem ehemaligen Zöllner und späteren Apostel und Evangelisten **Matthäus** geweiht. Er ist Schutzpatron der Kranken und der Spitäler. Mit Matthäus hält der Herbst Einzug. Ist an diesem Tag schönes Wetter, hält es vier Wochen lang an.

Mauritius (22. September), der aus Mauretanien stammen soll, war Kommandeur der Thebanischen Legion. Als er sich weigerte, sich zu den heidnischen Göttern zu bekennen, wurde er mit seiner gesamten christlichen Legion gnadenlos niedergemetzelt. Mauritius ist Patron der Soldaten, der Waffen- und Messerschmiede, der Wäscher, Kaufleute, Färber, Glasmaler und Hutmacher.

Gregor der Große, dem am 3. September gedacht wird, war einst ein reicher und geachteter Stadtpräfekt, bevor er nach dem Tod seines Vaters alle seine Güter der Kirche übertrug und Benediktinermöch wurde. Seine Intelligenz und seine Gabe, Eintracht zu stiften, ließen ihn schließlich zu einem Papst werden, dem zu Recht die Bezeichnung »der Große« verliehen wurde. Unter anderem reformierte er im ausgehenden 5. Jahrhundert die Zinspolitik und initiierte den Messkanon mit den liturgischen Gesängen, die noch heute als »gregorianische Choräle« bekannt sind.

Obwohl **Mutter Theresa** bislang weder selig- noch heiliggesprochen wurde, ist ihr Todestag, der 5. September 1997, ein Gedenktag. Die 1920 in Mazedonien geborene Ordensfrau der Loreto-Schwester und Friedensnobelpreisträgerin gründete in Indien ihren eigenen Orden, um in aufopfernder und selbstloser Weise den Ärmsten in Armen zumindest ein menschenwürdiges Sterben zu ermöglichen.

> Wie im September tritt der Neumond ein, so wird das Wetter den Herbst durch sein.

> Geht der Hirsch in die Brunft, so säe Korn und Vernunft.

Der SEPTEMBER im Überblick

	Feste	Namenstage
1		Ägidius, Alois, Barbara, Ruth, Verena
2		Absalon, Emmerich, Franz, Irmgard
3		Gregor, Sophie
4		Ida, Iris, Irmgard, Rosalia
5		Bertin, Herkules, Roswitha, Theresa
6		Alex, Bernhard, Gundolf, Magnus
7		Dietrich, Judith, Markus, Melchior
8	Mariä Geburt	Franz, Maria
9		Adrian, Gorgonius, Otmar
10		Nikolaus, Petrus, Theodard
11		Josef, Ludwig, Maternus, Willibert
12		Degenhard, Gerfried, Guido
13		Amatus, Johannes, Tobias
14	Kreuzerhöhung	Notburga
15		Dolores, Ludmilla, Melitta, Roland
16		Cyprian, Edith, Julia, Kornelius, Martin

Ist das Wetter am Ägidientag schön, so bleibt's wohl länger noch bestehn. (1.9.)

Nach Ägiditag, das glaubt man fest, ziehen die Gewitter ganz sicher heim. (2.9.)

Der SEPTEMBER im Überblick

Feste	Namenstage
17	Ariadne, Hildegard von Bingen
18	Lambert, Richardis, Thomas, Titus
19	Arnulf, Bertold, Igor, Janarius
20	Eustachius, Fausta, Warin
21	Debora, Jonas, Matthäus, Wulftrud
22	Emmeran, Mauritius, Otto
23	Gerhild, Litwin, Thekla
24	Gerhard, Hermann, Virgil
25	Gottfried, Kleophas, Nikolaus, Wigger
26	Eugenia, Kaspar, Kosmas und Damian
27	Dietrich, Hiltrud, Kjeld, Vinzenz
28	Dietmar, Erhard, Konrad, Lioba
29	Gabriel, Michael, Raphael
30	Hieronymus, Sophie, Urs, Viktor

Wie's Wetter am Magnustag, es vier Wochen bleiben mag. (6.9.)

Festtage und Brauchtum im September

Der September ist der letzte Erntemonat – die Früchte sind reif, der Sommer nimmt seinen Abschied.

Fröhliche Feste zum Sommerausklang
Ursprünglich feierte man am 13. September die Weihe der Auferstehungskirche, und am 14. September die der Kreuzeskirche, und meist wurden in den Dörfern und Gemeinden um dieses Datum herum die eigenen Gotteshäuser eingeweiht, was den Anlass zu einem alljährlich wiederkehrenden Fest gab. Verbunden mit dem Kirchweihfest, das oft von Sonntag bis Dienstag oder Mittwoch dauert, ist noch heute der Jahrmarkt. Aus dem Umland kommt die Bevölkerung und amüsiert sich auf dem traditionellen Tanz und an den verschiedenen Buden des Jahrmarkts; Verwandte und Freunde werden besucht, und schließlich darf auch ein Kirchweihkuchen nicht fehlen, der in jedem Haus auf die Besucher wartet. Das Kirchweihfest ist also ein Gemeinde- und zugleich ein Familienfest. In letzter Zeit wird vermehrt auch eine Kirchweihfahne und ein Kirchweihbaum aufgestellt, auf dem der Patron der jeweiligen Kirche abgebildet ist. Während im Süden die Kirchweihfeste weit verbreitet sind, dominieren im Norden die Schützenfeste. Historisch gesehen kam den Schützen (vor allem seit Erfindung der Armbrust im Mittelalter) die wichtige Aufgabe der Stadtverteidigung zu, und so finden seit dieser Zeit vor allem im September Freischießveranstaltungen statt, bei denen der Schützenkönig ermittelt wird. Umrahmt wird das Ereignis mit Umzügen und einem Jahrmarkt,

> Nach Maria Geburt fliegen die Schwalben furt. Bleiben sie noch da, ist der Winter noch nicht da. (8.9.)

der mit seinen Vergnügungen die Besucher aus dem Umland anlockt.

In den Weinanbaugebieten im Süden und Westen dominieren die Weinfeste, in Stuttgart findet der Cannstatter Wasen statt und Münchens weltberühmtes Oktoberfest beginnt ebenfalls im September.

Heilige Heilerin

In den letzten Jahren ist sie immer populärer geworden, die Heilige Hildegard von Bingen, die am 17. September 1179 im hohen Alter von über achtzig Jahren starb. Berühmt und bis heute aktuell sind ihre botanisch-medizinischen Schriften; die Äbtissin untersuchte und beschrieb Heilkräuter und ihre Wirkungen und verfasste mehrere Bücher. Heute gilt sie als Inbegriff für althergebrachte, natürliche Heilmethoden, und nach ihren Rezepten, Erkenntnissen und Anweisungen werden Salben, Aufgüsse und Wickel hergestellt.

> Bringt Sankt Gorgon Regen, folgt ein Herbst auf bösen Wegen. (9.9.)

Mit den Engeln feiern

Den Engeln, vor allem aber dem Erzengel Michael ist der 29. September gewidmet. Mit Schwert und Lanze bekämpfte der Gottesbote die Mächte des Bösen in Gestalt eines Drachen, und seit er im frühen 9. Jahrhundert zum Patron des »Heiligen Römischen Reiches deutscher Nation« wurde, steht er als »deutscher Michl« für Mut, Gerechtigkeit und Wachsamkeit. Viele Kirchen sind dem Heiligen Michael geweiht, und so findet eine ganze Reihe Kirchweihfeste um den Michaelstag statt.

Der Garten im September

Jetzt geht das Gartenjahr ganz langsam zu Ende. Abgeblühte bzw. abgeerntete Pflanzen sollten abgeräumt und auf den Kompost gebracht werden. Auf die frei gewordenen Flächen können Wintergemüse oder zweijährige Blumen gesät werden.

Gemüsegarten

Wintergemüse so lange wie nur irgendwie möglich draußen stehen lassen. Ernten: Spätkartoffeln, Salate, Radieschen, Lauch und Bohnen. Spinat und Feldsalat, Blumenkohl, Kraut, Wirsing und Kohlrabi aussäen, Rhabarber pflanzen.

Obstgarten

Wer Obstbäume pflanzen möchte, sollte schon jetzt die gewünschten Sorten bestellen. Wichtig: An den Bäumen sitzende, verkrüppelte Früchte entfernen, da diese meist Träger aller Art von Krankheiten sind. Himbeeren auslichten. Bei der Obsternte darauf achten, dass Sommeräpfel und Sommerbirnen ihre richtige Reife nie auf dem Baum erlangen. Sie müssen etwa acht Tage vor der Reife gepflückt und kühl gelagert werden.

> Bischof Felix zeiget an, was wir in 40 Tagen für Wetter han. (11.9.)

Blumengarten und Balkon

Pflanzen am Tag (morgens) nur einmal gießen. Immergrüne Hecken schneiden. Rabatten für Frühjahrsblüher neu bepflanzen. Blumenzwiebeln für das kommende Jahr sollten möglichst noch bis zum Monatsende gelegt werden.

Was noch zu tun ist

In diesem Monat muss nicht mehr so viel gegossen werden, da mit reichlicheren Niederschlägen zu rechnen ist. Auch das Unkraut lässt nach. Bei starken Nachtfrösten Stauden abdecken. Rasen nur einmal im Monat mähen und nicht mehr düngen. Verblühtes Unkraut entfernen, sonst streut es zu viel Samen aus.

Erfolgreich gärtnern mit dem Mond

Der günstigste Termin für das Ausbringen von mineralischem Dünger sind die Zeit des Vollmondes und die des abnehmenden Mondes. Erde und Pflanzen besitzen zu dieser Zeit die beste Aufnahmefähigkeit.

Was die Wahl des Tierkreiszeichens betrifft, gibt es Varianten, die man bei speziellen Pflanzenarten beachten sollte:

Gemüse, Getreide und Obst düngt man am besten an einem Tag, an dem der Mond im Widder oder Schützen steht. An Löwetagen sollte man auf keinen Fall düngen, weil die Erde zu trocken werden kann und die Pflanzen »verbrennen«.

Blumen und Zierpflanzen sollte man dagegen an einem Wassertag (wenn der Mond in Krebs, Skorpion oder Fische steht) düngen. In jedem Fall aber sollten Sie auf Vollmond oder abnehmenden Mond achten.

Für Zimmer- und Balkonpflanzen gelten die gleichen Regeln. Doch hier können Sie auch ein- bis zweimal im Jahr zwischendüngen: bei schwach entwickelten Wurzeln an einem Erdtag (Stier, Jungfrau, Steinbock), um die Blüte zu fördern an einem Lufttag (Zwillinge, Wassermann, Waage).

Nach Mariä Namen sagt der Sommer Amen. (12.9.)

Die Heilkraft der Bäume (1)

Bäume spenden nicht nur Schatten und Sauerstoff, sie enthalten in Wurzeln, Rinde, Blättern und Blüten auch zahlreiche Substanzen, die Gesundheit und Wohlbefinden unterstützen.

Ist's hell am Kreuzerhöhungstag, so folgt ein strenger Winter nach. (14.9.)

Die Birke kräftigt das Haar

Vor rund zehntausend Jahren gab es in unserer Heimat nur einen Baum – die silberschlanke und überaus anspruchslose Birke, die allen anderen Bäumen den Boden bereitete. Unseren germanischen Vorfahren galt die Birke als Baum des Segens, Lebens und Wachsens, der Fruchtbarkeit verlieh.

In vielen Gegenden war der Maibaum als Lebens- und Schutzbaum eine Birke, an Pfingsten stellte man sich Birkenreiser in eine Vase, die Kutscher schmückten ihre Wagen damit, in Sachsen stellte man ganze Bäume in Haus und Hof. An Fronleichnam werden Straßen und Kirchen mit Birkenbäumchen geschmückt. Birkenzweige schützten die Menschen auch vor Ungewittern, vor Hagel, Blitz, Regenfluten und Donner.

Birkenblättertee lindert Rheumaschmerzen

Birkenblättertee hat eine harntreibende Wirkung, die Blätter enthalten hochwertige Mineralbestandteile wie Chlor, Eisen, Kalium, Magnesium, Schwefel, Silizium, Phosphor, ätherisches Öl und Kalk, der wichtig ist zur Förderung des Stoffwechsels. Frischer Birkensaft enthält viel Vitamin C, er reinigt das Blut und wird eingenommen, solange er noch süß ist. Von Blättern der

Birke, Birne 225

Birke überbrüht man zwei gehäufte Teelöffel mit einem Viertelliter kochendem Wasser, lässt den Tee zehn Minuten lang ziehen und trinkt davon drei Tassen am Tag.

Birkensaft stoppt starken Haarausfall

Ein hervorragendes Mittel und »kraftvoll« für die Haare ist der Birkensaft, der aus dem Stamm der Birke gewonnen wird. Gegen brüchiges, glanzloses Haar und gegen Haarausfall hilft eine Birkensaftkur, die das Haar kräftigt und den Haarwuchs fördert. Drei Milliliter Birkensaft (aus der Apotheke, Drogerie oder Reformhaus) werden mit zwei Milliliter verdünnter Arnikatinktur gemischt (ein Esslöffel Arnikatinktur auf einen Liter Wasser). Diese Mischung wird ein- bis zweimal am Tag über einen Zeitraum von mindestens vier Monaten hinweg mit leichtem Druck in die Kopfhaut einmassiert.

Sankt Ludmilla, das fromme Kind, bringt Regen gern und Wind. (15.9.)

Birkenwein hilft bei Verdauungsstörungen

Zu einem Birkensaftwein, der bei Verdauungsstörungen oder Koliken eingenommen wird, mischt man zwei bis vier Esslöffel frischen Birkensaft mit einem knappen Achtelliter trockenen Weißwein und erwärmt die Flüssigkeit.

Der Birnbaum – eine Legende

Der Birnbaum, dessen Holz hart und widerstandsfähig seit altersher geschätzt wurde, kam ursprünglich aus dem südöstlichen Europa, aus Anatolien, Armenien, Kaukasus oder Persien. Der reichlich Früchte tragende Baum kann über dreihundert Jahre alt werden.

Auf Lambert hell und klar, folgt ein trocken Frühjahr. (18.9.)

In der Malerei des Mittelalters war die Birne das Symbol der Weiblichkeit und Mütterlichkeit. So wie man für kleine Buben einst einen Apfelbaum pflanzte, so war der Birnbaum der Geburtsbaum der Mädchen. Im Kanton Bern musste noch um die Jahrhundertwende jeder Dorfgenosse, sooft er ein Kind bekam, zwölf Obstbäume pflanzen, die das Kind später hegen und pflegen musste. In Sachsen begrub man seine Krankheit unter einem Birnbaum.

Durch den reichlichen Saft und großen Zuckergehalt ist die Birne nicht sehr lange haltbar, ihr Geschmack ist lieblich und süß. Die Auswahl an Birnen ist riesengroß, es gibt durch gezielte Auslese und Züchtungen heute über 1500 Sorten. Ein gutes, rasch wirkendes Abführmittel ist kalter Birnensaft.

Die Eberesche – Heilkraft für die Lunge

Die völlig anspruchslose Eberesche – sie stand in der nordischen Mythologie einst in hohem Ansehen – ist nicht mit der Esche verwandt. Sie ist ein Baum, der bis zum nördlichsten Norwegen verbreitet ist und trägt viele Namen: Aberesche, Amselbeer, Drachenbaum, Drosselbeer, Ebisch, Faulbaum, Gimpelbeer, Judenkirsche, Moosesche, Stinkholz , Spierbaum, Vogelbeerbaum, Wilde Esche. Der Name entstand aus »Aberesche« (falsche oder unechte Esche). Der dem Gott Donar geweihte Baum zählte zu den altgermanischen Heilbäumen. Zu seiner Zeit ordnete Kaiser Karl der Große an, Ebereschen als Alleebäume anzupflanzen. Manche Wünschelrutengänger schneiden sich ihre Wünschelruten aus den Zweigen dieses Baumes.

> Matthis macht die Trauben süß, doch wenn er weint statt lacht, er aus dem Weine Essig macht. (21.9.)

In Norddeutschland rührten die Frauen die Milch im Butterfass ausschließlich nur mit einem Ebereschenstab um, da sonst die Hexen die Milch nicht zu Butter werden ließen. In vielen Gegenden im westlichen und südlichen Mitteleuropa steckte man Beeren tragende Zweige an die Fenster oder befestigte sie auf dem Hausdach, damit der Blitz nicht einschlug. Tragen die Ebereschen viele Früchte, wird es einen strengen Winter geben.

Ist Sankt Moritz hell und klar, stürmt der Winter, das ist wahr. (22.9.)

Ebereschentee heilt Lungenkatarrh

Der Tee, zubereitet aus frisch gepflückten Blüten des Baumes (Mai, Juni), wird mit heißem Wasser (ein gehäufter Teelöffel) aufgegossen. Man lässt ihn fünf Minuten lang ziehen, seiht ihn ab und süßt mit Honig und trinkt davon zwei bis drei Tassen am Tag. Der Tee erleichtert das Atmen, löst schweren Husten auf und beruhigt auf natürliche Weise.

Die Beeren der Eberesche sind ein prompt wirkendes Abführmittel, der frisch gepresste Beerensaft lindert Harnbeschwerden und Nierensteine und enthält sehr viel Vitamin C. Die Volksheilkunde weiß, dass die Ebereschenbeeren, auch Vogelbeeren genannt, als Gelee zubereitet und mit Honig gesüßt, vier Wochen lang mehrmals täglich löffelweise eingenommen, eines der besten Mittel bei Lungenleiden sind.

Regnet's oder nebelt's an Sankt Kleophas, so wird der ganze Winter nass. (25.9.)

Der Eibisch hilft den Zähnen

Das Wort Eibisch (mittelhochdeutsch = ibische) ist aus »ibiskos«, der griechischen Bezeichnung der Malvenart entlehnt. Die Eibischpflanze – auch Altheewurzel, Allee, Heilwurz, Samtpappel – ist schon im Verzeichnis der Kulturpflanzen (Capitulare) Karls

September

des Großen und Ludwig des Frommen erwähnt. Die vielen heilenden und lindernden Eigenschaften dieser Pflanze machen sie zu einem unentbehrlichen Hausmittel in der Gesundheitsapotheke.

> Sankt Kosmas und Sankt Damian fängt das Laub zu färben an. (26.9.)

Eibischtee wirkt bei Brustleiden

Etwa 10 Gramm der Eibischwurzel werden mit einem Liter Wasser kalt angesetzt und durch ein Tuch gefiltert. Bei Katarrhen, entzündlichen Brustleiden, Erkrankungen der Harnorgane und des Verdauungsapparates, bei Blasenkatarrh, Gallenabsonderungen, Kolik und Durchfall nimmt man dreimal täglich einen Teelöffel voll. Lauwarmer Eibischtee ist auch ein besonders wirksames Gurgel- und Mundwasser und bei Heiserkeit gut.
Die Wurzel kann auch in Weißwein gesotten und getrunken oder warm gegessen werden (besonders bei Bauchkoliken).
Bei entzündeten Augen legt man sich einen mit Eibischtee getränkten Leinenumschlag auf die Augen.

Die Eiche – Symbol der Standhaftigkeit

Die Eiche ist neben der Linde der volkstümlichste Baum und in vorchristlicher Zeit wohl der meist verehrteste. Dieser mächtige Baum, der bis über 1000 Jahre alt werden kann, gilt als Sinnbild der Standhaftigkeit, der Treue und des Heldentums. Schon in der Vorzeit durften in dem Wald, der den angrenzenden Höfen oder auch den Bewohnern eines Dorfes gemeinsam gehörte, die Eichen nicht gefällt werden.

> Wenn an Michel Nord und Ost zu uns weht, ein harter Winter vor uns steht. (29.9.)

Einer bayrisch-österreichischen Sage zufolge kam die Eiche so zu ihren gekerbten Blättern:

Die Ochsenhalter waren einst recht schlimm und ausgelassen. Da wollte sie der Teufel holen. Gott aber sprach: »Solang Blätter an den Bäumen hangen, darfst du nicht nach den Ochsenhaltern langen.« Jetzt freute sich der Teufel auf Herbst und Winter, die Jahreszeiten, wo die Bäume die Blätter verlieren und kahl dastehen.
Aber o weh, die Eichenblätter fielen nicht ab, sondern blieben verdorrt immer noch am Baum hängen. Da packte den Teufel die Wut und er suchte mit den Zähnen die verwünschten Blätter herabzureißen. Daher sehen noch jetzt die Eichenblätter wie von Zähnen zerrissen aus.
Ein alter Brauch war das Bannen einer Krankheit in eine Eiche. Dazu sagte man folgenden Spruch auf:

> *Ach lieber Eichbaum ich klag es dir,*
> *ein zehrend Fieber plaget mir,*
> *ach lieber Gott, ich bitte dir,*
> *nimm doch diese Last von mir.*
> *Ich bringe dir das Warme und das Fieber,*
> *das erste Vögelein,*
> *das darüber fliegt,*
> *das mag es behalten.*

Zieh'n die Vögel nicht vor Micheli fort, wird's nicht Winter vor Christi Geburt. (29.9.)

Im römischen Reich wurden Soldaten, die das Leben eines Bürgers retteten, mit einer geflochtenen Krone aus Eichenblättern und Eicheln belohnt und geehrt. Wenn in Rom ein Eichenkranzträger das Theater betrat, mussten sich alle Anwesenden und sogar der Senat erheben und ihn dadurch ehren.

> Wenn der Erzengel seine Flügel badet, regnet es bis Weihnachten und man kann auf mildes Wetter hoffen. (29.9.)

Die Eiche als Symbol der Kraft und der Macht fand Aufnahme als Wappen von Geschlechtern, Städten und Ländern, auf Briefmarken und Münzen und als Rangabzeichen beim Militär.
Eichenholz ist sehr begehrt, sehr hart und fand und findet im Schiffsbau und Hausbau, in Kircheneinrichtungen, in der Möbelherstellung und im Fassbau Verwendung.
Hieronymus Bock lobt im Jahr 1587 in seinem »Kreutterbuch« die Eiche so: »Under allem holtz ist kaum eines, das ›wahrhaftiger‹ und zu mancherley gebew und geschirr mehr gebraucht würt als Eychenholtz, sey es zu Land oder zu Wasser. Die besten Weinfässer und Fischdonnen werden auß Eychenholtz gemacht und den gebrauch und nutzen der rinden kennen am besten die Rotgerber und andere Handwerksleute. Alles, was am Eybaum ist, ist für vielerlei Krankheiten und Wunden gut.«

Eichenrinde wirkt heilsam gegen Darmkatarrh

Eichenrinde, in Wasser gesotten, wirkt sehr heilsam gegen Blutharn und Darmkatarrh. Am kräftigsten wirkt sie in Rotwein gekocht, bei Durchfall tagsüber schluckweise getrunken.

Eichenrinde stoppt Schweiß

Eichenrinde ist auch ein bewährtes Heil- und Hausmittel gegen lästigen Schweißgeruch an Händen, Füßen und in der Achselhöhle.
Für ein Hand- oder Fußbad gibt man eine Handvoll getrocknete und gehackte Eichenrinde in einen Liter kaltes Wasser und lässt dies eine Stunde lang ziehen. Dann wird der Sud eine Stunde lang aufgekocht. Getrocknete Eichenrinde kann man auch in Apotheken, Drogerien oder Reformhäusern kaufen.

> Eichenrinde gehört zu den vielseitigsten Naturheilmitteln.

Eichenrinde

Eichenrindentee gegen Magen- und Darmgeschwüre

Zur Bekämpfung von Darmkatarrhen ist Eichenrindentee besonders wirksam, denn der Tee ist blutstillend und führt eine baldige Erleichterung der Beschwerden herbei. Empfohlen werden kann der Eichenrindentee auch bei Leberschwellung, Gelbsucht und Nierenentzündungen. Mit ihm können auch eine schwere Nikotinvergiftung und Vergiftungen durch Pilze oder verdorbene Lebensmittel wirkungsvoll bekämpft werden.

Eicheln eignen sich auch vortrefflich als Winterfutter für die Tiere des Waldes.

Eichelkaffee kann Kranken Heilung verschaffen

Eichelkaffee wird so zubereitet: Reife Eicheln werden gesammelt, geschnitten, zerkleinert, dann geröstet, bis sie braun zu werden beginnen. Anschließend zerstößt (!) man sie in einem Mörser zu Pulver. Der Eichelkaffee wird nicht gebrüht, sondern knapp zehn Minuten lang gekocht und mit etwas Zucker und Milch versetzt. Davon trinkt man ein- bis zweimal in der Woche eine Tasse. Eichelkaffee heilt Magenschwäche, schlechte Verdauung und Durchfall.

Eichenrindensud bei Verbrennungen oder Zahnschmerzen

Man gibt zwei gehäufte Teelöffel klein geschnittener Eichenrinde in einen Viertelliter kaltes Wasser und kocht die Mischung etwa fünf Minuten lang. Mit diesem so gewonnenen Sud macht man auf den Brandwunden und Brandblasen bis zu dreimal am Tag Umschläge. Wer an Akne oder an Schuppenflechte leidet, sollte mehrmals am Tag sein Gesicht mit dem Sud abwaschen und eine Tasse des Tees trinken. Das hilft rasch und beugt Entzündungen vor.

September

Das Menü des Monats

Herzhaft und pikant: Tomaten-Orangen-Suppe, Käsestrudel, Paprikahähnchen und saftige Birnenpies – das Septembermenü.

Tomaten-Orangen-Suppe

Für 4 Portionen

SUPPE

1 Bund Frühlingszwiebeln
800 g Tomaten
1 cm frische Ingwerwurzel
2 EL Olivenöl
400 ml Gemüsefond
Salz
Pfeffer
Zucker
1 unbehandelte Orange
½ Bund Koriander
2 TL Zitronensaft

1 Die Frühlingszwiebeln waschen, putzen und in feine Röllchen schneiden. Die Tomaten kreuzweise einritzen, mit kochendem Wasser überbrühen, häuten und in kleine Würfel schneiden, dabei die Stielansätze entfernen. Den Ingwer schälen und durch die Knoblauchpresse drücken.

2 Das Olivenöl in einem Topf erhitzen. Die Frühlingszwiebeln und den Ingwer darin andünsten. Die Tomaten hinzufügen und kurz erwärmen. Dann den Gemüsefond angießen. Die Suppe mit Salz, Pfeffer und Zucker würzen und zugedeckt bei mittlerer Hitze etwa 5 Minuten kochen lassen.

3 Die Orange heiß abwaschen und trockenreiben. Etwas Orangenschale abreiben und den Saft auspressen. Den Koriander unter kaltem Wasser kurz abbrausen, trockenschütteln und die Blättchen fein zerkleinern.

4 Die Suppe mit dem Stabmixer fein pürieren. Orangenschale und -saft, sowie den Koriander unterrühren. Die Suppe mit Zitronensaft abschmecken und dann sofort servieren.

Knuspriger Käsestrudel

Für 6–8 Portionen

1 Ein Backblech mit Backpapier auslegen und den Backofen auf 200 °C vorheizen. Die Pinienkerne in einer Pfanne ohne Fett hellgelb rösten, dann beiseite stellen.

2 Den geriebenen Parmesan mit dem Ricotta, dem Ei und der Milch zu einer cremigen Masse verrühren und mit Salz, Pfeffer und Muskatnuss würzen.

3 Den Strudelteig auf einem feuchten Küchentuch auslegen und mit etwas flüssiger Butter bestreichen. Mit dem Schinken belegen und mit der Käsemasse bestreichen. Die Pinienkerne darüber streuen.

4 Den Strudel mit Hilfe des Küchentuches aufrollen und mit der Nahtseite nach unten auf das Backblech legen. Die Enden fest zusammendrücken und den Strudel mit flüssiger Butter bestreichen.

5 Den Strudel im Backofen auf der unteren Schiene etwa 30 Minuten backen. Dann herausnehmen und noch warm in Scheiben schneiden. Dazu servieren Sie einen bunten Salat.

STRUDEL

50 g zerlassene Butter
50 g Pinienkerne
75 g geriebener Parmesan
150 g Ricotta
1 Ei
2 EL Milch
Salz
Pfeffer
1 Prise geriebene Muskatnuss
100 g Strudelteig (Fertigprodukt, Kühltheke)
4 Scheiben gekochter Schinken

Geschmortes Paprikahähnchen

Für 4 Portionen

HAUPT-GERICHT

1 Bund Frühlingszwiebeln

2 Knoblauchzehen

je 1 grüne und rote Paprikaschote

1 kleiner Zucchino

400 g Tomaten

4 Hähnchenkeulen

3 EL Butterschmalz

je 1 Zweig Thymian, Rosmarin und Basilikum

Salz

Pfeffer

Cayennepfeffer

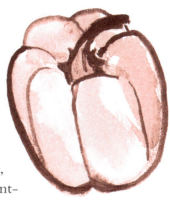

1 Die Frühlingszwiebeln waschen, putzen und in feine Scheiben schneiden. Den Knoblauch schälen. Die beiden Paprikaschoten putzen, waschen und in Würfel schneiden. Die Tomaten waschen und ebenfalls in Würfel schneiden, dabei die Stielansätze unbedingt entfernen.

2 Die Hähnchenkeulen kalt abbrausen und trockentupfen. 2 EL Butterschmalz erhitzen und die Hähnchenkeulen darin rundum in etwa 8 Minuten goldbraun braten. Dann herausnehmen, mit Salz und Pfeffer würzen und zugedeckt beiseite stellen.

3 Das restliche Butterschmalz erhitzen und die Frühlingszwiebeln kurz anbraten. Den Knoblauch dazupressen, die Kräuter mit dazugeben.

4 Die Paprikastücke und die Tomaten unterrühren. Mit Salz und Pfeffer und Cayennepfeffer würzen und alles etwa 10 Minuten offen köcheln lassen.

5 Zum Abschluss die Hähnchenkeulen in die Sauce geben und darin bei schwacher Hitze 20 bis 30 Minuten garen.

Saftige Birnenpies

Für 6 Stück

1 Für den Teig das Mehl, Salz und Zucker in einer Schüssel mischen. Die Butter in Stücken darauf verteilen. Etwa 8 Esslöffel kaltes Wasser dazugeben und alles rasch zu einem elastischen Teig verkneten. Zur Kugel formen und 1 Stunde kalt stellen.

2 Sechs Tortelettförmchen (8 cm ø) einfetten. Die Birnen schälen und die Kerngehäuse entfernen. Die Birnen vierteln und in feine Scheiben schneiden. Mit dem Zitronensaft beträufeln.

3 Die Birnenstücke mit dem Zimt, der Butter, dem Honig, den Rosinen und den Walnusskernen mischen.

4 Den Backofen auf 220 °C vorheizen. ⅔ des Teiges auf wenig Mehl etwa 3 mm dick ausrollen. Die Tortelettförmchen damit auskleiden. Die Birnenfüllung auf den Teigböden verteilen. Restlichen Teig ausrollen und »Deckel« ausschneiden. Auf die Birnenfüllung legen, den Rand festdrücken. Die Teigdeckel mit einer Gabel mehrmals einstechen.

5 Die Pies im Backofen (unten; Gas 4–5; Umluft 200 °C) etwa 10 Minuten backen. Dann die Hitze auf 200 °C (Gas 3–4; Umluft 180 °C) reduzieren und die Pies in etwa 40 Minuten fertigbacken.

6 Die fertigen Pies herausnehmen, abkühlen lassen, dann vorsichtig aus den Formen lösen.

DESSERT

Für den Teig
300 g Mehl
1 Prise Salz
2 EL brauner Zucker
150 g Butter

Für die Füllung
800 g Birnen (z. B. Kaiser Alexander)
2 EL Zitronensaft
1–2 TL gemahlener Zimt
3 EL Butter
6 EL Honig
2 EL Rosinen
75 g gehackte Walnüsse

September

Im Nebel ruhet noch die Welt …

Wenn die Morgennebel steigen zeigt sich nun der Herbst in seiner ganzen Pracht – in allen Goldtönen leuchtet das Laub, golden auch das Getreide, das unter der Sense fällt.

Sommerbild

Ich sah des Sommers letzte Rose stehn,
Sie war, als ob sie bluten könne, rot;
Da sprach ich schauernd im Vorübergehn:
»So weit im Leben ist zu nah am Tod!«

Es regte sich kein Hauch am heißen Tag,
Nur leise strich ein weißer Schmetterling;
Doch ob auch kaum die Luft sein Flügelschlag
Bewegte, sie empfand es und verging.
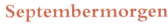
Friedrich Hebbel

Septembermorgen

Im Nebel ruhet noch die Welt,
Noch träumen Wald und Wiesen,
Bald siehst du, wenn der Schleyer fällt,
Den blauen Himmel unverstellt,
Herbstkräftig die gedämpfte Welt
In warmem Golde fließen.
Eduard Mörike

Höhe des Sommers

Das Blau der Ferne klärt sich schon
Vergeistigt und gelichtet
Zu jenem süßen Zauberton,
den nur September dichtet.

Der reife Sommer über Nacht
Will sich zum Feste färben,
Da alles in Vollendung lacht
Und willig ist zu sterben.

Entreiß dich, Seele, nun der Zeit,
Entreiß dich deinen Sorgen
Und mache dich zum Flug bereit
In den ersehnten Morgen.
Hermann Hesse

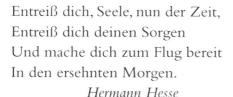

Tag, der den Sommer endet

Tag, der den Sommer endet,
Herz, dem das Zeichen fiel:
Die Flammen sind versendet,
die Fluten und das Spiel.

Die Bilder werden blasser,
entrücken sich der Zeit,
wohl spiegelt sie noch ein Wasser,
doch auch dieses Wasser ist weit.

Du hast eine Schlacht erfahren,
trägst noch ihr Stürmen, ihr Fliehn,
indessen die Schwärme, die Scharen,
die Heere weiterziehn.

Rosen und Waffenspanner,
Pfeile und Flammen weit –:
Die Zeichen sinken, die Banner –:
Unwiederbringlichkeit.
Gottfried Benn, 1886 – 1956

Der verlorene Sohn

Monate waren vergangen; die Plätze, von denen aus Heinz nach Abrede hätte schreiben sollen, mussten längst passiert sein, aber Heinz schrieb nicht; dann kamen Nachrichten von dem Schiffe, aber kein Brief von ihm. Hans Kirch ließ sich das so sehr nicht anfechten: »Er wird schon kommen«, sagte er zu sich selber; »er weiß gar wohl, was hier zu Haus für ihn zu holen ist.« Und somit, nachdem er den Schmüserschen Speicher um billigen Preis erworben hatte, arbeitete er rüstig an der Ausbreitung seines Handels und ließ sich keine Mühe verdrießen. Freilich, wenn er von den dadurch veranlassten Reisen, teils nach den Hafenstädten des Inlandes, einmal sogar mit seinem Schoner nach England, wieder heimkehrte, »Brief von Heinz?« war jedesmal die erste hastige Frage an seine Frau, und immer war ein trauriges Kopfschütteln die einzige Antwort, die er darauf erhielt.

Die Sorge, der auch er allmählich sich nicht hatte erwehren können, wurde zerstreut, als die Zeitungen die Rückkehr der »Hammonia« meldeten. Hans Kirch ging unruhig in Haus und Hof umher, und Frau und Tochter hörten ihn oft heftig vor sich hinreden; denn der Junge musste jetzt ja selber kommen, und er hatte sich vorgesetzt, ihm scharf den Kopf zu waschen. Aber eine Woche verging, die zweite ging auch bald zu Ende, und Heinz war nicht gekommen. Auf eingezogene Erkundigung erfuhr man endlich, er habe auf der Rückfahrt nach Abkommen mit dem Kapitän eine neue Heuer angenommen; wohin, war nicht zu ermitteln. »Er will mir trotzen!«, dachte Hans Adam. »Sehen wir, wer's am längsten aushält von uns beiden!« – Die Mutter, welche nichts von jenem Briefe ihres Mannes wusste, ging in kummervollem Grübeln und konnte ihren Jungen nicht begreifen; wagte sie es einmal, ihren Mann nach Heinz zu fragen, so blieb er entweder ganz die Antwort schuldig oder hieß sie ihm mit dem Jungen ein für allemal nicht mehr zu kommen. In einem zwar unterschied er sich von der gemeinen Art der Männer: er bürdete der armen Mutter nicht die Schuld an diesen Übelständen auf; im übrigen aber war mit Hans Adam jetzt kein leichter Hausverkehr.

Sommer und Herbst gingen hin, und je weiter die Zeit verrann, desto fester wurzelte der Groll in seinem Herzen; der Name seines Sohnes wurde im eignen Hause nicht mehr ausgesprochen, und auch draußen scheute man sich, nach Heinz zu fragen.

Aus: Theodor Storm:
Hans und Heinz Kirch

OKTOBER

Oktoberhimmel voller Sterne hat die warmen Öfen gerne.

Der »Weinmonat« Oktober, auch »Gilbhart« (das Laub der Bäume beginnt zu gilben), der zehnte Monat des Julianischen Kalenders (von »octo = der achte Monat im römischen Kalender), ist in der ersten Hälfte meistens noch sonnig, freundlich und heiter, dann aber, bis zum Ende hin, kann er ziemlich rau werden und Nebel und Frost im Gefolge mit sich bringen.
Der 4. Oktober ist der Festtag des heiligen **Franz von Assisi**. Er ist Hauptpatron von Italien sowie Patron der Armen, Schneider, Weber, Tuchhändler und Kaufleute. Er wird auch angerufen bei Kopfweh und Pest.

Im Weinmond

Dionysius (9. Oktober) erlitt als erster Bischof von Paris den Märtyrertod durch Enthauptung. Dionysius ist Patron der Schützen, er steht den Menschen bei, wenn sie Kopfschmerzen oder steife Glieder haben.

St. Gallus (16. Oktober) war ein Ire, er ist Patron der Fieberkranken, der Gänse und der Hühner. Der Apostel der Schweiz zeigte an seinem Tag gewöhnlich den Winteranfang an.

Der Apostel **Lukas** (18. Oktober) ist Schutzpatron der Maler, Chirurgen, Kranken, Goldschmiede, Bildhauer, Glasmaler, Buchbinder, Notare und Metzger.

Sind im Oktober die Blätter schon braun, hockt der Winter auf dem Zaun.

Der Winter auf der Schwelle

Der heilige **Wendelin** (20. Oktober) war ein Königssohn aus Schottland, der auf seinen hohen Rang verzichtete und nur ein demütiges Klausner- und Hirtenleben führen wollte. Er ist Schutzpatron der Bauern, Hirten und ihrer Tiere.

Am 21. Oktober wird der heiligen **Ursula** gedacht, die mit ihren elftausend Jungfrauen auf einer Pilgerfahrt nach Rom in Köln von den Hunnen erschlagen worden sein soll. Sie ist Patronin der Stadt Köln, der Jugend und der Lehrerinnen.

Das Fest des heiligen **Simon** (der Eiferer) und **Judas** Thaddäus am 28. Oktober ist im alten Bauernkalender auch der Tag für den Eintritt des Winters. Simon ist Patron der Holzhauer, Gerber und Färber, Judas steht den Betenden und Hilfesuchenden in schweren Nöten und schier aussichtslosen Anliegen bei.

Der heilige **Wolfgang** (31. Oktober), der Bischof von Regensburg war, wirkte als Missionar in Ungarn und war Erzieher des späteren Kaisers Heinrich II. St. Wolfgang ist Patron der Ärzte, Kapläne, Schlosser und Hirten.

Ist der Weinmonat warm und fein, kommt ein scharfer Winter hinterdrein.

Der OKTOBER im Überblick

Feste	Namenstage
1	Emanuel, Giselbert, Platon, Werner
2	Hermann, Jakob, Leodegar, Petrus
3	Ewald, Irmgard, Ludger, Niketius
4	Edwin, Edelburg, Franz, Theresia
5	Anna, Attila, Meinolf, Placidus
6	Adalbert, Bruno, Renatus
7	Amalia, Georg, Gerold, Maria, Justina
8	Amor, Demetrius, Gunther, Simeon
9	Abraham, Dionysius, Theresia
10	Ethelburg, Emmeran, Viktor
11	Jakob, Meinhard, Quirin
12	Bernhard, Edistus, Edwin, Herlind
13	Andreas, Aurelia, Eduard, Lubentius
14	Alan, Burkhard, Fortunata, Hildegard
15	Hedwig, Theresia, Willa
16	Florentin, Gallus, Witburg

Regen an Sankt Remigius bringt den ganzen Monat Verdruss. (1.10.)

Der OKTOBER im Überblick

Feste	Namenstage
17	Anselm, Heriburg, Ignatius
18	Gwenn, Lukas, Mono
19	Issak, Jean, Paul
20	Johanna, Vitalis, Wendelin
21	Hilarian, Ursula, Wilhelma
22	Blandine, Ingbert, Cordula
23	Jakobus, Oda, Severin
24	Antonius, Evergislus
25	Crispin, Daria, Ludwig
26	Amandus, Josephine, Wigand, Witta
27	Frument, Sabina, Wolfhard
28	Alfred, Judas Thaddäus, Simon
29	Margarete, Narzissus, Sigibert
30	Bernhard, Klaudius, Theogar
31	Jutta, Noitburg, Wolfgang

Laubfall an Leodegar kündigt an ein fruchtbar Jahr. (2.10.)

Regnet's an Sankt Dionys, regnet's den ganzen Winter gewiss. (9.10.)

Festtage und Brauchtum im Oktober

Am Ende des Almsommers, spätestens jedoch Anfang Oktober, findet der Almabtrieb statt, bei dem das Vieh, das die warme Jahreszeit auf den höher gelegenen Almen verbracht hat, wieder zurück in die Ställe getrieben wird. Wenn das Vieh den Sommer wohlbehalten überstanden hat und keine Seuche ausgebrochen ist und bei den Almbauern kein Todesfall eingetreten ist, werden die Kuhkälber und Stiere bekränzt. Die Kränze bestehen meist aus Fichtenwipfeln, die mit bunten Bändern und gefärbten Holzspänen geschmückt werden. Die Sennerinnen und Sennen, die das Vieh den Sommer über gehütet haben, haben sich herausgeputzt und tragen ihre schönste Tracht.

Sankt Burkhard Sonnenschein – schüttet Zucker in den Wein. (14.10.)

Ein Leben mit der Natur

Der 4. Oktober ist der Gedenktag des Heiligen Franz von Assisi, der im Jahr 1226 starb und einer der bekanntesten Heiligen überhaupt ist. Bis zu seinem 25. Lebensjahr führte er ein verschwenderisches Leben, bis er sich auf ein allen Luxus entsagendes Leben in Einklang mit der Natur besann. Er gründete den Franziskanerorden, und über den katholischen Glauben hinaus erkennen Natur- und Tierschützer in ihm einen Geistesverwandten und ein Vorbild.

Dank für eine gute Ernte

Zur Ernte des Getreides wurden in früheren Zeiten die Sensen und Rechen geweiht, und der erste sowie der letzte Erntewagen wurden schön dekoriert und mussten ohne Streit und Lärm eingefahren werden. Am Schluss der Ernte wurde aus den letzten Ähren eine Krone geflochten, die am Hof aufgehängt und unter der ein Erntefest mit Musik und Tanz gefeiert wurde.

Nach der Erntezeit ist es schon seit Jahrtausenden Brauch, ein Dankesfest zu feiern. In der Kirche wird am ersten Sonntag im Oktober ein Erntedankaltar errichtet, auf und um den die verschiedensten Früchte in farbenprächtiger Fülle arrangiert sind. Geflochtene Erntekränze und -kronen zieren den Altar, und stellvertretend für die gesamte Ernte werden die verschiedenen Gaben der Natur gesegnet. In manchen Gemeinden schließt sich ein Erntedankumzug an die kirchliche Weihe an, weiter verbreitet ist aber ein ausgelassenes Fest mit Tanz und verschiedenen Buden, an denen Wein ausgeschenkt und die Früchte in verschiedener Form genossen werden können.

Nach Sankt Gall bleibt die Kuh im Stall.(16.10.)

Lustige Kürbisgeister

Wenn die Kürbisse und Runkelrüben auf den Feldern gereift sind und geerntet wurden, machen sich viele Kinder und Erwachsene einen Spaß daraus, sie auszuhöhlen, mit Fratzen oder lachenden Gesichtern zu versehen und mit einer Kerze zu erleuchten. Solche Kürbisgeister werden zur Freude und Belustigung der Vorübergehenden in Gärten oder auf Fensterbänken aufgestellt.

Wenn an Sankt Gallus Regen fällt, der Regen sich bis Weihnachten hält. (16.10.)

Reformationstag

Am 31. Oktober 1517 schlug der Reformator Martin Luther seine 95 Thesen zu Ablass und Buße an die Tür der Wittenberger Schlosskirche. Diese Aktion gilt als der eigentliche Beginn der reformatorischen Bewegung.

Der Garten im Oktober

Jetzt muss man mit den ersten Nachtfrösten rechnen. Empfindliche Gemüse- und Zierpflanzensorten brauchen Schutz oder müssen unter Glas weiter kultiviert werden.

Gemüsegarten

Nur noch Feldsalat und Spinat ins Freie aussäen. Petersilie und Schnittlauch für die Küche eintopfen. Wintergemüse (Feldsalat, Endiviensalat, Wintermöhren, Knollensellerie, Lauch, Herbstkohl, Chinakohl u. a.) ernten.

Obstgarten

Anfang des Monats Leimringe gegen Raupen und den Frostspanner anlegen. Die Bäume gegen Frostrisse mit Weißanstrich versehen. Ansonsten muss alles Obst geerntet und versorgt werden. Bei mildem Wetter brauchen Obstbäume und Beerensträucher einen Pflege- und Auslichtungsschnitt. Obstlager gründlich reinigen.

Blumengarten und Balkon

Empfindliche Zwiebel- und Knollenpflanzen einwintern. Blütenstauden abschneiden und mit einer dünnen Schicht Kompost belegen. Nach dem ersten starken Nachtfrost den Balkon räumen. Die Balkonkästen werden entleert, gereinigt und im Keller oder an einem anderen trockenen Platz aufbewahrt. Efeu, wilder Wein, Pelargonien, Fuchsien und Geranien kommen ebenfalls in den Keller.

> Ist Sankt Lukas mild und warm, kommt ein Winter, dass Gott erbarm. (18.10.)

Pflegearbeiten im Garten

Was noch zu tun ist

Jetzt ist Pflanzzeit für Gehölze und Stauden. Die abgeräumten Beete umgraben, aber nicht harken, damit der Frost gut in den Boden eindringt (Ungeziefer). Pflanzenreste auf den Kompost bringen. Staudenrabatten und Beete schneiden und säubern.

Umpflanzen und Veredeln mit dem Mond

Diese für Nutz- und Ziergarten wichtigen Arbeiten erledigt man am besten bei zunehmendem Mond. Für das Umpflanzen älterer Stauden und Gehölze empfiehlt sich die Zeit des absteigenden Mondes, am besten ein Jungfrautag. Die Vermehrung durch Stecklinge gelingt am besten bei zunehmendem und absteigendem Mond, ebenfalls an einem Jungfrautag. Wenn Sie im Herbst Stecklinge schneiden, ist allerdings die Zeit des abnehmenden Mondes günstiger. Wenn Sie Obstbäume veredeln wollen, wählen Sie die Zeit des zunehmenden Mondes, am besten einen Feuertag (Widder, Löwe, Schütze) nahe bei Vollmond.

Wer an Lukas Roggen streut, es im Jahr drauf nicht bereut. (18.10.)

Schnitt der Pflanzen und Gehölze

Im Gegensatz zu den zuvor genannten Arbeiten, bei denen die Säfte schnell wieder in die Pflanze oder das Pflanzenteil steigen sollen, muss man beim Schnitt das Aufsteigen und Austreten der Säfte möglichst verhindern, wenn die Pflanze keinen Schaden nehmen soll. Deshalb wählt man für alle Schnittarbeiten die Zeit des abnehmenden Mondes. Für den Schnitt der Obstgehölze wählt man entweder ein Feuerzeichen (Widder, Löwe, Schütze) bei abnehmendem Mond oder einen Tag mit absteigender Mondqualität.

Die Heilkraft der Bäume (2)

Wir setzen an dieser Stelle die auf den Seiten 224 bis 231 begonnene Zusammenstellung fort, in der die heilende Wirkung der heimischen Bäume beschrieben wird.

Die Fichte – Symbol der Kindheitsfreude

Die meisten Menschen werden, wenn sie das Wort »Fichte« vernehmen, an den Weihnachtsbaum denken, der als Christbaum untrennbar mit dem Weihnachtsfest verbunden ist.

Die Fichte (auch Rottanne), die bis zu 600 Jahre alt werden kann, wurde in Griechenland als heiliger Baum verehrt. Bei den Römern zeigte ein Fichtenbaum vor der Haustür an, dass einer der Hausbewohner verstorben war, in Deutschland hatte »Frau Fichte« Zauberkraft. Eine Fichte kann – wie viele andere gesunde und große Bäume auch – täglich über siebentausend Liter Sauerstoff produzieren – das reicht aus, um fünfzig Menschen mit reiner Atemluft zu versorgen.

Die Fichte ist vielseitig verwendbar, wird genutzt für Schiffs-, Telegraphen- und Telefonmasten, für Bauholz, Haushaltsgeräte, Möbelholz, Musikinstrumente (Resonanzböden für Klaviere und Orgeln) und Spielwaren. Fichten werden auch in großem Umfang zur Gewinnung von Holzschliff und Cellulose für die Papierherstellung angebaut. Die abfallenden reifen Zapfen sind beliebt zum Feueranmachen, es riecht gut und vermittelt ein anheimelndes Gefühl. Fichtenzweige wurden von unseren bäuerlichen Vorfahren einst als »Wetteranzeiger« verwendet.

Sankt Wendelin, verlass uns nie! Schirm unseren Stall, schütz unser Vieh. (20.10.)

Auch für die Gesundheit und das Wohlergehen spielt die Fichte eine wichtige Rolle. Die Frühjahrssprossen von Fichte (und Kiefer) sind wegen ihres Reichtums an Vitamin C sehr geschätzt. Bei längerem Lagern nimmt der Vitamin-C-Gehalt allerdings ab. Deshalb sollte man zur Teezubereitung nur frische Nadeln verwenden.

Fichtennadeltee regt an

Zur Bereitung von Fichtennadeltee setzt man ein bis zwei Teelöffel voll mit einer Tasse Wasser kalt an, lässt dies etwa sechs Stunden lang ziehen, kocht das Ganze dann auf und lässt die Abkochung zehn Minuten lang ziehen. Der Tee kann mit Honig gesüßt werden. Ein gutes Mittel bei Erschöpfungszuständen und Nervenschwäche.

Ein Fichtennadelbad steigert das Wohlbehagen

Ein Fichtennadelbad durchblutet die Haut und hinterlässt ein gesteigertes Wohlbehagen. Ein Kiefernnadelbad (ca. 35 Grad) stärkt die Nerven, beugt Ermüdungserscheinungen vor und erfrischt obendrein nach erschöpfender anstrengender geistiger Tätigkeit. Fichtennadelöl lindert Rheumaschmerzen (zum Einreiben).

Der Gingko – ein lebendes Fossil

Der Gingko stellt im wahrsten Sinne des Wortes ein Fossil dar: Er ist ein Relikt aus alten Zeiten – der einzige noch lebende Vertreter seiner Familie und Ordnung. In China und Japan wird der Ginkgo, der zwischen 12 und 37 Meter hoch werden kann, schon

Sankt Ursulas Tagesbeginn zeigt auf den Winter hin. (21.10.)

Wenn's Sankt Severin gefällt, bringt er mit die erste Kält'. (23.10.)

viele Jahrtausende lang als heiliger Tempelbaum verehrt. Nach Europa kam er im frühen achtzehnten Jahrhundert durch holländische Kaufleute und Seefahrer. Der wenig anspruchsvolle Baum, der Sonne und Schatten, Kälte und Hitze gleichermaßen verträgt, wird der Eigentümlichkeit seiner Formen wegen auch als Mädchenhaarbaum, Elefantenohrbaum, Entenfußbaum, Fächerbaum und Tausend-Taler-Baum bezeichnet und seiner großen Widerstandsfähigkeit gegen Schädlinge aller Art oft als Parkbaum verwendet.

Seine erstaunliche Überlebensfähigkeit bewies der Gingko, als westliche Nachrichtenagenturen die Meldung verbreiteten, dass ein Gingkobaum in Hiroshima, der etwa achthundert Meter vom Explosionszentrum der ersten Nuklearbombe entfernt stand, im darauf folgenden Frühling (1946) zur Überraschung aller, die den alten Baum kannten und verehrten, zarte junge Triebe entwickelte.

Geschätzt und bekannt wurde der Baum vor allem durch seine erstaunlichen Heilwirkungen. Die aus den Blättern gewonnenen Wirkstoffe sind durchblutungsfördernd, gefäßerweiternd (besonders die feinen Blutgefäße) und fördern die Durchblutung von Körper und Gehirn. Dadurch lindern sie Kopfschmerzen und Ohrgeräusche.

Aus den Samen gewinnt man schleimlösende Mittel, Beruhigungsmittel und verdauungsfördernde Substanzen. Ginkgo-Präparate werden eingesetzt zur Herabsetzung des Alkoholeinflusses und bei extremen Rauchern (Raucherbein). Sehr gute Erfahrungen mit Ginkgo-Medikamenten wurden gemacht bei

---

An Sankt Ursula bringt's Kraut herein, sonst schneit Simon noch darein. (21. u. 28.10.)

Gedächtnisschwäche und Konzentrationsproblemen. Ginkgo sorgt für bessere Konzentration und hilft dem Gedächtnis auf die Sprünge.

In China wird der Ginkgo auch »Großvater-Enkel-Baum« bezeichnet, da meistens erst der Enkel die Früchte des vom Großvater gepflanzten Baumes ernten kann. Goethe, der sich sehr für den Gingko interessierte, widmete dem geheimnisvoll-magischen Baum eigens ein Gedicht.

Der Haselnussstrauch hält Blitze ab

Bäume und Menschen sind Schicksalsgenossen, Leidensgefährten, Brüder im Sturm. Bäume, Gehölze und Sträucher sind nach altem Volksglauben beseelte, empfindsame Wesen. Sie wachsen, blühen, welken, sterben wie die Menschen. Die Liebe zu den Bäumen ist uraltes Erbgut unserer Vorfahren, denen sie als Wohnsitz der dem Leib entrückten Seelen galten, als Göttersitz und Sinnbild des Lebens. Und nicht umsonst begrüßte man den Haselstrauch mit dem ehrenden Beinamen: »Nun grüß dich Gott, Frau Haselin!« – In vielen Märchen, Sagen, Volksliedern und Volksrätseln spielt die Hasel eine Rolle.

In Bayern wurden einst vor dem Herannahen eines Gewitters die Schösslinge einer Haselstaude auf die Felder gesteckt. Überhaupt war allgemein die Ansicht verbreitet, dass die Hasel Blitz abwehrende Kräfte besitzt. Das ist vielleicht auf die Legende zurückzuführen, weil die Mutter Gottes auf der Flucht nach Ägypten während eines Gewitters unter einem Haselstrauch Schutz gesucht habe. Durch wissenschaftliche Untersuchungen wurde nachgewiesen, dass von allen Baumarten nur der Hasel-

Wie das Wetter am Ursulatag war, soll es im nächsten Jahr sein. (21.10.)

Oktober

strauch nicht vom Blitz betroffen war. Grund dafür ist vielleicht die Tatsache, dass die Hasel keine Borke bildet, dass die glatte Rinde also ein guter Leiter für die Elektrizität ist. Darauf ist wohl der alte Brauch zurückzuführen, in den Obstgärten die Hasel als Gewitterschutz zu pflanzen oder gebündelte Haselzweige bei Gewitter ins Fenster zu stellen, ins Bett oder ins Herdfeuer zu legen.

Auch als Wünschelrute fand der Haselnussstrauch vielfach Verwendung. Nach der Heftigkeit und Zahl der Schläge der Rute bestimmte man die Tiefe des Wassers.

Schläft man unter einem Haselnussstrauch, kann man im Traum in die Zukunft schauen und in sein eigenes weiteres Leben sehen. Angeblich soll ein Haselstrauch auch vor Schlangen wirksam schützen.

Mit Krispin sind alle Fliegen dahin. (25.10.)

Symbolkraft der Haselnusszweige

Haselnüsse enthalten viel Öl und gehörten zu den ersten Sammelfrüchten unserer Vorfahren. In einigen Teilen unseres Landes wurden zu Ostern Haselnusszweige in eine Vase gestellt und mit bunten Eiern und farbigen Schleifen geschmückt. Das bald hervorsprießende Grün der Zweige sollte die Auferstehung symbolisieren. An Maria Himmelfahrt schenkte man den Kindern die ersten Haselnüsse, die Mariennüsse genannt wurden.

Warmer Gilbhart bringt führwahr stets einen kalten Januar. (26.10.)

Haselnuss hilft gegen Haarausfall

Zwei Handvoll Haselnussschalen eine halbe Stunde lang kochen, dann den Saft in eine Schüssel geben, damit die Haare waschen und dabei sanft die Kopfhaut massieren. Der Saft tönt das Haar und hilft gegen Haarausfall.

Der »heilige« Holunderbaum

Als besonders »heilig« galt bei unseren Vorfahren der Holunderbaum, der noch heute in vielen unseren Landschaften als heiliger Baum, als Baum des Segens und der Wunderkräfte angesehen wird. Einen Holunderbusch umzuhauen, gilt noch heute in vielen Gegenden als Unheil bringend. Ebenso wenig durfte einst das Holunderholz verbrannt weren, da es Krankheit oder Unglück im Stall nach sich zog. Der Holunder fehlte bei keinem Bauernhaus, viele Gärten in der Stadt hatten ihre »Hollerecke«.
Einst war der Holunder der Wohnsitz von Frau Holle, der schützenden früh-germanischen Haus- und Muttergöttin. Wenn der Holunder um die Zeit der Sonnenwende seine weißlichen, stark duftenden Doldenschirme entfaltete, war das für die Bauern ein prophetisches Zeichen, dass vier Wochen nach der Blüte die Halmfrucht (das Getreide) reif zur Ernte war und dass die Wetterlage zur Zeit der Blüte wie ein Lostag das kommende Wetter verkündete. Bei langer Blüte stand nach Erfahrungen der Bauern eine lange Ernte bevor. Verblühte er schnell, »wird die Ernte bald vorüber sein.«
Ursprünglich war der Holunder eine reine Wildpflanze, wurde später aber auf fast jedem bäuerlichen Gehöft oder Garten wegen seiner vielfachen Verwendbarkeit und seiner Wertschätzung als »Allheilmittel« gegen viele Krankheiten und Gebrechen durch seine Frucht, sein Holz, seine Blüte, Saft, Rinde, Wurzeln und Mark gepflanzt. Ehrfurchtsvoll nannte man die überaus nütz-

Simon und Juda die zwei – bringen manchmal Schnee herbei. (28.10.)

Oktober

liche Pflanze auch die »Herrgottsapotheke«. Die überlieferte Redewendung: »Vor Holunder soll man den Hut abziehen und vor Wacholder die Knie beugen«, sagt aus, welchen Respekt unsere Altvorderen dem »Holderbaum« entgegen brachten.

Der Tee aus den Blüten des Holunders, der reich an Gerbstoffen und ätherischen Ölen ist, hilft bei Fieber, Gicht, Eiterungen, Zahnweh, Husten und Heiserkeit.

Wer in früheren Tagen einem Menschen schaden wollte, der schnitt von seinem Holunderbaum einige Zweige ab. Unter dem Dach des Holunderbaumes dengelte der Bauer und Landmann seine Sense und Sicheln. In Südtirol gab es den Brauch, nach den kirchlichen Begräbniszeremonien ein Holunderkreuz auf den Grabhügel zu setzen. Grünte im folgenden Jahr das Holunderkreuz, so galt das als sicheres Zeichen, dass der Verstorbene in die Seligkeit eingegangen ist.

Holundertee reinigt das Blut und macht schlank

Holunderblütentee ist der beste und einfachste Blutreinigungstee.

Der »Fliedertee«, wie ihn der Volksmund auch nennt, hilft bei fiebrigen Infektionen der Atemwege, bei Grippe, Bronchitis, Rheuma, Keuchhusten und scheidet Schlacken- und Abfallstoffe auf natürliche Weise aus dem Blut.

Holunderblüten, in Wasser oder in Wein gesotten und getrunken, wirken sehr schweißtreibend und beseitigen Wechselfieber. Wer durch eine Kur Säfte und das Blut reinigen möchte, nehme täglich am Morgen, eine Stunde vor dem Frühstück, eine Tasse Holundertee. Und das vier bis fünf Wochen lang. Der Tee lässt sich an einem kühlen Ort ganz gut einige Tage aufbewah-

---

Wenn zu uns Simon und Judas wandeln, wollen sie mit dem Winter handeln. (28.10.)

Schneid ab das Kraut, bevor es Juda klaut. (28.10.)

Holunder, Kirsche 255

ren. Noch besser wirkt er, wenn man ihm einige Löffel Honig zusetzt, dann ist er auch dem Gaumen bekömmlicher.

Holunderwurzeln, in kleine Stücke geschnitten, werden gekocht, ergeben einen guten Saft, der bei Wassersucht und starker Fettleibigkeit sehr wirksam ist. Noch wirksamer ist das Abkochen der Wurzeln in Wein. Holundersaft stärkt auch ganz besonders die Nerven.

Holunderbeeren, mit Zucker gekocht, geben ein vorzügliches Kompott, das sehr heilsam bei chronischer Leberentzündung und Magenleiden wirkt. Gedörrte Holunderbeeren wirken Durchfall sehr entgegen.

Kirschen lindern Herz- und Gefäßerkrankungen

Simon und Judas fegen das Laub in die Gass.(28.10.)

Vor rund 2000 Jahren brachte der römische Feldherr und Feinschmecker Lucius Lukullus den ersten Kirschbaum aus Kleinasien nach Rom, in die Hauptstadt der damaligen Welt. Kaiser Karl der Große, der sich unermüdlich um die Landwirtschaft und den Anbau wichtiger Pflanzen bemühte, empfahl in seinen

Capitularien die Anpflanzung einiger bestimmter Kirschsorten. Über diese süße, beliebte Frucht gibt es nur Gutes zu berichten – bis auf eine Ausnahme: Im Jahre 1265 sagte Markgraf Friedrich von Meißen, der von Witigi I. durch vergiftete Kirschen ums Leben gebracht wurde: »Mit hohen Herren ist nicht gut Kirschen essen!« Eine Redensart, die bis heute noch gebräuchlich ist.

Barbarazweige blühen zu Weihnachten

Kirschzweige, die man am Barbaratag (4. Dezember) schneidet und die an Weihnachten blühen, sind ein viel versprechendes Glückszeichen. Nach einem alten schlesischen Brauch erhielt jeder Kirschreiser den Namen eines als Freier in Betracht kommenden Mannes. Derjenige, dessen Zweig zuerst blüht, ist der Auserwählte des Herzens. In anderen Gegenden schloss man aus dem Blühen der Kirschzweige auf eine reiche Obsternte im nächsten Jahr. Viele Kirschen sollte es auch geben, wenn am Funkensonntag, dem 1. Sonntag in der Fastenzeit, die Nacht von besonders vielen Sternen erhellt ist. Kirschzweige waren vielerorts auch das Symbol für Klatschsucht und bösartige Rederei.

Kirschwasser tut dem Magen wohl

Der Kirschgeist, auch als Kirschwasser bekannt, ein wohl bekömmlicher und vor allem im badischen Landesgebiet sehr populärer Schnaps, ist fast ein Allheilmittel, wie kaum ein anderer Trank. Der »Kirsch« tut nicht nur dem Magen wohl, er beseitigt Magenschmerzen, behebt Schwächeanfälle auf der Stelle, stärkt übermüdete Glieder (durch Einreiben). Kirschwasser kann als Desinfektionsmittel benutzt werden und ist immer gut für ei-

> Wenn Simon und Judas vorbei, ist der Weg zum Winter frei. Es sitzen dann die heil'gen Herrn am warmen Kachelofen gern. (29.10.)

nen verdorbenen oder unterkühlten Magen. Frischer Kirschsaft ist außergewöhnlich herzstärkend.

Ein Tee aus getrockneten Kirschenstielen ergibt einen besonders wirkungsvoll schleimlösenden Brusttee. Vor allem zu empfehlen bei chronischer Bronchitis.

Zu Pulver zerriebene Kirschkerne, mit Wein vermischt, können Grieß und Stein vertreiben.

Bei chronischem Husten kann das Harz des Baumes (in Wein zerlassen) Linderung verschaffen. Bei hartnäckigen Kopfschuppen löst man das Harz in gutem Weinessig auf und trägt die Mischung auf der Kopfhaut auf. Bei Hautunreinheiten sollte man von der Kirsch-Essigmischung jeden Morgen auf nüchternen Magen einen Teelöffel voll trinken. Kirschen verhindern Blähungen, beleben, kräftigen und senken das Fieber.

Rindenteile, gemischt mit Zweigstücken und Blüten ergeben ein wertvolles Mittel als Umschlag bei Augenentzündungen. Der Aufguß von Rinde, abgeschält von jungen Ästen, ist ein ausgezeichnetes Heilmittel bei Gicht oder Gichtanfällen.

Die Weichselkirsche ist vor allem für Diabetiker zu empfehlen.

Kirschbaumrinde gegen Nervosität

Ein wirksamer Beruhigungstee wird aus der getrockneten und zerkleinerten Rinde des Kirschbaums zubereitet: Einen gehäuften Teelöffel der Rinde setzt man in kaltem Wasser eine Stunde lang an und kocht sie dann auf. Der Tee muss etwa fünf Minuten lang ziehen und wird dann abgeseiht. Dieser Tee hilft bei Krämpfen und Koliken und mildert Gichtschmerzen, wenn man damit warme Umschläge macht und auf die betroffenen Glieder legt.

> Sankt Wolfgang Regen, verspricht ein Jahr voll Segen. (31.10.)

> An Wolfgangregen ist viel gelegen. (31.10.)

Oktober

Das Menü des Monats

Die Krönung dieses herbstlichen Menüs: Ein Pudding mit frischen Steinpilzen und köstlichem Pecorino.

Kürbiscremesuppe mit gerösteten Kürbiskernen
Für 4 Portionen

SUPPE
800 g Kürbis
2 mehlig kochende Kartoffeln
1 Zwiebel
2 EL Butter
½ l Fleischbrühe
1 Knoblauchzehe
Salz
Pfeffer
2 EL Kürbiskerne
½ Bund Schnittlauch
100 g Sahne
Einige Tropfen Kürbiskernöl

1 Den Kürbis von dem faserigen Fruchtfleisch befreien. Den Kürbis schälen und das Kürbisfleisch in kleine Würfel schneiden. Die Kartoffeln waschen, schälen und in Würfel schneiden. Die Zwiebel schälen und fein hacken.

2 Die Butter in einem Topf erhitzen und die Zwiebel darin glasig werden lassen. Das Kürbisfleisch und die Kartoffeln dazugeben und kurz mitdünsten. Die Brühe angießen und zum Kochen bringen. Die Knoblauchzehe schälen und dazupressen. Die Suppe mit Salz und Pfeffer würzen und zugedeckt etwa 20 Minuten garen.

3 Inzwischen die Kürbiskerne in einer Pfanne ohne Fett rösten, bis sie duften. Dann beiseite stellen. Den Schnittlauch waschen und in Röllchen schneiden.

4 Die Suppe pürieren. Die Sahne und das Kürbiskernöl unterrühren. Die Suppe in vorgewärmte Suppenteller schöpfen und mit den Kürbiskernen und dem Schnittlauch bestreut servieren.

Käse-Pilz-Pudding

Für 12 Stück

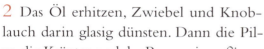

VORSPEISE

200 g frische Steinpilze
1 Zwiebel
1 Knoblauchzehe
je 1 Zweig frischer Thymian und Oregano
1 EL Olivenöl
1 Prise gemahlener Rosmarin
200 ml Wildpilzfond
Salz
Pfeffer
5 Eier
100 g Sahne
100 g sehr fein geriebener Pecorino
Einige Zweige glatte Petersilie

1 Die Steinpilze putzen und fein hacken. Die Zwiebel und den Knoblauch schälen. Die Kräuter waschen, trockentupfen und die Blättchen sehr fein zerkleinern.

2 Das Öl erhitzen, Zwiebel und Knoblauch darin glasig dünsten. Dann die Pilze, die Kräuter und das Rosmarin zufügen und kurz mitdünsten. Den Wildpilzfond angießen und alles bei mittlerer Hitze etwa 10 Minuten köcheln lassen. Mit Salz und Pfeffer würzen. Den Backofen auf 180 °C vorheizen.

3 Die Eier trennen. Die Eigelbe mit der Sahne gründlich verrühren. Den Pecorino und die Pilzmasse unterrühren. Die Eiweiße steif schlagen, unter die Pilzcreme heben. Die Mischung in kleine gefettete Timbaleförmchen oder kleine ofenfeste Espressotassen füllen. Mit Alufolie verschließen.

4 Eine ofenfeste Form oder die Fettpfanne des Backofens mit heißem Wasser füllen. Die Förmchen hineinsetzen und die Puddings im Backofen etwa 45 Minuten garen.

5 Die Förmchen herausnehmen, die Puddings mit einem Messer vom Rand lösen und auf einen Teller stürzen. Mit einem bunten Herbstsalat anrichten und mit der Petersilie garnieren. Blätterteigstangen oder Käsegebäck dazu reichen.

Fischfilets mit Paprikasauce

Für 4 Portionen

HAUPT-GERICHT

3 gelbe Paprikaschoten
2 Schalotten
1 EL Sonnen-blumenöl
4 Seezungenfilets
Saft von ½ Zitrone
Salz
Pfeffer
Etwas Mehl
100 g Sahne
1 EL gehackte Petersilie
2 EL Butter

1 Die Paprikaschoten putzen, vierteln und abspülen. Dann in kleine Würfel schneiden. Die Schalotten schälen und fein hacken. Das Öl erhitzen und die Schalotten darin glasig dünsten. Die Paprika dazugeben und in etwa 20 Minuten weich dünsten.

2 Die Fischfilets waschen, trockentupfen und mit dem Zitronensaft beträufeln. Die Filets mit Salz und Pfeffer würzen und in Mehl wenden.

3 Die Paprika pürieren und durch ein Haarsieb streichen. Die Sahne angießen. Die Sauce aufkochen lassen und mit Salz und Pfeffer würzen. Zum Schluß die Petersilie unterrühren.

4 Die Butter in einer Pfanne zerlassen und die Fischfilets darin in etwa 6 Minuten goldgelb braten. Die Paprikasauce als Spiegel auf vorgewärmte Teller gießen, die Fischfilets darauf anrichten. Dazu passen Salzkartoffeln oder eine Reis-Wildreis-Mischung.

Feigen in Cassis mit Aprikoseneiscreme

Für 4 Portionen

DESSERT
8 frische Feigen
75 ml Cassis
2 Blatt Gelatine
10 Aprikosen
250 ml Zuckersirup
100 g Sahne
1 Zitrone
Minzeblättchen zum Garnieren

1 Die Feigen kreuzweise einschneiden, aber dabei darauf achten, sie nicht auseinanderzuschneiden. Mit dem Cassis übergießen und zugedeckt kalt stellen.

2 Die Gelatine in kaltem Wasser einweichen. Währenddessen die Schalen der Aprikosen kreuzweise einritzen. Die Aprikosen mit kochendem Wasser überbrühen und kurz ziehen lassen. Die Früchte abschrecken, häuten und halbieren, zum Schluss die Steine entfernen.

3 Die Aprikosen pürieren. Den Zuckersirup und die Sahne dazugeben und alles nochmals pürieren.

4 Die Zitrone halbieren und den Saft auspressen. Den Zitronensaft in einen Topf geben. Die Gelatine ausdrücken und in dem Zitronensaft bei schwacher Hitze auflösen.

5 Die aufgelöste Gelatine unter das Fruchtmus rühren. Die Masse in die Eismaschine geben und für etwa 30 Minuten kühl stellen.

6 Das Eis mit den Cassis-Feigen auf Desserttellern anrichten und mit den Minzeblättchen garnieren.

Das ist ein Herbsttag, wie ich keinen sah ...

Jetzt ertönt überall in den Gebirgstälern das Läuten der Kuhglocken. Das Vieh kehrt wohlgenährt von den Almen zurück – ein sicheres Zeichen, dass der Winter nicht mehr weit ist.

Der Brief

Der Oktober ging auf die Neige, trotzdem aber waren noch schöne warme Tage, sodass man sich im Freien aufhalten und die Hradsheksche Kegelbahn benutzen konnte. Diese war in der ganzen Gegend berühmt, weil sie nicht nur ein gutes waagerechtes Laufbrett, sondern auch ein bequemes Kegelhäuschen und in diesem zwei von aller Welt bewunderte buntglasige Guckfenster hatte. Das gelbe sah auf den Garten hinaus, das blaue dagegen auf die Dorfstraße samt dem dahinter sich hinziehenden Oderdamm über den hinweg dann und wann der Fluss selbst aufblitzte. Drüben am andern Ufer aber gewahrte man einen langen Schattenstrich: die märkische Heide.

Es war halb vier, die Kugeln rollten schon seit einer Stunde. Der zugleich Kellnerdienste verrichtende Ladenjunge lief hin und her, mal Kaffee, mal einen Kognak bringend, am öftesten aber neugestopfte Tonpfeifen, aus denen die Bauern rauchten und die Wölkchen in die klare Herbstluft hineinbliesen. Es waren ihrer fünf, zwei aus dem benachbarten Kienitz herüberkommene, der Rest echte Tschechiner: Ölmüller, Quaas, Bauer Mietzel und Bauer Kunicke. Hradshek, der, von Berufs wegen, mit dem

Schreib- und Rechenwesen am besten Bescheid wusste, saß vor einer großen schwarzen Tafel, die die Form eines Notenpultes hatte.

»Kunicke steht wieder am besten«. »Natürlich, gegen den kann keiner.« »Dreimal acht um den König.« Und dann begann ein sich Überbieten in Kegelwitzen. »Er kann hexen«, hieß es. »Er hockt mit der Jeschke zusammen.« »Er spielt mit falschen Karten.« »Wer so viel Glück hat, muss Strafe zahlen.« Der, der das von den »falschen Karten« gesagt hat, war Bauer Mietzel, des Ölmüllers Nachbar, ein kleines ausgetrocknetes Männchen, das mehr einem Leinenweber als einem Bauern glich. War aber doch ein richtiger Bauer, in dessen Familie nur von alter Zeit her der Schwind war.

»Wer schiebt?«

»Hradschek.«

Dieser kletterte jetzt von seinem Schreibersitz und wartete gerad' auf seine die Lattenrinne langsam herunter kommende Lieblingskugel, als der Landpostbote durch ein auf die Straße führendes Türchen eintrat und einen großen Brief an ihn abgab; Hradschek nahm den Brief in die Linke, packte die Kugel mit der Rechten und setzte sie kräftig auf, zugleich mit Spannung dem Lauf derselben folgend.

»Sechs!«, schrie der Kegeljunge, verbesserte sich aber sofort, als nach einigem Wackeln und Besinnen noch ein siebenter Kegel umfiel.

»Sieben also!«, triumphierte Hradschek, der sich bei dem Wurf augenscheinlich etwas gedacht hatte. »Sieben geht«, fuhr er fort. »Sieben ist gut. Kunicke, schiebe für mich und schreib an. Will nur das Porto zahlen.« Und damit nahm er den Briefträger unterm Arm und ging mit ihm von der Gartenseite her ins Haus. Das Kegeln setzte sich mittlerweile fort, wer aber Spiel und Gäste vergessen zu haben schien, war Hradschek. Kunicke hatte schon zum dritten Male statt seiner geschoben, und so wurde man endlich ungeduldig und riss heftig an einem Klingeldraht, der nach dem Laden hineinführte. Der Junge kam auch.

»Hradschek soll wieder antreten, Ede. Wir warten ja. Mach flink!« Und sieh, gleich danach erschien auch der Gerufene, hochrot und aufgeregt, aber, allem Anscheine nach, mehr in heiterer als verdrießlicher Erregung. Er entschuldigte sich kurz, dass er habe warten lassen, und nahm dann ohne weiteres eine Kugel um zu schieben.

»Aber du bist ja gar nicht dran!«, schrie Kunicke. »Himmelwetter, was ist denn los? Und wie der Kerl aussieht! Entweder is ihm eine Schwiegermutter gestorben oder er hat das große Los gewonnen.«

Hradschek lachte.

»Nu, rede doch. Oder sollst du nach Berlin kommen und ein paar neue Rapspressen einrichten? Hast ja neulich unserm Quaas erst vorgerechnet, dass er nichts von der Ölpresse verstünde.«

»Hab ich, und ist auch so. Nichts für ungut, ihr Herren, aber der Bauer klebt immer am alten.«

»Und die Gastwirte sind immer fürs Neue. Bloß dass nicht viel dabei herauskommt.«

»Wer weiß!«

»Wer weiß? Höre, Hradschek, ich fange wirklich an zu glauben … Oder is es 'ne Erbschaft?«

Aus: Theodor Fontane: Unterm Birnbaum. Viertes Kapitel

Herbsttag

Herr: es ist Zeit. Der Sommer war sehr groß.
Leg deinen Schatten auf die Sonnenuhren,
und auf den Fluren lass die Winde los.

Befiehl den letzten Früchten voll zu sein;
gieb ihnen noch zwei südlichere Tage,
dränge sie zur Vollendung hin und jage
die letzte Süße in den schweren Wein.

Wer jetzt kein Haus hat, baut sich keines mehr.
Wer jetzt allein ist, wird es lange bleiben,
wird wachen, lesen, lange Briefe schreiben
und wird in den Alleen hin und her
unruhig wandern, wenn die Blätter treiben.
Rainer Maria Rilke

Herbstbild

Dies ist ein Herbsttag, wie ich keinen sah!
Die Luft ist still, als atmete man kaum,
Und dennoch fallen raschelnd, fern und nah,
Die schönen Früchte ab von jedem Baum.

O stört sie nicht, die Feier der Natur!
Dies ist die Lese, die sie selber hält,
Denn heute löst sich von den Zweigen nur,
Was vor dem milden Strahl der Sonne fällt.
Friedrich Hebbel

NOVEMBER

Der 1. November – **Allerheiligen** – wurde von Papst Gregor (um 540–604) auf diesen Tag gelegt, zu Beginn des Totenmonats. Seither wurde es Brauch, an diesem Tag die Gräber von Verwandten und nahe stehenden Menschen zu besuchen.

Der 3. November ist der Tag des heiligen **Hubertus**. St. Hubertus, einst der erste Bischof von Lüttich, der 727 starb, ist der Schutzpatron der Jäger, Weidmänner und Waldleute.

Am 6. November, dem **Leonhardi**-Tag, finden in vielen Orten und Regionen Reitveranstaltungen mit Pferdesegnungen zu Ehren des heiligen Leonhard statt.

> November tritt oft hart herein – muss nicht viel dahinter sein.

Der Martinstag, »**Martini**« (11. November), ist der Gedenktag des heiligen Martin (um 316–397), der als Apostel Galliens verehrt wird und als Bischof von Tours zum Vorbild des Mönchstums wurde. Berühmt wurde der Heilige durch die legendäre Teilung seines Mantels. **St. Martin** gilt als Patron der Armen, Bettler, Reisenden, Flüchtlinge, Gefangenen, Hirten, Soldaten, Gerber, Weber, Reiter, Schneider, Müller, Gastwirte, Tuchhändler und Abstinenzler.

Der 19. November ist dem Gedenken an die heilige **Elisabeth**, Landgräfin von Thüringen (1207–1231) gewidmet. Sie ist Patronin der Bäcker und Schutzheilige der Armen und Notleidenden, der Frauen, Witwen, Waisen und unschuldig Verfolgten.

Novemberwasser auf den Wiesen – dann wird das Gras im Frühjahr sprießen.

Bevor die langen Winterabende kommen

Am 25. November, am Katharinentag, ging man vor dem Wintereinbruch einst noch einmal auf den Markt, um Geschäfte zu machen oder zu kaufen, was für die langen Winterabende gebraucht wurde. Die heilige **Katharina** erlitt im 4. Jahrhundert den Märtyrertod. Katharina ist Patronin der Jungfrauen, Ehefrauen, Schüler, Lehrer, Studenten, Redner, Buchdrucker, Philosophen, Gelehrten, Tuchhändler, Gerber, Schuhmacher, Müller, Schiffer, Friseure und der Hochschulen.

Der letzte Tag im Totenmonat November, der Andreastag, ist dem Gedenken an den **Apostel Andreas**, dem Bruder des Petrus gewidmet, der der Überlieferung nach an diesem Tage auch gekreuzigt wurde. Der heilige Andreas ist Patron der Fischer, Fischhändler, Metzger, Seiler und Bergleute. Er wird auch angerufen für reichen und gesunden Kindersegen, zum Vermitteln von Ehen und Eheglück sowie für gutes Wetter.

Ist zum Allerheiligen der Buchen- und Birkenspan trocken, müssen wir im Winter hinter dem Ofen hocken. Ist aber der Span nass und nicht leicht, so wird der Winter statt kalt lind und feucht. (1.11.)

Der NOVEMBER im Überblick

	Feste	Namenstage
1	Allerheiligen	Arthur, Harald
2	Allerseelen	Angela, Justus
3		Bertold, Erich, Hubert, Martin
4		Emmerich, Gregor, Karl Borromäus
5		Bernhard, Blandine, Elisabeth
6	Leonhardi-Tag	Christine, Leonhard, Rudolf
7		Engelbert, Ernst, Gertraud, Karina
8		Gregor, Gottfried, Johannes
9		Herfried, Ragnulf, Roland, Theodor
10		Eduard, Justus, Karl Friedrich, Leo
11		Agnes, Bruno, Martin
12		Adelheid, Kunibert, Renatus
13		Eugen, Gertrud, Karl, Wilhelm
14		Alberich, Bernhard, Richard
15		Albertus Magnus, Leopold, Marinus
16		Answald, Gertrud, Margarete, Walter

Der Allerseelentag will drei Tropfen Regen haben. (2.11.)

Der NOVEMBER im Überblick

	Feste	Namenstage
17		Edmund, Florin, Hilda, Viktoria
18		Gelasius, Gerung, Odo
19		David, Elisabeth, Mechthild
20		Bruno, Felix, Gerhard
21	Mariä Opferung	Albert, Johannes
22		Ava, Cäcilia, Prokop
23		Adele, Detlev, Felizitas, Klemens
24		Albert, Flora, Modestus
25		Egbert, Elisabeth, Katharina, Nils
26		Albert, Ida, Konrad, Leonhard
27		Ada, Günther, Gustav, Virgilius
28		Berta, Gunther, Rufus
29		Franz Joseph, Friedrich, Jolanda
30		Andreas, Bernard, Volker, Gerwald

Wenn's an Karolus stürmt und schneit, lege deinen Pelz bereit und heiz im Ofen wacker ein – bald zieht die Kälte bei dir ein. (4.11.)

FESTE UND BRAUCHTUM IM NOVEMBER

Am 2. November, dem Allerseelentag, wird der Verstorbenen gedacht. In manchen Gegenden werden Gebildbrote gebacken, die »Allerheiligenstrietzel«, die jedoch wie die Allerseelenwecken, die Totenbrote in Form von Knochen oder das leicht zu teilende Stuckgebäck eher eine Art Opferspeise für die Verstorbenen darstellen, das man an Verwandte und Freunde verteilt. Am Allerseelenabend werden die Glocken eine Stunde lang geläutet; sie gemahnen an die Verstorbenen.

Wie's Wetter an Leonhardi ist, bleibt's bis Weihnachten gewiss. (6.11.)

Hubertusjagd

Seit Jahrhunderten ist es in vielen Regionen Deutschlands ein fester Brauch, am 3. November, dem Hubertustag, eine Jagd durchzuführen, bei der auch eine Hubertusmesse, manchmal unter freiem Himmel, gefeiert wird. Das Symbol des Heiligen Hubertus ist ein Kreuz zwischen einem Hirschgeweih, das an diesem Tag überall zu sehen ist.

Reiterfeste im Alpenvorland

Im 6. Jahrhundert lebte der heilige Leonhard, der zwar zum Bischof geweiht wurde, sich aber in eine Einsiedelei zurückzog, die mit der Zeit zu einem Kloster wurde, in dem er entlassene Strafgefangene in Landwirtschaft und Viehzucht unterwies. Noch heute finden am 6. November in Oberbayern die Leonhardi-Ritte statt, bei denen Ross und Reiter prächtig herausgeputzt sind und die Pferde gesegnet werden.

Laterne, Laterne …

Einer der bekanntesten und beliebtesten Heiligen ist der heilige Martin von Tours, der seinen Mantel an einem kalten Wintertag mit einem Bettler teilte. In früheren Zeiten wurden am 11. November die Armen von den Besitzenden reich beschenkt, bis heute hat sich jedoch der Martinsumzug erhalten, ein Lichterumzug, bei dem die Kinder selbstgebastelte Laternen, ausgehöhlte Kürbisse und Rüben, in die Kerzen gestellt werden, oder brennende Fackeln mitführen. Im Anschluss an den Umzug wird ein Martinsfeuer entzündet.

Der Martinstag war früher auch ein Zinstag; die Ernte war eingefahren, die Knechte und Mägde erhielten ihren Lohn, die Hirten wurden ausbezahlt. Die Gans war eine bevorzugte Zinsgabe. Sie war gemästet und jetzt schlachtreif, und so kommt es, dass zu St. Martin in vielen Familien traditionell eine Gans als Festmahl auf dem Teller landet.

Wie sich der heilige Leonhardi stellt, im Nebelung das Wetter hält. (6.11.)

Stille und Einkehr

Einst war der Buß- und Bettag, der am Mittwoch vor dem letzten Sonntag des Kirchenjahrs gefeiert wird, ein Tag, an dem angesichts von Gefahren und Nöten zu öffentlichem Beten und Büßen aufgerufen wurde. Später hat es sich eingebürgert, dass an diesem Tag jeder für sich betet, sein Gewissen prüft und Buße tut.

Der letzte Sonntag im Kirchenjahr ist das evangelische Gegenstück zu Allerseelen, denn er ist dem Gedenken der Toten gewidmet, deren Gräber gepflegt und die an diesem Tag besucht werden. In Gebeten wird an diesem Ewigkeitssonntag namentlich der Verstorbenen gedacht.

Bleibt vor Martini (11.11.) der Schnee schon liegen, wird man milden Winter kriegen. (9.11.)

Der Garten im November

Jetzt wird es höchste Zeit, im Garten für Ordnung zu sorgen, bevor der erste Schnee das Land bedeckt. Wer Bäume oder Sträucher neu anpflanzen will, sollte sich in der Baumschule umsehen und seine Bestellung aufgeben.

Gemüsegarten
Frühbeet vor starkem Frost mit Folie schützen. Spargelbeete rigolen (tief umgraben) und die neuen Spargelanlagen vorbereiten. Sellerie und kleinen Porree-Vorrat im Keller in Sand einschlagen. Meerrettich ausgraben und einige dünne Wurzeln für den Nachbau aufbewahren.

Obstgarten
Obstbäume und Sträucher zurückschneiden (je nach Wetterlage), die Wurzelscheibe mit Kompost oder Laub bedecken. Schädlingsbekämpfung: Stämme und Äste mit einer scharfen Drahtbürste oder Hacke abkratzen, ebenso die noch an den Bäumen haftenden Mumien oder Raupennester.

Blumengarten und Balkon
Rosen, zarte Ziersträucher und Stauden vor Frost schützen (Fichtenzweige). Zimmerpflanzen putzen und die Blätter der Blattpflanzen mit einem in lauwarmes Wasser getauchten Schwamm ab und zu reinigen. Bei schönem Wetter die Fenster öffnen oder die Pflanzen ins Freie stellen. Kleine Rottannen aus der Gärtnerei halten sich in Balkonkästen bis ins nächste Frühjahr hinein erfrischend grün.

Wenn um Martini Regen fällt, ist's um den Weizen nicht gut bestellt. (11.11.)

Gärtnern mit dem Mond

Was noch zu tun ist

Pflanzgruben ausheben, Pfähle vorbereiten, Baumbänder prüfen und alles für die Pflanzung vorbereiten. Komposthaufen gründlich durcharbeiten und umsetzen. Im Garten verlegte Wasserleitungen abstellen und entleeren, Gartenteiche für den Winter vorbereiten. Schläuche säubern, Gartengeräte reinigen, einfetten oder einölen und im Geräteschuppen oder im Keller verstauen, Nistkästen anbringen, Futterplätze für Vögel herrichten und regelmäßig Futter auslegen. Abfallendes Laub vom Rasen nehmen, sammeln und trocken aufbewahren. Bohnenstangen und Erbsenreiser zusammenbinden und aufbewahren. Ordnung im Garten schaffen. Ganz wichtig: Arbeitsplan für das kommende Gartenjahr erstellen!

> Martinstag trüb, macht den Winter lind, ist er aber hell, macht er Eis gar schnell. (11.11.)

Ernten und Konservieren mit dem Mond

Für alle Ernte-, Einlagerungs- und Konservierungsarbeiten ist die Zeit des aufsteigenden Mondes günstig, am besten ist ein Widdertag. Das Erntegut ist dann besonders saftig, schmackhaft und haltbar.

Fischetage, obwohl auch im aufsteigenden Mond, sollten allerdings gemieden werden, es kann leicht zu Fäulnis kommen. Obst und Gemüse, das bei zunehmendem Mond geerntet wurde, sollte möglichst bald verbraucht werden, wenn nicht gerade ein Tag mit aufsteigender Qualität ist.

Gänzlich ungeeignet für die Ernte sind Krebs- und Jungfrautage.

Alles, was durch Trocknung konserviert werden soll, wird am besten bei abnehmendem Mond geerntet.

Die Heilkraft der Bäume (3)

Hier folgt nun eine weitere Fortsetzung unserer Betrachtung über die segensreiche Wirkung der Bäume, die wir auf den Seiten 224 bis 227 und 248 bis 257 begonnen haben.

Die Lärche – Verkünderin des Frühlings

Die Lärche ist der einzige Nadelbaum, der jedes Jahr seine Nadeln verliert. Die Rinde der Lärche duftet nach Zitrone, das Harz wie Balsam. Der aus dem Lärchenharz gewonnene Terpentin ist ein gutes Hausmittel bei Blasenleiden und Katarrh. Umschläge mit dem Terpentin sind gut bei Hauterkrankungen, blutenden Wunden und eiternden Geschwüren. Einreibungen lindern Nervenschmerzen (Ischias, Trigeminusneuralgie). Vorsicht ist angeraten bei zu häufigen Einreibungen, es könnte nämlich zu Blasenbildungen und schmerzhaften Anschwellungen kommen.

Schneit's über Martini ein, wird's eine weiße Weihnacht sein. (12.11.)

Fast in Vergessenheit geraten ist die große Heilwirkung des früher sehr geschätzten Lärchenschwammes, ein auf den Stämmen sitzender Löcherschwamm. Der von der Rinde befreite Schwamm wird getrocknet, in kleine Stücke zerschnitten und zu Pulver zerrieben. Das Pulver hemmt die Schweißbildung bei Tuberkulose und bei Infektionen (nicht für Kinder und Kranke).

Das Lärchenpulver, vermengt mit Weißwein, Gewürznelken, einer kleinen Portion Ingwer und Lavendel, tut dem Magen gut und löst hartnäckigen Brustschleim. Auf eiternde Wunden gegeben, beschleunigt es den Heilprozess.

Wer sich gern in die Natur begibt, kann Rinde, Harz, Sprossen und Nadeln von Mai bis Ende August selbst sammeln.

Ein Lärchennadelbad zur Stärkung

Man nimmt zehn Hände voll zerkleinerte oder zerschnittene Nadeln und gibt sie in fünf Liter heißes Wasser (nicht kochend!). Den Aufguss lässt man etwa dreißig Minuten ziehen, dann seiht man ihn ab und gibt ihn in das heiße Badewasser. Im Badewasser bleibt man zwanzig Minuten, hüllt sich danach – ohne sich abzutrocknen – in einen Bademantel, geht ins Bett und deckt sich warm zu.

Der Heilige Leopold ist oft noch dem Altweibersommer hold. (15.11.)

Lärchenrindentee bei Nierenentzündungen

Ein Teelöffel der pulverisierten Rinde, in kaltem Wasser angesetzt, kurz aufgekocht, abgeseiht und schluckweise getrunken, ist ein wunderbares Mittel bei Blasenbeschwerden, Nieren- und Harnleiterentzündungen. Wohltuende Entspannung verschafft ein Lärchennadeln-Extrakt.

Unter der Linde

Kaiser Karl der Große befahl einst ihre Anpflanzung in Dörfern und auf den Plätzen bei den Kirchen. So wurde die Linde zum Volksbaum schlechthin. In keinem anderen Land der Welt ist die Linde so mit dem Begriff Heimat verbunden wie im deutschsprachigen Raum. Die Linde ist nicht nur ein besonders schöner, großer Baum, der uralt werden kann, sondern, wie man heute weiß, auch eine Quelle des Friedens, wie sie es sonst nicht gibt. Sie wirkt wie ein natürlicher Schutzschild gegen alle Nervenreize, kämen sie aus der Luft oder aus dem Boden. Ihr Duft – nicht nur während der Blütezeit – beruhigt und entspannt, er reinigt auch die Atemwege.

Tummeln sich an Gertrud noch Haselmäuse, ist es noch weit mit Winters Eise. (17.11.)

November

Sankt Elsbeth sagt an, was der Winter für ein Mann. (19.11.)

Lindenbäume können bis zu 30 Meter hoch und mehrere hundert Jahre alt werden. Sie wurden als Friedens- und Siegeszeichen gepflanzt und waren für unsere Vorfahren ein ganz besonderes Fruchtbarkeitssymbol.

Lindenblütentee ist ein wohlschmeckendes und entspannendes Heilmittel, besonders bei Erkältungen (schweißtreibend) und Kopfschmerzen. Er stärkt durch seine vorbeugende Wirkung die körperliche Abwehr, hilft außerdem bei Menstruationsbeschwerden, Koliken und Krämpfen.

Lindenblütentee regt die Nerven an

Korbinian fängt das Frieren an. (20.11.)

Ein Lindenblütentee hat nervenanregende, schweißtreibende und krampfstillende Wirkung. Er ist vorzüglich geeignet bei Erkältungen, Schnupfen, chronischem Husten, Verschleimung der Lungen und Bronchien. Lindenblütentee reinigt das Blut, stärkt die Nerven und belebt bei geistiger Anstrengung. Er sollte nur nicht auf Dauer getrunken werden, da er unter Umständen Herzprobleme hervorrufen könnte. – Ein gehäufter Teelöffel Lindenblüten wird mit einer Tasse kochendem Wasser überbrüht und lässt ihn fünf Minuten lang ziehen, dann seiht man ab. Der Tee wird am besten vor dem Schlafengehen getrunken. Die beste Wirkung erzielt man, wenn man sich anschließend ins Bett legt und kräftig schwitzt. Durch den Schweiß wird der Körper entgiftet und Fieber gesenkt.

Mariä Opferung klar und hell, macht den Winter streng ohn' Fehl. (21.11.)

Lindenblütenwein

Menschen, die sich kraftlos fühlen und glauben, »es nicht zu schaffen und nicht auf Touren kommen zu können«, sollten sich einen Lindenblütenwein zubereiten.

Lindenblütenwasser fördert den Haarwuchs

Ein Extrakt aus Lindenblüten ist ein hervorragendes Schönheitsmittel für die Gesichtspflege, zur Förderung des Haarwuchses und zur Linderung von Kopfschmerzen. Man verfährt so wie bei der normalen Zubereitung des Lindenblütentees. Mit dem einen Unterschied, dass man nach dem Kochen den Tee erkalten lässt, kleine Leinenläppchen in den Tee taucht und das Gesicht behandelt oder den Tee über die Haare gießt und sie trocknen lässt, ohne sie danach zu spülen.

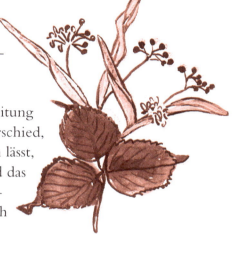

Ein Lindenblütenbad nimmt die Angst

Nehmen Sie abends ein warmes Vollbad, dem Sie zwei Hände voll Linden- oder Orangenblüten zusetzen. Am besten als Absud: Übergießen Sie die Blüten mit kochendem Wasser, lassen Sie sie zehn Minuten ziehen und filtern Sie den Absud in Ihr Bad. Ein Tässchen davon mit Honig gesüßt, können Sie sich in der Wanne schmecken lassen.

Lindenholzkohle gegen Magengeschwüre

Pulverisierte Lindenholzkohle, morgens nüchtern sowie zwei Stunden nach dem Mittagessen und abends vor dem Schlafengehen je eine Messerspitze mit einem Esslöffel Wasser oder Milch eingenommen, ist bei Magengeschwüren oder Magenschmerzen sehr zu empfehlen. Lindenholzkohle ist in jeder Apotheke erhältlich.

> Sankt Klemens traue nicht, denn selten hat er ein mild' Gesicht. (23.11.)

November

Nussbäume spenden Gesundheit

Vermutlich kam der Nussbaum aus Asien über Griechenland zu uns nach Mitteleuropa. Seine Früchte, die Nüsse, sind seit alters her das Symbol der Fruchtbarkeit. Der Walnussbaum (Wal = welsch) findet sich auch im Capitulare (Anbauanweisung) Karls des Großen.

Die Walnuss reinigt das Blut, findet als Walnussblättertee Verwendung bei Gicht, chronischen Magen-Darm-Katarrhen, Wurmkrankheiten und chronischen Ausschlägen. Es heißt auch: Wer täglich drei Nüsse (oder Mandeln) isst, bekommt keinen Krebs. Zur Bereitung von Tee werden bis zu zwei Teelöffel der Blätter mit heißem Wasser überbrüht. Davon kann man täglich zwei Tassen trinken.

Wie das Wetter auf Sankt Kathrein, so wird's den ganzen Winter sein. (25.11.)

Nussschnaps reinigt Blut und Magen

Nussschnaps ist bis heute ein Allheilmittel für jegliche Art von Magenbeschwerden. Er wird folgendermaßen hergestellt: Gegen Ende Juni erntet man die grünen Nüsse, wäscht sie kalt, trocknet sie, schneidet sie in kleine Stückchen und gibt sie in eine Flasche mit einigen Nelken, Ingwer und etwas Zimt. Nun füllt man einen Liter Kornbranntwein hinein, verschließt die Flasche und stellt sie vier Wochen lang in die Sonne. Danach seiht man den Nussgeist ab und füllt ihn in kleine Flaschen. Je länger er übrigens gelagert wird, umso wirkungsvoller und besser wird er.

An Konrad steht kein Mühlenrad, weil der ja immer Wasser (= Regen) hat. (26.11.)

Nussschalenpomade für schönes Haar

Eine gute Hand voll grüner Nussschalen, in Weißwein und Olivenöl zerrieben, zerstoßen oder pulverisiert, ist ein gutes Mittel

Nussbaum 279

für schönen, kräftigen Haarwuchs. Der Extrakt aus grünen Walnussschalen, mit einem kleinen Stück Alaun, färbt das Haar ohne schädliche Nebenwirkungen glänzend dunkelbraun.

Walnüsse verlängern das Leben

Walnüsse machen schlank und verlängern das Leben. Forscher stellten fest: Wer mindestens fünfmal pro Woche je drei Walnüsse isst, schützt sich vor Herzinfarkt. Wer vor jeder Mahlzeit eine Walnuss isst, wird sehr viel schneller satt und verliert auf natürliche Weise Gewicht. Fazit: Wer regelmäßig Walnüsse isst, verlängert dadurch sein Leben.

> Wenn es friert auf Sankt Virgil, bringt der März noch Kälte viel. (27.11.)

Walnüsse schützen vor Herzinfarkt

Wer jeden Tag drei Walnüsse isst, schützt sich damit bestens vor einem Herzinfarkt. Das ergab eine wissenschaftliche Studie. Vor allem Männer haben damit gute Chancen, gesund zu bleiben. Walnüsse haben nämlich einen hohen Anteil an mehrfach ungesättigten Fettsäuren und sehr viel Leinöl. Das senkt das LDL-Cholesterin, das sich oft in den Arterien ablagert und zu Herzinfarkten führen kann. Walnüsse sind reich an Vitamin E, das vor Umweltgiften schützt.

Wer eine Walnussdiät macht, muss allerdings den Verzehr von tierischen Fetten stark einschränken und vor allem auf fette Wurst verzichten. Die Walnüsse werden ausschließlich roh verzehrt.

Der Sud von aufgekochten Walnussblättern macht Augenbrauen und Wimpern dunkler.

Die Rosskastanie heilt Rheuma und Gicht

Andreas-Schnee bleibt hundert Tage liegen. (30.11.)

Die Rosskastanie, auch »Gichtbaum, Saukesten oder Zierkestenbaum« genannt, nimmt Schmerzen weg und festigt die Blutgefäße. Der Baum kann bis zu 25 Meter hoch werden, blüht im Mai, die Frucht reift in der Zeit von September bis Oktober.

Blütengeist aus Rosskastanien

In einen halben Liter klaren Schnaps oder Weingeist gibt man eine gute Hand voll Kastanienblüten und stellt die Flasche vier Wochen lang an die Sonne. Bei bevorstehenden Gichtanfällen oder Rheumaschmerzen wird die betroffene Stelle mit dem Blütengeist ohne Hast kreisförmig eingerieben.

Rosskastanien stärken die Venen

Andreas hell und klar bringt ein gutes Jahr. (30.11.)

Machen Sie sich ein warmes Sitzbad und lassen Sie in die Wanne nur so viel Wasser ein, dass die Oberschenkel-Bauch-Partie etwa bis zum Nabel bedeckt ist. In das Wasser geben Sie den Rosskastanienextrakt (etwa einen Teelöffel pro fünf Liter Wasser). Sie bleiben eine Viertelstunde in der Wanne, duschen sich kalt ab und legen sich anschließend eine halbe Stunde auf den Rücken. Die Rosskastanientinktur kann auch bei stark geschwollenen Beinen und Krampfadern helfen.

Blütentinktur zum Einreiben

Anderthalb Hände voll Blüten der Rosskastanie, angesetzt in drei Zehntelliter Kornbranntwein oder Weingeist ergibt ein gutes Einreibemittel für Gichtleidende oder Rheumakranke.

Gesundheitsapotheke Tannenbaum

Tannenwipfeltee gewinnt man aus den jungen Knospen, Nadeln und Triebspitzen. Die Knospen werden gepflückt, wenn sie noch halbwegs in den braunen Schutzkappen stecken. Der Tee wird angewendet bei starkem Husten, Katarrh, grippösen Erscheinungen und Influenza, auch bei Blasenkatarrh und als Blutreinigungstee ist er sehr zu schätzen.
Zur Zubereitung des Tees nimmt man zwei Teelöffel voll Knospen und Triebe für eine Tasse mit heißem, nicht mehr kochendem Wasser und lässt ihn zehn Minuten ziehen. Morgens und abends trinkt man davon eine Tasse und süßt den Tee am besten mit Honig.

Tannenwipfelsirup bei Erkältungen und chronischem Husten

Im Frühjahr sammelt man von frisch gefällten oder durch Unwetter umgestürztn Bäumen Tannen-, Fichten- oder Kiefernsprossen, gibt sie in einen Kochtopf und gießt so viel Wasser darauf, dass die Knospen gut bedeckt sind. Das Ganze kocht man dann zu einem dicken Brei auf. Je nach Menge dosiert man Kandiszucker und Honig und rührt die Masse tüchtig durch, kocht sie noch einmal auf und füllt den Sirup in Gläser und bewahrt diese an einer dunklen, kühlen und trockenen Stelle auf. Der Sirup wird genommen bei Neigungen zu Bronchialkatarrhen und Erkältungskrankheiten.
Ein altes Volksmittel ist, Tannen- oder Fichtenzweige ins Zimmer zu hängen. Das ist ein vorzügliches Lungenmittel, baut auf und stimmt auf lange Sicht gesehen heiter und wohl.

Andreas Frost und Schnee – tut Korn und Weizen weh. (30.11.)

November

Das Menü des Monats

Herzhaft und pikant der Menü-Vorschlag im November: eine kräftige Kartoffelsuppe, frische Schwarzwurzel, ein knuspriges Schweinefilet und dazu ein delikates Eis-Dessert.

Kartoffel-Radicchio-Suppe

Für 4 Portionen

SUPPE
1 Kopf Radicchio
500 g mehligkochende Kartoffeln
2 Schalotten
1 Knoblauchzehe
2 EL Butter
1 EL Mehl
½ l Gemüsebrühe
100 g Sahne
Salz
Pfeffer
3 EL geriebener Parmesan

1 Den Radicchio in die einzelnen Blätter teilen, waschen und abtropfen lassen. Die Kartoffeln waschen, schälen und in Würfel schneiden. Die Schalotte schälen und fein hacken. Die Knoblauchzehe schälen. Die Radicchioblätter in feine Streifen schneiden, einige zum Garnieren beiseite stellen.

2 Die Butter in einem beschichteten Topf zerlaufen lassen und die Schalotten darin glasig dünsten. Den Knoblauch dazupressen. Radicchio und Kartoffelwürfel ebenfalls hinzufügen und mitdünsten. Das Mehl darüber stäuben und kurz anschwitzen lassen.

3 Dann die Gemüsebrühe angießen und die Suppe zugedeckt etwa 20 Minuten bei schwacher Hitze garen.

4 Zum Schluss die Sahne unterrühren und die Suppe mit Salz und Pfeffer würzen. Die Suppe in einem vorgewärmten Teller servieren, mit dem Parmesan bestreuen und mit den beiseite gestellten Radicchiostreifen garnieren.

Stärkung für kühle Tage 283

Schwarzwurzeln in Zitronensauce

Für 4 Portionen

1 Die Schwarzwurzeln unter fließendem Wasser gründlich abbürsten. In einem Topf Salzwasser zum Kochen bringen. Die Schwarzwurzeln darin zugedeckt etwa 15 Minuten garen.

2 Die Schalotte schälen und fein hacken. Die Butter in einem Topf zerlassen. Die Schalotte darin andünsten. Das Mehl darüber stäuben und kurz anschwitzen. Den Gemüsefond, die Sahne und den Weißwein angießen. Die Sauce offen bei mittlere Hitze etwas einkochen lassen.

3 Die Zitrone heiß waschen und abtrocknen. Die Schale fein abreiben, den Saft auspressen. Die Sauce mit Salz, Pfeffer, Zitronensaft und -schale abschmecken. Warm halten.

4 Die Schwarzwurzeln kalt abschrecken, schälen und in Stücke schneiden. In die Sauce geben und kurz darin ziehen lassen.

5 Den Schnittlauch waschen und in Röllchen schneiden. Die Schwarzwurzeln damit bestreuen und servieren. Mit kurzgebratenem Fleisch und Kartoffeln wird ein Hauptgericht daraus.

BEILAGE
1 kg Schwarzwurzeln
Salz
1 Schalotte
2 EL Butter
2 TL Mehl
¼ l Gemüsefond
100 g Sahne
100 ml trockener Weißwein
1 unbehandelte Zitrone
Weißer Pfeffer
1 Bund Schnittlauch

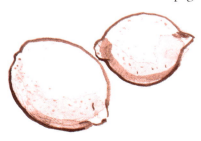

Schweinefilet mit Chinakohl

Für 4 Portionen

HAUPT-GERICHT

1 Schweinefilet
4 EL Sojasauce
1 EL Speisestärke
1 kleiner Chinakohl
2 rote Paprikaschoten
1 Bund Frühlingszwiebeln
2 Knoblauchzehen
3 EL Sonnenblumenöl
50 ml Fleischbrühe
50 ml trockener Weißwein
3–4 EL Reiswein oder trockener Sherry
Pfeffer
1 TL Sesamöl

1 Das Schweinefilet in feine Streifen teilen. In einer Schüssel mit der Sojasauce und der Speisestärke mischen und zugedeckt beiseite stellen.

2 Den Chinakohl in die einzelnen Blätter teilen, gründlich waschen und abtropfen lassen. Die beiden Paprikaschoten putzen, vierteln und quer in feine Streifen teilen. Die Frühlingszwiebeln putzen, waschen und schräg in etwa ein Zentimeter dicke Scheiben schneiden. Die Chinakohlblätter der Länge nach halbieren und dann in etwa zwei Zentimeter breite Streifen teilen. Die Knoblauchzehen schälen.

3 Einen Esslöffel Öl in einem Wok erhitzen. Die Hälfte des Fleisches darin unter Rühren braun braten, dann herausnehmen. Wieder einen Esslöffel Öl erhitzen, das restliche Fleisch darin braten, herausnehmen.

4 Noch einen Esslöffel Öl erhitzen, die Paprikaschoten darin etwa zwei Minuten unter Rühren braten, dann die Frühlingszwiebeln zufügen und eine Minute mitbraten, den Knoblauch dazupressen. Mit Brühe und Wein ablöschen, mit Reiswein oder Sherry, Pfeffer, Sojasauce und Sesamöl abschmecken. Fleisch und Chinakohl in den Wok geben und kurz erhitzen. Dann sofort servieren.

Maroneneis

Für 4 Portionen

1 Ei und Zucker in einer Metallschüssel verrühren und mit den Quirlen des Handrührers über dem warmen Wasserbad cremig aufschlagen, dann in einer Schüssel mit Eiswasser kalt rühren.

2 Das Maronenmus unterrühren. Die Sahne steif schlagen und unterheben. Die Eismasse mit dem Calvados aromatisieren.

3 Die Eismasse in die Eismaschine geben und ca. 30 Minuten kühlen. Oder im Tiefkühlgerät etwa 4 Stunden kühlen, dabei immer wieder umrühren.

4 Das Eis auf Dessertteller anrichten und mit einigen süßen Amaretti garnieren.

DESSERT

1 Ei
125 g Zucker
250 g Maronenmus (aus der Dose)
200 g Sahne
50 ml Calvados
Amaretti zum Garnieren

Wenn die weissen Nebel fallen …

Die goldenen Herbsttage sind nun vorbei, das letzte Grün und Blühen ist dahin. Ein bleigrauer Himmel hat sich wie ein dämpfender Mantel über das öde und schweigsame Land geworfen.

Kleider machen Leute

An einem unfreundlichen Novembertage wanderte ein armes Schneiderlein auf der Landstraße nach Goldach, einer kleinen reichen Stadt, die nur wenige Stunden von Seldwyla entfernt ist. Der Schneider trug in seiner Tasche nichts als einen Fingerhut, welchen er, in Ermangelung irgendeiner Münze, unablässig zwischen den Fingern drehte, wenn er der Kälte wegen die Hände in die Hosen steckte, und die Finger schmerzten ihn ordentlich von diesem Drehen und Reiben. Denn er hatte wegen des Falliments irgendeines Seldwyler Schneidermeisters seinen Arbeitslohn mit der Arbeit zugleich verlieren und auswandern müssen. Er hatte noch nichts gefrühstückt als einige Schneeflocken, die ihm in den Mund geflogen, und er sah noch weniger ab, wo das geringste Mittagbrot herwachsen sollte. Das Fechten schien ihm äußerst schwer, ja schien ihm gänzlich unmöglich, weil er über seinem schwarzen Sonntagskleide, welches sein einziges war, einen weiten dunkelgrauen Radmantel trug, mit schwarzem Samt ausgeschlagen, der seinem Träger ein edles und romantisches Aussehen verlieh, zumal dessen lange schwarze Haare und Schnurrbärtchen sorgfältig gepflegt waren und er sich blasser, aber regelmäßiger Gesichtszüge erfreute.

Solcher Habitus war ihm zum Bedürfnis geworden, ohne dass er etwas Schlimmes oder Betrügerisches dabei im Schilde führte; vielmehr war er zufrieden, wenn man ihn nur gewähren ließ; aber lieber wäre er verhungert, als dass er sich von seinem Radmantel und von seiner polnischen Pelzmütze getrennt hätte, die er ebenfalls mit großem Anstand zu tragen wusste.

Er konnte deshalb nur in größeren Städten arbeiten, wo solches nicht zu sehr auffiel; wenn er wanderte und keine Ersparnisse mitführte geriet er in die größt Not. Näherte er sich einem Hause, so betrachteten ihn die Leute mit Verwunderung und Neugierde und erwarteten eher alles andere, als dass er betteln würde; so erstarben ihm, da er überdies nicht beredt war, die Worte im Munde, also dass er der Märtyrer seines Mantels war und Hunger litt, so schwarz wie des letztern Sammetfutter.

Als er bekümmert und geschwächt eine Anhöhe hinaufging, stieß er auf einen neuen und bequemen Reisewagen, welchen ein herrschaftlicher Kutscher in Basel abgeholt hatte und seinem Herren überbrachte, einem fremden Grafen, der irgendwo in der Ostschweiz auf einem gemieteten oder angekauften alten Schloss saß. Der Wagen war mit allerlei Vorrichtungen zur Aufnahme des Gepäcks versehen und schien deswegen schwer bepackt zu sein, obgleich alles leer war. Der Kutscher ging wegen des steilen Weges neben den Pferden, und als er, oben angekommen, den Bock wieder bestieg, fragte er den Schneider, ob er sich nicht in den leeren Wagen setzen wolle. Denn es fing eben an zu regnen, und er hatte mit einem Blicke gesehen, dass der Fußgänger sich matt und kümmerlich durch die Welt schlug.

Derselbe nahm das Anerbieten dankbar und bescheiden an, worauf der Wagen rasch mit ihm von dannen rollte und in einer kleinen Stunde stattlich und donnernd durch den Torbogen von Goldach fuhr. Vor dem ersten Gasthofe, zur Waage genannt, hielt das vornehme Fuhrwerk plötzlich, und alsogleich zog der Hausknecht so heftig an der Glocke, dass der Draht beinahe entzweiging. Da stürzten Wirt und Leute herunter und rissen den Schlag auf; Kinder und Nachbarn umringten schon den prächtigen Wagen, neugierig, welch ein Kern sich aus so unerhörter Schale enthülsen würde, und als der verdutzte Schneider endlich hervorsprang in seinem Mantel, blass und schön und schwermütig zur Erde blickend, schien er ihnen wenigstens ein Prinz oder Grafensohn zu sein.

Aus: Gottfried Keller: Kleider machen Leute

Herbst im Fluss

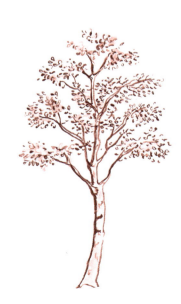

Der Strom trug das ins Wasser gestreute
Laub der Bäume fort. –
Ich dachte an alte Leute,
Die auswandern ohne ein Klagewort.

Die Blätter treiben und trudeln,
Gewendet von Winden und Strudeln
Gefügig und sinken dann still. –

Wie jeder der Großes erlebte,
Als er an Größerem bebte,
Schließlich tief ausruhen will.

Joachim Ringelnatz

Leben eines Mannes

Gestern fuhr ich Fische fangen,
Heut bin ich zum Wein gegangen,
– Morgen bin ich tot –

Grüne, goldgeschuppte Fische,
Rote Pfützen auf dem Tische,
Rings um weißes Brot.

Gestern ist es Mai gewesen,
Heute wolln wir Verse lesen,
Morgen wolln wir Schweine stechen,
Würste machen, Äpfel brechen,
Pfundweis alle Bettler stopfen
Und auf pralle Bäuche klopfen,
– Morgen bin ich tot –

Rosen setzen, Ulmen pflanzen,
Schlittenfahren, fastnachtstanzen,
Netze flicken, Lauten rühren,
Häuser bauen, Kriege führen,
Frauen nehmen, Kinder zeugen,
Übermorgen Kniee beugen,
Übermorgen Knechte löhnen,
Übermorgen Gott versöhnen –
Morgen bin ich tot.

Werner Bergengruen

DEZEMBER

Der Dezember, auch Christ-, Jul-, oder Heilmond, bei den Römern ursprünglich der Zehnte des Jahres (lat. decem = zehn), beschließt das Jahr. Kaiser Karl der Große nannte den Dezember »Heiliger Monat«.

Am **1. Advent** beginnt das neue Kirchenjahr. Nach früherer christlicher Tradition war die Adventszeit Fastenzeit. Advent bedeutet Ankunft (lat. adventus), Advent ist die Vorbereitung auf die Geburt des Herrn.

Am 4. Dezember ist Barbaratag. Die heilige **Barbara**, Tochter eines reichen Kaufmannes in Nikodemien, starb durch die Hand

> Dezember mild mit viel Regen – so hat das nächste Jahr wenig Segen.

Im Christmond

ihres eigenen Vaters, der sie köpfte, weil sie sich weigerte, einen heidnischen Prinzen zu heiraten.

Der 6. Dezember ist der Tag des heiligen **Nikolaus**. Der Schutzheilige der Kinder ist Patron der Schüler, Richter, Rechtsanwälte, Jungfrauen, Reisenden, Pilger, Matrosen, Fischer, Apotheker, Bierbrauer, Wirte und Steinmetze.

Mariä Empfängnis am 8. Dezember ist dem Andenken der unbefleckten Empfängnis Marias geweiht.

Eine gute Decke von Schnee bringt das Winterkorn in die Höh.

Das wilde Heer braust dahin

Die so genannten **Zwölfernächte**, auch Rau- oder Rauchnächte, beginnen am 13. Dezember, dem Fest der heiligen Lichtträgerin Lucia, und enden am 24. Dezember (in einigen Gegenden auch vom 24. Dezember bis zum 6. Januar), am Heiligen Abend. Da geistern die armen Seelen der Verstorbenen umher, Wölfe heulen mit dem Sturm um die Wette, und das »wilde Heer« braust unter gewaltigem Lärm am Winterhimmel dahin.

Die Nacht vom 24. auf den 25. Dezember ist die eigentliche **Heilige Nacht**, auch Christnacht oder Stille Nacht genannt, denn in dieser Nacht ist Jesus Christus, der Sohn Gottes geboren.

Johannes der Evangelist (27. Dezember), der »Jünger, den Jesus liebte«, legte nach einer Vision in einer Höhle die Geheime Offenbarung nieder. Unter Kaiser Diokletian trank er einen Becher mit Gift aus, ohne Schaden daran zu nehmen.

Der Tag der **Unschuldigen Kinder** (28. Dezember) ist der Gedenktag für die Kinder, die König Herodes auf der Suche nach dem Jesuskind ermorden ließ.

Der 31. Dezember, der letzte Tag des Jahres, hat seinen Namen von Papst **Silvester** (314–335).

Fällt zu Elegius ein starker Wintertag, die Kält' wohl vier Monate dauern mag. (1.12.)

Der DEZEMBER im Überblick

	Feste	Namenstage
1		Charles, Edmund, Natalie
2		Aurelia, Johannes, Luzius
3		Emma, Franz Xaver, Gerlind
4		Adolf, Barbara, Christian
5		Gerald, Niels, Reginhard
6	Nikolaustag	Albin, Dionysia, Nikolaus
7		Ambrosius, Gerhard, Sigtrud
8	Mariä Empfängnis	Edith, Konstantin
9		Eucharius, Leokadia, Valeria
10		Angelina, Anton, Bruno, Herbert
11		Arthur, David, Ida, Tassilo
12		Dietrich, Hartmann, Franziska
13		Benno, Jost, Lucia, Ottilie
14		Bertold, Johannes, Nikasius, Spiridon
15		Nina, Ignaz, Wunibald
16		Adelheid, Dietrich, Rainald

Geht Barbara im Klee, kommt's Christkind im Schnee. (4.12.)

Der DEZEMBER im Überblick

	Feste	Namenstage
17		Jolanda, Lazarus, Viviana
18		Desideratus, Gratianus, Philipp
19		Abraham, Fridbert, Konrad, Urban
20		Christian, Heinrich, Hoger, Regina
21		Peter, Richard, Thomas
22		Demetrius, Jutta, Marian
23		Agnes, Ivo, Viktoria
24	Heiligabend	Adam, Eva
25	1. Weihnachtstag	Anastasia, Therese
26	2. Weihnachtstag	Dionysius, Stephan
27		Fabiola, Johannes, Rudger, Wallo
28		Franz, Hermann
29		David, Jonathan, Lothar, Tamara
30		Felix, Richard, Sabinus
31	Silvester	Apollonia, Gunter, Melanie

Regnet's an Sankt Nikolaus, wird der Winter streng und grauss. (6.12.)

Geht die Gans zu Sankt Luzia im Dreck, dann geht sie zu Weihnachten auf's Eis. (13.12.)

Feste und Brauchtum im Dezember

Am 4. Dezember, dem Namenstag der Heiligen Barbara, wird seit dem 15. Jahrhundert der so genannte »Barbarazweig« geschnitten. Zweige von Kirsch- oder Pflaumenbäumen werden ins Haus geholt und in wassergefüllte Vasen gestellt, damit sie zum Weihnachtsfest blühen.

Nikolaustag

Der 6. Dezember ist der Todestag des Heiligen Nikolaus, der Bischof von Myra war. Er wird verehrt für seine Großherzigkeit und Hilfsbereitschaft, und der Nikolaustag wird alljährlich gefeiert, indem am Vorabend der Nikolaus von Haus zu Haus zieht und Geschenke an die Kinder verteilt. Doch Nikolaus beschenkt nicht nur, er lobt und tadelt, ermuntert und belehrt die Kinder, bevor er in seinen großen Sack greift und verschiedene kleine Geschenke, Äpfel, Nüsse und Apfelsinen verteilt.

Ist Sankt Lazarus nackt und bar, wird ein gelinder Februar. (17.12.)

Weihnachtsfest

Schon vier Wochen vor dem 24. Dezember beginnt die Adventszeit, die vom Herannahen des Weihnachtsfestes kündet. An jedem der vier Sonntage wird auf dem Adventskranz eine Kerze mehr entzündet, bis schließlich am Sonntag vor Christi Geburt alle vier Kerzen leuchten. Der Adventskalender, der jeden Tag vom 1. bis zum 24. Dezember hinter seinen Türchen eine andere Überraschung bereithält, unterstreicht ebenso den Charakter des besinnlichen Wegs bis zum freudig erwarteten Festtag mit Liedern und Geschenken.

Im Zentrum des Festes steht die Krippe, in die das Jesuskind der Überlieferung nach gebettet wurde. Bei der Krippe stehen Maria und Josef, die leibliche Mutter und der Nährvater des Gottessohns. Umlagert werden sie von Hirten, einfachen, armen Leuten, die gemeinsam mit ihren Schafen, mit Ochse und Esel die Freude der Menschheit und der Tierwelt über die Geburt des Herrn darstellen.

Daneben zeigt ein prächtig geschmückter Weihnachtsbaum die Freude über das Weihnachtsfest an. Schon seit Jahrhunderten wird dazu ein Tannenbaum in der Stube neben der Krippe aufgestellt und mit Äpfeln, Sternen, Oblaten, Kugeln, Kerzen und vielem mehr reich verziert.

Am Abend des 24. Dezember wird mit der Bescherung die Ankunft des Gottessohns in der Heiligen Nacht gefeiert. In Anlehnung an die Gaben der Heiligen Drei Könige und an das Geschenk der Erlösung, das die Geburt des Heilands für die Menschheit darstellt, beschenken sich alle gegenseitig.

Silvesternacht

In der Silvesternacht wird das alte Jahr mit viel Lärm verabschiedet. Weit verbreitet ist auch der Brauch des Orakellesens, das meist mit Blei- oder Wachsgießen zelebriert wird. Aus den in kaltes Wasser gegossenen Formen lassen sich mit ein wenig Fantasie Formen und Figuren erkennen, die auf zukünftige Ereignisse hindeuten sollen. Die Interpretationskünste der Mitspieler lassen das Blei- und Wachsgießen zu einem vergnüglichen Jahresausklang werden. Pünktlich zum Jahreswechsel werden außerdem farbenprächtige Feuerwerke abgebrannt, die das alte Jahr beschließen und das neue willkommen heißen.

Wenn Sankt Thomas dunkel war, gibt's ein schönes neues Jahr. (21.12.)

Wenn Christkindlein Regen weint, vier Wochen keine Sonne scheint (24.12.)

DER GARTEN IM DEZEMBER

Im Garten herrscht jetzt Winterruhe, dennoch bleibt einiges zu tun. Vor allem Frostschutz ist jetzt gefragt, damit die Herbstsaaten nicht ausfrieren. Wenn Schnee das Land bedeckt, gibt es einen natürlichen Schutz vor den starken Frösten, die zu Beginn des neuen Jahres drohen. Auf keinen Fall sollte man vergessen die Wasserleitungen im Freien abzustellen und sorgfältig zu entleeren.

Gemüsegarten
Stark gefrorenes Gemüse bringt man nicht sofort ins Warme, sondern lässt es in einem ungeheizten, frostfreien Raum etwas auftauen, bevor man es verbraucht. Feldsalat kann auch bei leichtem Frost noch geerntet werden, ebenso Rosenkohl, Grünkohl und Winterlauch.

Wie's Adam und Eva spend't, bleibts Wetter bis zum End. (24.12.)

Obstgarten
Das Obstlager ist öfter zu kontrollieren und zu lüften. Verfaulte Früchte müssen unbedingt aussortiert und entfernt werden. Das Schneiden der Obstbäume kann in diesem Monat fortgesetzt werden. Ältere Baumkronen der Obstgehölze lichtet man aus, wenn die Krone zu dicht ist.

Blumengarten und Balkon
Kübelpflanzen bei Frost abdecken. Wenn im Keller Pflanzen stehen, so sollten die Räume möglichst oft gelüftet werden. Faule Teile werden entfernt, Blattpflanzen und Palmen werden gereinigt und gewaschen (siehe November Seite 278).

Gärtnern mit dem Mond

Was noch zu tun ist

Alte Bäume pflegen, auslichten und ausholzen. Zäune nachsehen und eventuell ausbessern. Garten säubern, Laub zusammenrechen. Dem Komposthaufen wird Kalk beigegeben, dann zersetzt er sich schneller.

Beim Umgraben auf Engerlinge und andere Schädlinge achten und sie sofort vernichten. Pflanzen vor kommendem Frost schützen. Wenn nicht schon im November geschehen, so müssen jetzt rasch Futterstellen für Vögel eingerichtet und täglich nachgesehen werden.

Liegen Adam und Eva im Klee, frieren sie zu Ostern im Schnee. (24.12.)

Kompost – das Gold des Gärtners

Das beste und zugleich umweltfreundlichste Nährstoffangebot, das Sie Ihren Gartenpflanzen bereiten können, ist organischer Humus. Beim Kompostieren entsteht aus pflanzlichen und anderen organischen Abfällen durch die Lebenstätigkeit unzähliger Klein- und Kleinstlebewesen wieder wertvolle Humuserde, die dann als natürlicher Dünger und als Bodenverbesserungsmittel zur Verfügung steht.

Guter Kompost pflegt den Boden in idealer Weise. Er belebt ihn, verbessert seine Struktur und führt ihm alle notwendigen Nährstoffe in einer Form zu, die die Pflanzen für ein gesundes, harmonisches Wachstum brauchen.

Das Ansetzen des Komposthaufens sollte bei abnehmendem oder absteigendem Mond erfolgen, das Feststampfen bei zunehmendem Mond und das Umsetzen an einem Steinbocktag. Wenn man Kalk oder andere Zusätze zufügen will, wählt man am besten einen Jungfrautag.

Ist die Christnacht hell und klar, folgt ein höchst geseg- net' Jahr. (24.12.)

Alte und neue Bräuche rund um den Jahreswechsel

Von den alten magischen, geheimnisvollen Verrichtungen der Zukunftsbestimmungen ist nur noch ein kleiner Rest geblieben. Aber mitten unter uns sind noch Bräuche lebendig! Und schon immer war die wichtigste Orakelfrage: »Was bringt das nächste Jahr? Werde ich gesund bleiben? Behalte ich meine Stelle? Finde ich endlich den ersehnten Partner?« Aber auch das Wetter spielte eine sehr wichtige Rolle, da die meisten Menschen sehr eng mit der Natur zusammenlebten. Es gab verschiedene Techniken, mit denen die Elemente und die guten Geister einst befragt wurden, wie zum Beispiel das Blei- oder Zinngießen, das sich vor allem in den dunklen Wintermonaten großer Beliebtheit erfreute.

Vom Bleigießen, Schuhewerfen und anderen Zukunftsentdeckereien

In England ritzt man an Halloween, der Nacht vor Allerheiligen, bestimmte persönliche Erkennungszeichen in Steine ein und wirft diese in ein offenes Feuer. Am nächsten Morgen sucht sich jeder wieder seinen Stein heraus. Ist dieser unbeschädigt, so wertet man das als gutes Zeichen für das nächste Jahr, ist er jedoch beschädigt, gesprungen oder gar nicht mehr auffindbar, so ist das ein schlechtes Omen.

In der Schweiz gilt ein seltsames Eheorakel: Junge Mädchen, die noch keinen Verlobten haben, schreiben in der Neujahrsnacht mit Kreide das Alphabet auf den Türstock. Dann drehen sie sich

dreimal um sich selbst und tippen mit geschlossenen Augen an die Tür. Mit dem Buchstaben, auf den sie getippt haben, wird der Vorname ihres zukünftigen Mannes beginnen!
Für ganz einfache Antworten, eben nur JA oder NEIN, empfiehlt sich ein Wurforakel, das in leicht abgewandelter Form in ganz Nordeuropa bekannt ist. Man wirft fünf Münzen, Brotkügelchen oder Kieselsteine auf den Tisch. Wenn man durch Verschieben von nur einem der Gegenstände die Form eines Kreuzes schaffen kann, gilt die vorher gestellte Frage als bejaht.

Im Blei liegt die »Wahrheit«

Das Blei- oder Zinngießen am Andreas-, Thomas- oder Silvesterabend ist ein auch noch heute sehr beliebtes Schicksalsorakel. Aus den Gestalten des ins Wasser gegossenen Bleis oder Zinns wird das zukünftige Schicksal gedeutet.
Ein anderes, zumeist in der Christnacht ausgeübtes Orakel ist das »Eissehen«. Aus den gefrorenen Eisfiguren erkennt man am anderen Morgen den Beruf des zukünftigen Partners.

Aus Wasser wird Wein

Nach altem Brauch wird in der Mitternachtsstunde der Christnacht, solange die Uhr schlägt, alles Wasser in Brunnen und Flüssen in Wein verwandelt.
Am Weihnachtsabend muss man von allen Speisen über Nacht etwas auf dem Tisch stehen lassen, oder wenigstens ein Brot, dann wird es das ganze Jahr daran nicht mangeln. Wer sich am Weihnachtsabend so rundherum satt isst, muss das ganze Jahr über nicht hungern. Gesund im ganzen neuen Jahr bleibt, wer am Silvesterabend frische Wäsche anzieht.

Von Weihnacht bis Dreikönigstag, auf's Wetter man wohl achten mag. (25.12.)

Ist es grün zur Weihnachtsfeier, fällt der Schnee auf Ostereier. (25.12.)

Dezember

Das Apfelschalenorakel

Am Andreas-, Christ- oder Silvesterabend werfen im Mecklenburgischen, aber auch in Baden, Hessen und im Erzgebirge die heiratslustigen Mädchen eine schmal geschälte Apfelschale rückwärts mit der rechten Hand über die linke Schulter und über den Kopf. Daraus lässt sich unschwer der Anfangsbuchstabe des künftigen Geliebten erkennen. Oder ein am Silvestertag gekaufter Apfel wird abends unter das Kopfkissen gelegt, zum Glockenschlag um Mitternacht angebissen, dann sieht man den zukünftigen Gatten im Traum. Wenn ein Mädchen in der Christnacht die Gräten eines Karpfens auf einem Kreuzweg ausschüttet, wird es im nächsten Jahr heiraten.

Wer sein Holz nach Weihnacht fällt, dessen Haus dann zehnfach hält. (25.12.)

Das Christrosenorakel

Mitten im Winter in Eis und Schnee, wo alles Wachstum und Blühen erstarrt ist, entfaltet die Christrose, auch Nieswurz, »Schneekalt«, Weihnachtsrose oder Christwurz genannt, ihre ganze Blütenpracht. In England heißt sie Christmasrose, wo sie neben der Mistel zum traditionellen Weihnachtsschmuck gehört. Bei unseren Vorfahren galt die Christrose als heilige Blume der Göttin Freya, die Griechen priesen sie als Mittel gegen Geiz, im Mittelalter verwendete man sie gegen Gicht und Geistesschwäche. Als Orakelblume ist sie auch heute noch sehr beliebt. An Weihnachten wird sie ins Wasser gestellt. Blüten, die sich öffnen, zeigen gutes Wetter für den betreffenden Monat an, reichliches Blühen verkündet ein gutes Weinjahr, weshalb sie in einigen Landesteilen auch Weinrose genannt wird. Die Christrose bewahrt Verlobte vor allerlei Krankheiten, wer sie immer bei sich trug, wurde sehr alt.

Wenn es in der Christnacht lauter und klar, ohne Wind und Regen ist, so wird des Jahres Wein und Frucht genug. (25.12.)

Wer wird der Zukünftige sein?

Die Andreasnacht (am 30. November) ist eine der so genannten Los- oder Freinächte. An diesem Tag wird das Schicksal nach dem Zukünftigen befragt. An diesem Tag, dem Beginn des neuen Kirchenjahres, wird Blei gegossen, man lässt Lichter und Nussschalen zu Wasser oder wirft rückwärts einen Schuh gegen die Tür, um den Zukünftigen zu finden.

In der Thomasnacht (21. Dezember) werden die Luft- und Wassergeister lebendig, die Heiratswilligen schreiben mit Kreide 24 Buchstaben an die Tür und fassen mit verbundenen Augen danach. Der erste getroffene Buchstabe ist der Name des zukünftigen Geliebten. Oder man sieht um Mitternacht in einen Spiegel und bittet die Geister, den Liebsten schauen zu dürfen. Für das beliebte Apfelorakel schneidet man einen Apfel mitten durch. Dann zählt man die Kerne in der einen Hälfte. Sind sie paarig, so heiratet man bald, ist ein Kern entzweigeschnitten, wird nichts daraus.

Am Thomastag beginnen auch die »Dickbauch- oder Vollbauchabende«, wie sie noch heute in Niedersachsen heißen.

Die Raunächte

Eine ganz besondere Zeit im Jahr sind die Zwölfnächte, auch »Rauch- oder Raunächte, Zwischennächte oder Unternächte« genannt. Sie beginnen am Heiligen Abend und dauern bis zum Dreikönigstag (in einigen Gegenden vom 13. Dezember bis zum 24. Dezmeber).

Es ist die große Schicksalszeit des Jahres, in der Träume und Ahnungen deutlich werden wie sonst nie im Jahreslauf. Was die befragten Vorzeichen und Orakel in dieser Zeit verkünden, wird in Erfüllung gehen. Die Zahl Zwölf entspricht übrigens der Differenz des Mondjahrs (354 Tage) und des Sonnenjahrs (366 Tage). In diesen Nächten brausen der Gott Wotan, der wilde Jäger, und sein wildes Heer mit großem Gefolge, mit Hexen, Gespenstern, Werwölfen, feurigen Hunden und großem Lärm durch die Lüfte. Frau Holle oder Perchta, die Wolkengöttin, wird in dieser Zeit zur »Unholdin«, fährt in langem, weißem Gewand durch die Lande und nimmt alle nachlässigen, faulen und schmutzigen Mädchen mit sich.

Die Rose von Jericho

In diesen Tagen sind die Götter der Erde ganz besonders nah. Durch viele Bräuche sucht man mit ihnen in Verbindung zu treten und von ihnen die Zukunft zu erfahren.

Aus der Zahl der Sterne, dem Aufblühen der Rose von Jericho, dem Grunzen der Schweine, aus zwölf mit Salz bestreuten Zwiebelschalen oder aus dem Wetter der zwölf Lostage werden die künftige Ernte und die Witterung des neuen Jahres erkundet.

Am Stephanstag muss es windstill sein, sonst fällt die Hoffnung auf den Wein. (26.12.)

Das Pantoffelwerfen

Auch in diesen Nächten werden Blei- und Zinnfiguren gegossen, Apfelschalen über die linke Schulter geworfen, Pantoffeln in die Bäume geworfen, die, wenn sie in den Zweigen hängen blieben, die Erfüllung des Lieblingswunsches versprachen.

In der Alpenregion zogen die Mädchen, die wissen wollten, wann sie heiraten würden und ob ihr Bräutigam gut aussehend, wohlhabend und treu sein würde, in der Silvesternacht Scheite aus Holzstößen. War der Holzscheit morsch oder krumm, konnte man daraus auf den Zukünftigen schließen.

Kartengreifen

Ein sehr beliebtes Orakel war auch das Kartengreifen. Wer wissen wollte, ob er bald heiratete, musste aus einem normalen Kartenspiel alle Könige, Königinnen und Buben nehmen und in eine Socke geben, die in einer Nacht vom Samstag auf Sonntag unter das Kopfkissen gelegt wurde. Am nächsten Morgen griff man ohne hinzusehen in den Strumpf hinein und zog eine Karte heraus. War es ein König, stand eine baldige Hochzeit ins Haus, eine Königin zeigte eine Rivalin an, ein Bube, dass die geliebte Person keine ernsthaften Absichten hegte.

Weihnachten kalt, kommt der Winter hart und bald. (26.12.)

Eiweiß im Glas

Ähnlich wie das Bleigießen funktioniert das Eiweiß-Gießen. In der Neujahrsnacht gießt man ein Eiweiß in ein Glas mit lauwarmem Wasser, lässt es bis zum Morgen stehen und erkennt dann an den entstandenen Figuren, was im neuen Jahr auf einen zukommt.

Altes Brauchtum in der Christ-, Silvester- und Neujahrsnacht

Kinder, die in der Christnacht geboren werden, sind glücklich, werden es im Leben einmal sehr gut haben und vielleicht auch einen Schatz finden.
Wer sich in der Christnacht unter einen Apfelbaum stellt, sieht den Himmel ganz offen vor sich.
Scheint in der Weihnachtsnacht der Mond, wird es ein unfruchtbares Jahr.
Wer an Silvester einen Fisch mit Schuppen isst, dem geht im

folgenden Jahr niemals das Geld aus. Besonders dann, wenn er sich einige der Fischschuppen in den Geldbeutel legt.

Werden an Silvester Linsen oder Möhren gegessen, muss man sich um seinen Wohlstand keine Sorgen machen.

Besorgen Sie schon einige Tage vor dem Jahreswechsel Sauerkraut. Denn wenn Sie das Kraut – ob mit oder ohne Kater – an Silvester verspeisen, bleiben Sie von Magenleiden und Verdauungsbeschwerden verschont.

An Neujahr darf kein frisches Hemd angezogen werden und man sollte auch nicht mit dem Hammer klopfen, um keine bösen Geister anzulocken.

Wie das neue Jahr anfängt, so geht das Jahr fort.

Wenn man an Neujahr etwas verkehrt anzieht, dann geht es das ganze Jahr verkehrt.

Hirse, an Neujahr gegessen, macht reich.

Am Neujahrstag darf nichts aus dem Haus entfernt werden, sonst wird man vom Pech verfolgt sein.

Am Jahresschluss werden Brötchen gebacken, die man dem Vieh in der Neujahrsnacht zu fressen gibt, damit es gedeihe und sich reichlich vermehre.

Scheinen in der Christ- oder Neujahrsnacht viele Sterne, legen die Hühner im Jahr viele Eier.

Ist es Neujahr windig, gibt es viel Obst.

Wenn Sie am Neujahrstag kein Geld in der Tasche haben, werden Sie das ganze Jahr arm sein.

Was man am Neujahrstag tut, das wird man das ganze Jahr über tun.

> Haben's die unschuldigen Kindlein kalt, so weicht der Frost noch nicht bald. (28.12.)

Das Margeritenorakel

Ein sehr beliebtes, durch Goethes Faust bekanntes Zukunftsorakel ist das Margeritenorakel. Die jungen Mädchen zupften die Blätter einer Margerite ab und zählten dabei die Worte:

> *Er liebt mich*
> *von Herzen,*
> *mit Schmerzen,*
> *über alle Maßen,*
> *ein wenig,*
> *gar nicht.*

Das Wort, das auf das letzte gezupfte Blatt fällt, ist das gesuchte Orakel.
Beim Kirschblütenorakel stellt man am St.-Barbara-Tag (4. Dezember) Kirschzweige ins Wasser. Wenn sie an Weihnachten blühen, wird im kommenden Jahr geheiratet.

Das Hut- oder Tassenorakel

Das Hutorakel wird in der Silvesternacht befragt. Dabei werden unter neun Hüten oder Kaffeetassen neun verschiedene Gegenstände versteckt. Das sind ein Ring (Hochzeit), eine Puppe (Kind), eine Tasche (Reise), ein Kamm (Glück), eine Kohle oder eine geknickte Blume (Unheil), ein Schlüssel (Haus), ein Messer (Streit), ein Gebetbuch (innere Ruhe) und ein Knopf (Geld). Genau beim Glockenschlag um Mitternacht hebt der Fragende drei Hüte oder Tassen auf. Die Gegenstände, die er dabei aufdeckt, verraten ihm, was das soeben beginnende Jahr für ihn bringen wird.

> Silvesternacht Wind, früh Sonnenschein, bringt keinen guten Wein. (31.12.)

> Silvesterwind und warme Sonn' wirft jede Hoffnung in den Bronn'. (31.12.)

Beim Knopforakel zählt man an den Knöpfen der Kleider Ja und Nein ab und erhält auf diese Weise eine zustimmende oder ablehnende Antwort.

Orakelsprüche in Nüssen

Große Walnüsse werden so vorsichtig geöffnet und von den Kernen befreit, dass die Schale nicht beschädigt wird. Auf Zigarettenpapier schreibt man dann Orakelsprüche, Glück- und Segenswünsche und versteckt diese dann in den Nüssen, die sorgfältig wieder zugeklebt werden.

Nussschalen-Schiffchen verraten das Glück

Zwischen Weihnachten und Neujahr schneidet man Walnüsse vorsichtig auf, entnimmt ihnen den Kern und klebt kleine Kerzchen darin fest. Zwei Personen, die das Orakel befragen möchten, setzen zwei Nüsse in eine große Schüssel mit Wasser und zünden die Kerzen an. Treiben sie aufeinander zu, ohne dass sie umkippen und die Kerzen dabei erlöschen, sind sie füreinander bestimmt. Kentern die Nussschiffchen, ist die Antwort klar.

Eine Variante ist die, dass man die Nussschiffchen an den Rand der Schüssel treiben lässt, wo man kleine Zettelchen mit seinen Wünschen für das neue Jahr angebracht hat. Der Wunsch, bei dem das Nussschiffchen »anlegt«, der geht im kommenden Jahr in Erfüllung.

Eine Zwiebel verrät das Wetter

Weil das Wetter für die Landwirtschaft eine bedeutende Rolle spielt, gibt es eine ganz besondere bäuerliche Tradition. Man schneidet am Silvesterabend eine Zwiebel in zwölf Teile, die die zwölf Monate des kommenden Jahres darstellen sollen. Anschließend werden die Zwiebelteile gleichmäßig mit etwas Salz bestreut. Welcher »Zwiebelmonat« nun besonders viel Wasser ausschwitzt, der wird im kommenden Jahr besonders viel Regen bringen.

Heiterer Silvesterfahrplan

Die Rezepte und Vorschläge des heiteren Silvesterfahrplans sollte man nicht so ganz ernst nehmen. Betrachten Sie die Regeln als eine eher spielerische Einführung in überliefertes Brauchtum. Es wird Ihnen bestimmt nichts widerfahren, wenn Sie sich nicht daran halten, aber lesens- und nachdenkenswert ist es allemal.

Zum Frühstück muss man auf nüchternen Magen ein großes Stück Wurst essen, weil dies für das ganze Jahr Gesundheit verspricht.

Wenn Sie aus irgendeinem Grunde das Haus verlassen, sollten Sie in Ihrem Garten, im Wald oder auf dem Feld ein vierblättriges Kleeblatt suchen, selbst dann, wenn die Erde schneebedeckt ist. Das darf Sie aber nicht von der Suche abhalten. Wenn Sie ein vierblättriges Kleeblatt gefunden haben, wird Ihnen das Glück das ganze Jahr lang nicht von der Seite weichen.

Am Silvesterabend kommt in vielen Familien ein Karpfen auf den Tisch. Er wird zum Glücksbringer, wenn man sich eine Schuppe des Fischs ins Portmonee steckt. Dann wird es im kommenden Jahr niemals leer sein.

Kurz vor Mitternacht öffnen Sie für kurze Zeit das Fenster, um das Unglück und alle Nöte und Sorgen hinaus- und das Glück und die Zufriedenheit hereinzulassen.

> Friert zu Silvester Berg und Tal, geschieht's dies Jahr zum letzten Mal. (31.12.)

Dezember

Das Menü des Monats

Ganz besonders festlich ist unser Dezembermenü: eine feine Suppe gefolgt von einem delikaten Vorspeisenteller. Danach gibts geschmorten Rehrücken und zum Abschluss ein weihnachtliches Lebkuchenparfait.

Grießnockerlsuppe

Für 4 Portionen

SUPPE
4 EL weiche Butter
2 Eier
100 g Hartweizengrieß
Salz
Geriebene Muskatnuss
1 Bund glatte Petersilie
1½ l Fleischbrühe

1 Die Butter mit den Eiern schaumig rühren. Den Grieß kräftig untermengen. Die Masse mit Salz und Muskatnuss würzen und etwa 10 Minuten quellen lassen.

2 Die Petersilie kalt abbrausen, dann trockenschütteln und die Blättchen fein zerkleinern.

3 In einem Topf die Fleischbrühe zum Kochen bringen. Von der Grießmasse mit zwei feuchten Esslöffeln Klößchen abstechen und diese in der siedenden, nicht kochenden Brühe in etwa 15 Minuten gar ziehen lassen.

4 Die fertigen Nockerl mit Petersilie bestreuen und die Suppe servieren.

Tipp Grießnockerl passen auch ausgezeichnet zu einer Tomatensuppe.

Vorspeisenteller mit Fenchel

Für 4 Portionen

1 Die Fenchelknollen putzen und waschen. Die Knollen in zwei gleich große Teile schneiden und den harten Strunk entfernen. Die Fenchelhälften quer in feine Scheiben schneiden.

2 Den Zitronensaft mit Essig und Honig, Salz und Pfeffer sowie dem Öl zu einem glatten Dressing verrühren.

3 Das Dressing über die Fenchelscheiben gießen und alles mischen. Den Salat zugedeckt gut 30 Minuten ziehen lassen.

4 Den Kerbel waschen, trockentupfen und die Blättchen fein hacken.

5 Den Fenchel auf Tellern anrichten und mit dem fein gehackten Kerbel bestreuen.

Tipp Zu diesem Fenchelgericht passt sehr gut Salami oder Bresaola. Beides sollte sehr dünn geschnitten sein.

VORSPEISE

2 Fenchelknollen
1 EL Zitronensaft
1 El Weißweinessig
1 TL Honig
Salz
Pfeffer
4 EL Olivenöl
½ Bund Kerbel
100 g Fenchelsalami oder Bresaola in dünnen Scheiben

Geschmorter Rehrücken

Für 4 Portionen

HAUPT-GERICHT

1 Rehrücken (ca. 1 kg)
3 Pimentkörner
3 Wacholderbeeren
Salz
Pfeffer
1 Stange Lauch
1 Möhre
¼ Knolle Sellerie
1 Zwiebel
Einige Zweige Petersilie
3 EL Butterschmalz
1 Lorbeerblatt
¼ l kräftiger Rotwein
¼ l Wildfond (aus dem Glas)
100 g Sahne
2 EL Preiselbeeren
2 Stückchen Zartbitterschokolade

1 Den Rehrücken waschen und trockentupfen. Piment und Wacholderbeeren im Mörser zerstoßen. Den Rehrücken mit Salz, Pfeffer, Wacholderbeeren und Piment einreiben.

2 Den Lauch längs aufschneiden, abbrausen und grob zerkleinern. Die Möhre waschen und vierteln. Den Sellerie schälen und in grobe Stücke teilen. Die Zwiebel schälen und vierteln. Die Petersilie waschen.

3 Den Backofen auf 200 °C vorheizen. Das Butterschmalz in einem Bräter erhitzen. Den Rehrücken darin rundum kräftig anbraten. Das vorbereitete Gemüse dazugeben und kurz mitbraten. Petersilie und Lorbeerblatt hinzufügen, Rotwein und Wildfond angießen.

4 Den Rehrücken im Backofen bei 180 °C zugedeckt etwa 40 Minuten schmoren lassen. Dann herausnehmen und in Alufolie wickeln. Den Bratenfond durch ein Sieb streichen. Sahne, Preiselbeeren und Schokolade unterrühren, mit Salz und Pfeffer würzen.

5 Den Rehrücken vom Knochen lösen und die Filets quer zur Faser in etwa 2 Zentimeter dicke Scheiben schneiden. Auf einer vorgewärmten Platte anrichten, die Sauce getrennt dazu servieren. Dazu passen mit Preiselbeeren gefüllte Birnen und Spätzle sowie Rotkohl.

Lebkuchenparfait

Für 4 Portionen

1 Das Wasser mit dem Zucker in einem Topf zu einem dickflüssigen Sirup einkochen lassen. Die Lebkuchen fein reiben und mit dem Zuckersirup vermengen.

2 Nach und nach die Eigelbe dazugeben und die Masse über dem warmen Wasserbad cremig aufschlagen. Dann in eine Schüssel mit Eiswasser setzen und die Lebkuchenmasse kalt schlagen.

3 Die Lebkuchenmasse mit Cointreau und Salz würzen. Die Sahne steif schlagen und unterheben.

4 Eine Metallform mit Öl ausstreichen und mit Klarsichtfolie auskleiden. Masse hineinfüllen und im Tiefkühlgerät etwa 7 Stunden kühlen, dabei alle 20 Minuten durchrühren.

5 Das Lebkuchenparfait aus der Form auf eine Platte stürzen und in Scheiben schneiden. Dazu passt eine Sauce aus pürierten schwarzen Johannisbeeren, die mit Zucker und Cassislikör abgeschmeckt sind.

DESSERT
170 ml Wasser
80 g Zucker
150 g Lebkuchen
3 frische Eigelb
2 cl Cointreau
1 Prise Salz
250 g Sahne
Öl und Klarsichtfolie für die Form

Ihr Kinderlein kommet …

Weihnachtszeit ist Zeit für die Familie. Es wird gemeinsam gesungen und gefeiert, wie sonst kaum im Jahr. Alle freuen sich auf die Zeit der Gemeinsamkeit, auf ein Fest des Friedens.

Christmarkt vor dem Berliner Schloss

Welch lustiger Wald um das hohe Schloss
hat sich zusammengefunden,
ein grünes bewegliches Nadelgehölz,
von keiner Wurzel gebunden!

Anstatt der warmen Sonne scheint
das Rauschgold durch die Wipfel;
hier backt man Kuchen, dort brät man Wurst,
das Räuchlein zieht um die Gipfel.

Der eine kauft ein bescheidnes Gewächs
zu überreichen Geschenken,
der andere einen gewaltigen Strauch,
drei Nüsse daran zu henken.

Und kommt die Nacht, so singt der Wald
und wiegt sich im Gaslichtscheine;
da führt die ärmste Mutter ihr Kind
vorüber dem Zauberhaine.

Gottfried Keller

Schenken

Schenke groß oder klein,
Aber immer gediegen.
Wenn die Bedachten
Die Gaben wiegen,
Sei dein Gewissen rein.

Schenke herzlich und frei.
Schenke dabei
Was in dir wohnt
An Meinung, Geschmack und Humor,
So dass die eigene Freude zuvor
Dich reichlich belohnt.

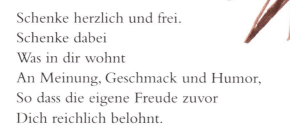

Schenke mit Geist ohne List.
Sei eingedenk,
Dass dein Geschenk
Du selber bist.
Joachim Ringelnatz

Die Weihnachtsgeschichte

Zu der Zeit des Kaisers Augustus lebte in der Stadt eine Jungfrau mit Namen Maria, die verlobt war mit einem Mann namens Joseph. Der Engel des Herrn trat zu ihr und sprach: »Gegrüßet seist du Maria.« Da sie den Engel sah und seine Stimme hörte, erschrak sie sehr. Der Engel aber sprach: »Fürchte dich nicht; du hast Gnade bei Gott gefunden. Der Heilige Geist wird über dich kommen, und du wirst einen Sohn gebären, den du Jesus heißen sollst. Er wird groß sein und Sohn Gottes genannt werden.« Maria entgegnete demütig: »Ich bin die Magd des Herrn. Es geschehe, wie du gesagt hast.«

Es begab sich aber, dass der Kaiser Augustus ein Gebot erließ, dass alle Menschen gezählt werden sollten und sie sich deshalb in ihre Geburtsstadt begeben mussten. So machten sich Maria und Joseph auf den Weg nach Bethlehem, ihrer Geburtsstadt, der Stadt Davids. Als sie dort ankamen, fanden sie nirgends Herberge, und so mussten sie in einem Stall unterkommen. Dort gebar Maria ihren Sohn. Sie wickelte ihn in Windeln und legte ihn in eine Krippe.

In jener Nacht waren in dieser Gegend Hirten auf dem Feld, die ihre Herde hüteten. Der Engel des Herrn trat zu ihnen, und sie fürchteten sich sehr. Er aber sprach: »Fürchtet euch nicht. Ich verkündige euch eine große Freude. Euch ist heute der Heiland geboren, welcher ist Christus, der Herr der Stadt Davids. Ihr werdet das Kind in Windeln gewickelt in einer Krippe finden.« Und die Hirten eilten nach Bethlehem. Sie fanden dort den Stall mit Maria und Josef und das Kind, wie es ihnen durch den Engel beschrieben worden war.

Drei weise Könige aus dem Morgenland sahen zu dieser Zeit am Himmel einen Stern wandern und folgten ihm, denn sie erkannten das Zeichen. Sie kamen nach Jerusalem und fragten den König Herodes: »Wo ist der neugeborene König der Juden? Wir sind gekommen, ihn anzubeten.« Herodes aber erschrak sehr, weil er um seine Macht als König fürchtete. So ließ er Priester und Schriftgelehrte versammeln und fragte, wo Christus, der neue König, sollte geboren werden. »Zu Bethlehem im jüdischen Land, so steht es geschrieben bei den Propheten«, antworteten sie ihm. Herodes sandte die drei Weisen aus dem Morgenland nach Bethlehem, und trug ihnen auf, ihm mitzuteilen, wo sich das Kind befand. Er wolle es selbst auch anbeten, sagte er, doch in Wirklichkeit hatte er andere Absichten. So zogen die drei weisen Könige nach Bethlehem und sahen dort den Stern, dem sie gefolgt waren, über einem Stall stehen. Sie gingen hinein und fanden die Heilige Familie, sie fielen nieder, beteten das Kind an und schenkten ihm Gold, Weihrauch und Myrrhe. Gott befahl ihnen aber im Traum, nicht zu Herodes zurückzukehren, und so zogen sie auf einem anderen Weg zurück in ihr Land.

Als die drei Weisen nun hinweggezogen waren, erschien der Engel des Herrn dem Joseph im Traum und sprach: »Steh auf, nimm das Kind und seine Mutter und flieh nach Ägypten. Bleib dort, bis ich dich wieder rufe, denn der König Herodes sucht nach dem Kind und hat vor, es umzubringen.« Noch in derselben Nacht brach Joseph mit Maria und dem Kind auf und floh nach Ägypten. Dort blieben sie bis zum Tod des Herodes. Als dieser gestorben war, erschien abermals der Engel des Herrn dem Joseph im Traum und sagte: »Herodes ist gestorben. Steh auf und nimm das Kind und seine Mutter und zieh wieder hin in die Stadt Nazareth.« Er tat wie ihm geheißen. Jesus von Nazareth wuchs, wurde stark im Geist und voller Weisheit, und Gottes Gnade war bei ihm.

Nach Lukas 1 und 2 sowie Matthäus 2

Mondkalender 2000

Januar
1 Sa
2 So
3 Mo
4 Di
5 Mi
6 Do ● 19.15
7 Fr
8 Sa
9 So
10 Mo
11 Di
12 Mi
13 Do
14 Fr ☽
15 Sa
16 So
17 Mo
18 Di
19 Mi
20 Do
21 Fr ◐ 05.42
22 Sa
23 So
24 Mo
25 Di
26 Mi
27 Do
28 Fr ☾
29 Sa
30 So
31 Mo

Februar
1 Di
2 Mi
3 Do
4 Fr
5 Sa ● 14.04
6 So
7 Mo
8 Di
9 Mi
10 Do
11 Fr
12 Sa ☽
13 So
14 Mo
15 Di
16 Mi
17 Do
18 Fr
19 Sa ◐ 17.28
20 So
21 Mo
22 Di
23 Mi
24 Do
25 Fr
26 Sa
27 So ☾
28 Mo
29 Di

März
1 Mi
2 Do
3 Fr
4 Sa
5 So
6 Mo ● 06.18
7 Di
8 Mi
9 Do
10 Fr
11 Sa
12 So
13 Mo ☽
14 Di
15 Mi
16 Do
17 Fr
18 Sa
19 So
20 Mo ◐ 05.45
21 Di
22 Mi
23 Do
24 Fr
25 Sa
26 So
27 Mo
28 Di ☾
29 Mi
30 Do
31 Fr

April
1 Sa
2 So
3 Mo
4 Di ● 19.13
5 Mi
6 Do
7 Fr
8 Sa
9 So
10 Mo
11 Di
12 Mi
13 Do
14 Fr
15 Sa
16 So
17 Mo
18 Di ◐ 18.43
19 Mi
20 Do
21 Fr
22 Sa
23 So
24 Mo
25 Di
26 Mi ☾
27 Do
28 Fr
29 Sa
30 So

Mai
1 Mo
2 Di
3 Mi
4 Do ● 05.13
5 Fr
6 Sa
7 So
8 Mo
9 Di
10 Mi
11 Do
12 Fr
13 Sa
14 So
15 Mo
16 Di
17 Mi
18 Do ◐ 08.35
19 Fr
20 Sa
21 So
22 Mo
23 Di
24 Mi
25 Do ☾
26 Fr
27 Sa
28 So
29 Mo
30 Di
31 Mi

Juni
1 Do
2 Fr ● 13.15
3 Sa
4 So
5 Mo
6 Di
7 Mi
8 Do
9 Fr ☽
10 Sa
11 So
12 Mo
13 Di
14 Mi
15 Do
16 Fr ◐ 23.28
17 Sa
18 So
19 Mo
20 Di
21 Mi
22 Do
23 Fr
24 Sa
25 So ☾
26 Mo
27 Di
28 Mi
29 Do
30 Fr

Juli
1 Sa ● 20.21
2 So
3 Mo
4 Di
5 Mi
6 Do
7 Fr
8 Sa ☽
9 So
10 Mo
11 Di
12 Mi
13 Do
14 Fr
15 Sa
16 So ◐ 14.56
17 Mo
18 Di
19 Mi
20 Do
21 Fr
22 Sa
23 So
24 Mo ☾
25 Di
26 Mi
27 Do
28 Fr
29 Sa
30 So
31 Mo ● 03.26

August
1 Di
2 Mi
3 Do
4 Fr
5 Sa
6 So
7 Mo ☽
8 Di
9 Mi
10 Do
11 Fr
12 Sa
13 So
14 Mo
15 Di ◐ 06.14
16 Mi
17 Do
18 Fr
19 Sa
20 So
21 Mo
22 Di ☾
23 Mi
24 Do
25 Fr
26 Sa
27 So
28 Mo
29 Di ● 11.20
30 Mi
31 Do

September
1 Fr
2 Sa
3 So
4 Mo
5 Di ☽
6 Mi
7 Do
8 Fr
9 Sa
10 So
11 Mo
12 Di
13 Mi ◐ 20.38
14 Do
15 Fr
16 Sa
17 So
18 Mo
19 Di
20 Mi
21 Do ☾
22 Fr
23 Sa
24 So
25 Mo
26 Di
27 Mi ● 20.54
28 Do
29 Fr
30 Sa

Oktober
1 So
2 Mo
3 Di
4 Mi
5 Do ☽
6 Fr
7 Sa
8 So
9 Mo
10 Di
11 Mi
12 Do
13 Fr ◐ 09.54
14 Sa
15 So
16 Mo
17 Di
18 Mi
19 Do
20 Fr ☾
21 Sa
22 So
23 Mo
24 Di
25 Mi
26 Do
27 Fr ● 08.59
28 Sa
29 So
30 Mo
31 Di

November
1 Mi
2 Do
3 Fr
4 Sa
5 So
6 Mo
7 Di
8 Mi
9 Do
10 Fr
11 Sa ◐ 22.16
12 So
13 Mo
14 Di
15 Mi
16 Do
17 Fr
18 Sa ☾
19 So
20 Mo
21 Di
22 Mi
23 Do
24 Fr
25 Sa
26 So ● 00.12
27 Mo
28 Di
29 Mi
30 Do

Dezember
1 Fr
2 Sa
3 So
4 Mo ☽
5 Di
6 Mi
7 Do
8 Fr
9 Sa
10 So
11 Mo ◐ 10.04
12 Di
13 Mi
14 Do
15 Fr
16 Sa
17 So
18 Mo ☾
19 Di
20 Mi
21 Do
22 Fr
23 Sa
24 So
25 Mo ● 18.23
26 Di
27 Mi
28 Do
29 Fr
30 Sa
31 So

Mondkalender 2001

Januar
1	Mo	
2	Di	☽
3	Mi	
4	Do	
5	Fr	
6	Sa	
7	So	
8	Mo	
9	Di	☻ 21.25
10	Mi	
11	Do	
12	Fr	
13	Sa	
14	So	
15	Mo	
16	Di	☾
17	Mi	
18	Do	
19	Fr	
20	Sa	☾
21	So	
22	Mo	
23	Di	
24	Mi	● 14.08
25	Do	
26	Fr	
27	Sa	
28	So	
29	Mo	
30	Di	
31	Mi	

Februar
1	Do	☽
2	Fr	
3	Sa	
4	So	
5	Mo	
6	Di	
7	Mi	
8	Do	☻ 08.13
9	Fr	
10	Sa	
11	So	
12	Mo	
13	Di	
14	Mi	
15	Do	☾
16	Fr	
17	Sa	
18	So	
19	Mo	
20	Di	
21	Mi	
22	Do	
23	Fr	● 09.22
24	Sa	
25	So	
26	Mo	
27	Di	
28	Mi	

März
1	Do	
2	Fr	
3	Sa	☽
4	So	
5	Mo	
6	Di	
7	Mi	
8	Do	
9	Fr	☻ 18.24
10	Sa	
11	So	
12	Mo	
13	Di	
14	Mi	
15	Do	
16	Fr	☾
17	Sa	
18	So	
19	Mo	
20	Di	
21	Mi	
22	Do	
23	Fr	
24	Sa	
25	So	● 02.22
26	Mo	
27	Di	
28	Mi	
29	Do	
30	Fr	
31	Sa	

April
1	So	☽
2	Mo	
3	Di	
4	Mi	
5	Do	
6	Fr	
7	Sa	
8	So	☻ 04.23
9	Mo	
10	Di	
11	Mi	
12	Do	
13	Fr	
14	Sa	
15	So	☾
16	Mo	
17	Di	
18	Mi	
19	Do	
20	Fr	
21	Sa	
22	So	
23	Mo	● 16.27
24	Di	
25	Mi	
26	Do	
27	Fr	
28	Sa	
29	So	
30	Mo	☽

Mai
1	Di	
2	Mi	
3	Do	
4	Fr	
5	Sa	
6	So	
7	Mo	☻ 14.54
8	Di	
9	Mi	
10	Do	
11	Fr	
12	Sa	
13	So	
14	Mo	
15	Di	☾
16	Mi	
17	Do	
18	Fr	
19	Sa	
20	So	
21	Mo	
22	Di	
23	Mi	● 03.47
24	Do	
25	Fr	
26	Sa	
27	So	
28	Mo	
29	Di	☽
30	Mi	
31	Do	

Juni
1	Fr	
2	Sa	
3	So	
4	Mo	
5	Di	
6	Mi	☻ 02.40
7	Do	
8	Fr	
9	Sa	
10	So	
11	Mo	
12	Di	
13	Mi	
14	Do	
15	Fr	
16	Sa	
17	So	
18	Mo	
19	Di	
20	Mi	
21	Do	● 12.59
22	Fr	
23	Sa	
24	So	
25	Mo	
26	Di	
27	Mi	
28	Do	☽
29	Fr	
30	Sa	

Juli
1	So	
2	Mo	
3	Di	
4	Mi	
5	Do	☻ 16.05
6	Fr	
7	Sa	
8	So	
9	Mo	
10	Di	
11	Mi	
12	Do	
13	Fr	☾
14	Sa	
15	So	
16	Mo	
17	Di	
18	Mi	
19	Do	
20	Fr	● 20.45
21	Sa	
22	So	
23	Mo	
24	Di	
25	Mi	
26	Do	
27	Fr	☽
28	Sa	
29	So	
30	Mo	
31	Di	

August
1	Mi	
2	Do	
3	Fr	
4	Sa	☻ 06.57
5	So	
6	Mo	
7	Di	
8	Mi	
9	Do	
10	Fr	
11	Sa	
12	So	☾
13	Mo	
14	Di	
15	Mi	
16	Do	
17	Fr	
18	Sa	
19	So	● 03.56
20	Mo	
21	Di	
22	Mi	
23	Do	
24	Fr	
25	Sa	☽
26	So	
27	Mo	
28	Di	
29	Mi	
30	Do	
31	Fr	

September
1	Sa	
2	So	☻ 22.44
3	Mo	
4	Di	
5	Mi	
6	Do	
7	Fr	
8	Sa	
9	So	
10	Mo	☾
11	Di	
12	Mi	
13	Do	
14	Fr	
15	Sa	
16	So	
17	Mo	● 11.28
18	Di	
19	Mi	
20	Do	
21	Fr	
22	Sa	
23	So	
24	Mo	☽
25	Di	
26	Mi	
27	Do	
28	Fr	
29	Sa	
30	So	

Oktober
1	Mo	
2	Di	☻ 14.50
3	Mi	
4	Do	
5	Fr	
6	Sa	
7	So	
8	Mo	
9	Di	
10	Mi	☾
11	Do	
12	Fr	
13	Sa	
14	So	
15	Mo	
16	Di	● 20.24
17	Mi	
18	Do	
19	Fr	
20	Sa	
21	So	
22	Mo	
23	Di	
24	Mi	☽
25	Do	
26	Fr	
27	Sa	
28	So	
29	Mo	
30	Di	
31	Mi	

November
1	Do	☻ 06.42
2	Fr	
3	Sa	
4	So	
5	Mo	
6	Di	
7	Mi	
8	Do	☾
9	Fr	
10	Sa	
11	So	
12	Mo	
13	Di	
14	Mi	
15	Do	● 07.41
16	Fr	
17	Sa	
18	So	
19	Mo	
20	Di	
21	Mi	
22	Do	☽
23	Fr	
24	Sa	
25	So	
26	Mo	
27	Di	
28	Mi	
29	Do	
30	Fr	☻ 21.50

Dezember
1	Sa	
2	So	
3	Mo	
4	Di	
5	Mi	
6	Do	
7	Fr	
8	Sa	
9	So	
10	Mo	
11	Di	
12	Mi	
13	Do	
14	Fr	● 21.48
15	Sa	
16	So	
17	Mo	
18	Di	
19	Mi	
20	Do	
21	Fr	
22	Sa	☽
23	So	
24	Mo	
25	Di	
26	Mi	
27	Do	
28	Fr	
29	Sa	
30	So	☻ 11.42
31	Mo	

MONDKALENDER 2002

Januar		Februar		März		April		Mai		Juni	
1 Di		1 Fr		1 Fr		1 Mo		1 Mi		1 Sa	
2 Mi		2 Sa		2 Sa		2 Di		2 Do		2 So	
3 Do		3 So		3 So		3 Mi		3 Fr		3 Mo	
4 Fr		4 Mo		4 Mo		4 Do		4 Sa		4 Di	
5 Sa		5 Di		5 Di		5 Fr		5 So		5 Mi	
6 So		6 Mi		6 Mi		6 Sa		6 Mo		6 Do	
7 Mo		7 Do		7 Do		7 So		7 Di		7 Fr	
8 Di		8 Fr		8 Fr		8 Mo		8 Mi		8 Sa	
9 Mi		9 Sa		9 Sa		9 Di		9 Do		9 So	
10 Do		10 So		10 So		10 Mi		10 Fr		10 Mo	
11 Fr		11 Mo		11 Mo		11 Do		11 Sa		11 Di 00.48	
12 Sa		12 Di 08.42		12 Di		12 Fr 20.22		12 So 11.46		12 Mi	
13 So 14.30		13 Mi		13 Mi		13 Sa		13 Mo		13 Do	
14 Mo		14 Do		14 Do 03.04		14 So		14 Di		14 Fr	
15 Di		15 Fr		15 Fr		15 Mo		15 Mi		15 Sa	
16 Mi		16 Sa		16 Sa		16 Di		16 Do		16 So	
17 Do		17 So		17 So		17 Mi		17 Fr		17 Mo	
18 Fr		18 Mo		18 Mo		18 Do		18 Sa		18 Di	
19 Sa		19 Di		19 Di		19 Fr		19 So		19 Mi	
20 So		20 Mi		20 Mi		20 Sa		20 Mo		20 Do	
21 Mo		21 Do		21 Do		21 So		21 Di		21 Fr	
22 Di		22 Fr		22 Fr		22 Mo		22 Mi		22 Sa	
23 Mi		23 Sa		23 Sa		23 Di		23 Do		23 So	
24 Do		24 So		24 So		24 Mi		24 Fr		24 Mo 22.43	
25 Fr		25 Mo		25 Mo		25 Do		25 Sa		25 Di	
26 Sa		26 Di		26 Di		26 Fr		26 So 12.52		26 Mi	
27 So		27 Mi 10.18		27 Mi		27 Sa 04.01		27 Mo		27 Do	
28 Mo 23.52		28 Do		28 Do 19.26		28 So		28 Di		28 Fr	
29 Di				29 Fr		29 Mo		29 Mi		29 Sa	
30 Mi				30 Sa		30 Di		30 Do		30 So	
31 Do				31 So				31 Fr			

Juli		August		September		Oktober		November		Dezember	
1 Mo		1 Do		1 So		1 Di		1 Fr		1 So	
2 Di		2 Fr		2 Mo		2 Mi		2 Sa		2 Mo	
3 Mi		3 Sa		3 Di		3 Do		3 So		3 Di	
4 Do		4 So		4 Mi		4 Fr		4 Mo 21.36		4 Mi 08.35	
5 Fr		5 Mo		5 Do		5 Sa		5 Di		5 Do	
6 Sa		6 Di		6 Fr		6 So 12.19		6 Mi		6 Fr	
7 So		7 Mi		7 Sa 04.11		7 Mo		7 Do		7 Sa	
8 Mo		8 Do 20.16		8 So		8 Di		8 Fr		8 So	
9 Di		9 Fr		9 Mo		9 Mi		9 Sa		9 Mo	
10 Mi 11.27		10 Sa		10 Di		10 Do		10 So		10 Di	
11 Do		11 So		11 Mi		11 Fr		11 Mo		11 Mi	
12 Fr		12 Mo		12 Do		12 Sa		12 Di		12 Do	
13 Sa		13 Di		13 Fr		13 So		13 Mi		13 Fr	
14 So		14 Mi		14 Sa		14 Mo		14 Do		14 Sa	
15 Mo		15 Do		15 So		15 Di		15 Fr		15 So	
16 Di		16 Fr		16 Mo		16 Mi		16 Sa		16 Mo	
17 Mi		17 Sa		17 Di		17 Do		17 So		17 Di	
18 Do		18 So		18 Mi		18 Fr		18 Mo		18 Mi	
19 Fr		19 Mo		19 Do		19 Sa		19 Di		19 Do 20.11	
20 Sa		20 Di		20 Fr		20 So		20 Mi 02.35		20 Fr	
21 So		21 Mi		21 Sa 15.00		21 Mo 08.21		21 Do		21 Sa	
22 Mo		22 Do 23.30		22 So		22 Di		22 Fr		22 So	
23 Di		23 Fr		23 Mo		23 Mi		23 Sa		23 Mo	
24 Mi 10.08		24 Sa		24 Di		24 Do		24 So		24 Di	
25 Do		25 So		25 Mi		25 Fr		25 Mo		25 Mi	
26 Fr		26 Mo		26 Do		26 Sa		26 Di		26 Do	
27 Sa		27 Di		27 Fr		27 So		27 Mi		27 Fr	
28 So		28 Mi		28 Sa		28 Mo		28 Do		28 Sa	
29 Mo		29 Do		29 So		29 Di		29 Fr		29 So	
30 Di		30 Fr		30 Mo		30 Mi		30 Sa		30 Mo	
31 Mi		31 Sa				31 Do				31 Di	

Über dieses Buch

Der Autor
Gerhard Merz, geboren 1943 in Landshausen bei Karlsruhe, verfasste schon während seiner Volontärszeit bei einer Zeitung Kurzgeschichten, Kriminal- und Science-Fiction-Romane, textete Comics und schrieb Hörspiele und Märchen. Heute hat sich sein besonderes Interesse der Natur zugewandt, den Bäumen, den Heilkräutern und Heilpflanzen, aber auch der Tradition und Brauchtumspflege. Gerhard Merz lebt als freier Journalist in München.

Quellennachweis
Die Rechte für die abgedruckten Geschichten und Gedichte liegen bei folgenden Autoren bzw. Verlagen, bei denen wir uns für die freundliche Erteilung der Abdruckgenehmigung bedanken:

Seite 35 Wilhelm Lehmann: Im Winter zu singen. Aus: Wilhelm Lehmann: Gesammelte Werke in acht Bänden. Band 1: Sämtliche Gedichte. Hrsg. von Hans Dieter Schäfer. Klett-Cotta. Stuttgart 1982

Seite 61 Joachim Ringelnatz: Stille Winterstraße. Aus: Joachim Ringelnatz: Das Gesamtwerk in sieben Bänden. Copyright © 1994 by Diogenes Verlag AG, Zürich

Seite 161 Joachim Ringelnatz: Sommerfrische. Aus: Joachim Ringelnatz: Das Gesamtwerk in sieben Bänden. Copyright © 1994 by Diogenes Verlag, Zürich

Seite 162 Kurt Tucholsky: Parc Monceau. Aus: Kurt Tucholsky: Gesammelte Werke Bd. 1. Copyright © 1960 by Rowohlt Verlag GmbH, Reinbek

Seite 163 Hermann Hesse: Weiße Wolken. Aus: Gesammelte Dichtungen. © Suhrkamp Verlag. Frankfurt am Main, 1952

Seite 212 Heimito von Doderer: Das Wirtshaus am Mühlbach. Aus: Die Strudlhofstiege oder Melzer und die Tiefe der Jahre. © C. H. Beck Verlag, München 1995

Seite 237 Hermann Hesse: Höhe des Sommers. Aus: Gesammelte Dichtungen. © Suhrkamp Verlag, Frankfurt am Main, 1952

Seite 237 Gottfried Benn: Tag, der den Sommer endet. Aus: Gottfried Benn: Statische Gedichte. © 1848, 1983 by Arche Verlag AG, Raabe + Vitali, Zürich

Seite 288 Joachim Ringelnatz: Herbst im Fluss. Aus: Joachim Ringelnatz: Das Gesamtwerk in sieben Bänden. Copyright © 1994 by Diogenes Verlag AG, Zürich

Seite 289 Werner Bergengruen: Leben eines Mannes. Aus: Werner Bergengruen: Gestern fuhr ich Fische fangen Ö Hundert Gedichte. Hg. v. N. Luise Hackelsberger. © 1992 by Arche Verlag AG, Raabe + Vitali, Zürich

Seite 313 Joachim Ringelnatz: Schenken. Aus: Joachim Ringelnatz: Das Gesamtwerk in sieben Bänden. Copyright © 1994 by Diogenes Verlag AG, Zürich

Der Quellennachweis wurde von Autor und Verlag nach bestem Wissen und Gewissen erstellt. Sollte dennoch ein Urheberrecht übersehen worden sein, so ist das ohne Absicht geschehen. Selbstverständlich ist der Verlag in diesem Fall zur Nachhonorierung bereit. Der Quellenvermerk wird in diesem Fall in der zweiten Auflage berücksichtigt

Haftungsausschluss
Die Inhalte dieses Buches sind sorgfältig recherchiert und erarbeitet worden. Dennoch kann weder der Autor noch der Verlag für die Angaben in diesem Buch eine Haftung übernehmen.

Bildnachweis
Alle Titelabbildungen: Bildarchiv Preußischer Kulturbesitz, Berlin

Impressum
Es ist nicht gestattet, Abbildungen und Texte dieses Buches zu digitalisieren, auf PCs oder CDs zu speichern oder auf PCs/Computern zu verändern oder einzeln oder zusammen mit anderen Bildvorlagen/Texten zu manipulieren, es sei denn mit schriftlicher Genehmigung des Verlages.

Weltbild Buchverlag, Augsburg
© 2000 Weltbild Verlag GmbH, Augsburg
Alle Rechte vorbehalten

Redaktion: Peter Ebert
Umschlag/Layout: Lydia Koch
Illustrationen: OCTAVIART, München
DTP/Satz: AVAK Publikationsdesign, München
Reproduktion: Uhl + Massopust, Aalen
Druck und Bindung: Franz Spiegel Druck GmbH, Ulm

Gedruckt auf chlorfrei gebleichtem Papier
Printed in Germany
ISBN 3-89604-702-7

Stichwortverzeichnis

Advent 10, 290
Allerheiligen 266
Anti-Angst-Kur 50
Anti-Stress-Trank 50–51
Apfel 152–153
Aquin, Thomas von 13, 17
Aschermittwoch 10

Badezusätze 154–155
Bananenkuchen 57
Bäume, Heilkraft der 224–231, 248–257, 274–281
Birke 224–225
Birnbaum 225–226
Birnenpie 235
Bleigießen 298–299
Blumenkohlsuppe 80
Buß- und Bettag 271

Christi Himmelfahrt 10, 125, 126, 138, 142

Dreifaltigkeitsfest 10, 191
Dreikönigstag 12, 20
Dünger 204–205

Eberesche 226–227
Eibisch 227–228
Eiche 228–231
Einschlafschwierigkeiten 173
Eisheilige 112
Eisjungfrau 85–87
Entschlackungstage 24–25, 26
Erdbeermousse 159
Erntedankfest 10
Europatag 117

Fastenzeit 39
Fastnacht 66–67
Feigen in Cassis 261
Feldsalat 81
Fichte 248–249
Fischfilets mit Paprikasauce 260
Fitness-Cocktails 47
Florian, Heiliger 116–117
Franz von Assisi 240, 244
Fronleichnam 10
Funkenfeuer 67

Gärtnerkniffe 201–202
Gemüsesuppe 208
Gingko 249–251
Grießnockerlsuppe 308
Gründonnerstag 88
Gurkensalat 183
Guter-Laune-Tee 50

Hähnchenkeulen 32
Hähnchenragout 82
Haselnuss 251–252
Herz, Stärkung fürs 28–29
Hildegard von Bingen 221
Holunder 253–255
Honig 20–23, 176
Hubertusjagd 270

Innozenz XII., Papst 12, 16

Karfreitag 89
Kartoffel-Birnen-Gratin 157
Kartoffeln 48–49
Kartoffel-Radicchio-Suppe 282
Karwoche 92–93
Käse-Pilz-Pudding 259
Käsestrudel 233
Kirchweih (Kirmes) 217
Kirsche 255–257
Kompost 203–205, 297
Koriander 48
Kräuter-ABC 70–79, 96–103, 120–127
Kräuterforellen 210
Kräutersäfte 127–129
Kürbiscremesuppe 258

Lammfleischpizza 184
Lammkoteletts 158
Lärche 274–275
Leberprobleme 48
Lebkuchenparfait 311
Leonhardi-Ritt 270
Lichtmess 42
Linde 275–277

Mariä Empfängnis 291
Mariä Geburt 216, 220
Mariä Heimsuchung 164
Mariä Himmelfahrt 191, 194
Maria Magdalena 165
Mariä Verkündigung 63, 67, 76
Maroneneis 285
Martinstag 266, 271
Matjes mit Kartoffeln 132
Matthäus 216
Melisse 53
Michael, Heiliger 217, 221
Möhrenflan 105
Muttertag 113, 117

Namenstag 11
Neujahrstag 12
Nikolaustag 294
Nothelfer 164–165
Nussbäume 278–279

Orakel 299–300, 305–307
Orangen-Jogurt-Mousse 33
Orangenlikör-Muffins 83
Orangen-Pfannkuchen 107
Osterhase und Osterei 89
Ostersonntag 10

Palmsonntag 88
Pantoffelwerfen 302
Paprikahähnchen 234
Pfingsten 127–129, 138, 142–143
Pfingstsonntag 10
Pfirsiche mit Mandelbaiser 211
Pflanzengemeinschaften 206–207
Pflanzensäfte 127–129

Radieschentorteletts 130
Reformationstag 245
Rehrücken 310
Rettich-Rohkost 31
Rhabarber-Crumble 133
Rosskastanie 280
Rotkohlsalat 55

Sauerkirschgrütze 185
Schädlingsbekämpfung 199–200
Schäferkönig 195
Schlaf 172–181
Schneckenbekämpfung 200
Schnittlauchnudeln 106
Schwarzwurzeln 46, 283
Schweinebraten 56
Schweinefilet 106, 284
Sellerie 51
Sellerie-Kartoffel-Suppe 54
Silvester 295, 307
Sommerfeste 168–169
Sommer-Sonnenwende 139
Spargelsalat 156
Spinatsalat 104
Stangensellerie 182
Sternsinger 16

Tannenbaum 281
Thomas, der ungläubige 168
Tomaten-Orangen-Suppe 232
Tomatensalat 209

Vierzig Ritter 62
Vinzenz, Heiliger 13
Vorspeiseteller 309

Wacholder (Machandelstrauch) 146–151
Weihnachten 10, 294–295
Weißer Sonntag 93
Wildkräutersalat 131

Zwiebelsaft 49
Zwiebelsuppe 30
Zwölfernächte (Raunächte) 291, 301–302